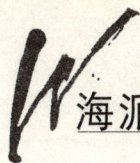

海派文化丛书

海派报业

吉建富著

文汇出版社

编委会

总序

在中国所有的城市中，没有也不可能有两个城市是完全相同的，每个城市都有各自的特点和个性。上海，无论是城市的形成过程、发展道路，还是外观风貌、人文内蕴，抑或是民间风俗习惯等，都有鲜明的特点和个性，有些方面还颇具奇光异彩！

如果要我用一个字来形容上海这座城市，我以为唯独一个"海"字，别无选择。

上海是海。据研究表明，今上海市的大部分地区，尤其是市中心地区，在六千多年以前，尚是汪洋一片。随着时间的推移，长江的奔流不息，大海的潮涨潮落，渐渐淤积成了新的陆地，以打鱼为生的先民们开始来这一带活动。滩涂湿地渐长，围海造地渐移，渔民顺势东进，于是出现了叫上海浦、下海浦的两个小渔村，由此迅速发展起来。到南宋咸淳三年（1267年），在今小东门十六铺岸边形成集镇，称上海镇。后于1292年正式设置上海县，县署就在今老城厢内的旧校场路上。一个新兴的中国滨海城市就这样开始崛起。所以我认为，上海可以说是一座水城，上海是因水而生，因水而兴，水是上海的血脉，水是上海的精灵。直至今日，上海的地名、路名依旧多有滩、渡、浜、泾、汇、河、桥、塘、浦、湾……这都在向人们证明，是水造就了上海这座城市。

海洋是美丽而壮观的。约占地球表面总面积的70.8%是海洋水面，如果称地球为"水球"也不无道理。海洋是广阔而有边的，是深而可测的。"日月之行，若出其中；星汉灿烂，若出其里。"海洋是生命的摇篮，是资源的宝库……任你怎样为之赞美都不会过分。

海在洋的边缘，临近大陆，便于和人类亲密接触。我国的万里海疆，美丽而且富饶，被誉为能量的源泉、天然的鱼仓、盐类的故乡，孕育着宇宙的精华，激荡着生命的活力……任你怎样为之歌唱都不会尽兴。

上海是海。是襟江连海的不息水流造就了上海，更是水滋养了上海，使这座城市孕育了以海纳百川、兼容并蓄为主要特征的海派文化。可以说，没有水就没有上海，就没有这座迅速崛起的滨海城市。没有海派文化的积极作用，也就没有上海的迅速崛起和繁荣发达。今后，上海的发展还要继续做好这篇水文章，充分发挥自己的优势和特点！

上海是海。上海人来自五湖四海，是中国最大的移民城市，是典型的近代崛起的新兴城市，不同于在传统城市基础上长期自然形成的古老城市。1843年开埠以前，上海人口只有20多万，经过百年的发展，人口猛增到500多万。据1950年的统计，上海本地原住民只占上海总人口的15%，移民则高达85%。上海的移民，国内的大都来自江苏、浙江、安徽、福建、广东，国际的虽来自近四十个国家，但主要来自英、法、美、日、德、俄，其数量最多时高达15万人。在一个多世纪中，上海大规模的国内移民潮有如下几次：

太平天国期间，从1855年到1865年，上海人口一下子净增了11万。

抗日战争时期，特别是孤岛期间，仅4年时间，上海人口净增了78万。

解放战争期间，三年左右，上海人口净增了208万，增势之猛，世界罕见。

改革开放以来，上海产生了新一波移民潮，人口增长势头也很猛，现在户籍人口已经超过1 800万，此外，还有外来务工人员600万。每年春运高峰，车站码头人山人海、人流如潮，是上海一道独特的风景。

上海是海。上海的建筑素有万国博览会之美誉，现在是越来越名副其实了。有人说建筑是城市的象征，是城市文化的载体；也有人说建筑是凝固的音乐，是城市的表情。依我看，上海的城市建筑是海派文化的外在形象体现，无论是富有上海特色的石库门里弄房屋，还是按照欧美风格设计建造的各式各样的建筑，包括集中于南京路外滩的建筑群，和分布于各区的多姿多彩的别墅洋楼，诸如文艺复兴式、哥特式、巴洛克式、古典主义式……现已列入重点保护的优秀历史建筑就达300多处，或者是后来建造的如原中苏友好大厦等，都在向人们无声地讲述着丰富而生动的历史人文故事，演奏着上海社会发展进步史上的一个个乐章。

上海是海。上海人讲话多有南腔北调，还有洋腔洋调。中国地域广阔，方言土语十分丰富。56个民族，都有本民族的语言。上海这个迅速崛起的移民城市，人口的多元化，自然带来了语言的多样化，中国各地方言和世界各国的语言大都能在上海听到。

上海是海。上海人的饮食，可谓多滋多味，菜系林立，风味各异，川帮、广帮、闽帮、徽帮、本帮……应有尽有；西菜、俄菜、日本菜、印度菜……数不胜数。

上海是海。上海的戏剧舞台百花争艳，京剧、昆剧、越剧、沪剧、淮剧、歌剧、舞剧……剧种之多，阵容之齐，在国内数一数二，在国际堪称少有。浙江嵊县土生土长的越剧在上海生根开花，走向全国；而上海土生土长的沪剧则别具一格地将莎士比亚的《罗密欧与朱丽叶》、王尔德的

《少奶奶的扇子》改编成功……

上海确实就是海！

海派文化姓海。

海派文化不等于全部上海文化，而是上海文化独特性的集中表现。

姓海的海派文化，是我们中华文化的一部分。中华文化是我们中华民族之魂。中华文化历史悠久，博大精深，就像一棵根深叶茂、顶天立地的大树，巍然屹立，万古长青，枝繁叶茂，这树的主干在北京，树根深扎国土，树枝则是伸向祖国各地各民族的地域文化和民族文化。有一种说法耐人寻味：看中华文化五千年要到西安去；看中华文化两千年要到北京去，看近百年来中华文化发展要到上海去。当然，比喻总是蹩脚的。

姓海的海派文化，是伴随着上海这座典型的移民城市的崛起而形成和发展的，来自江苏、浙江、安徽、广东、福建……的移民带来了当地的民族民间文化，在上海相互影响，有的彼此融合，有的相互排斥，有的自然淘汰，经久磨合而逐渐形成新的文化形态。因此，海派文化是吸纳了国内各地民间文化精华，孵化生成具有鲜明上海地方特色和个性的独特文化。

姓海的海派文化，是受世界文化特别是受西方文化影响最多的中国地域文化。1843年上海开埠以后，西学东渐，海派崛起，云蒸霞蔚，日趋明显。随着西方物质文明的输入，如1865年10月18日在南京路点亮第一盏煤气灯，从此上海有了"不夜城"之名；1881年英商自来水公司成立，次年在虹口铺设水管，开始供水……东西方人与人、文化与文化整体接触，尤其是租界上"华洋杂处"、"文化混合"，虽然于我们是一种无可奈何的选择，但客观上却是引进西方文化早而且多，使上海成了"近代化最成功的地方，市民文化最强大的城市"，往往统领风气之先。

姓海的海派文化，是随着上海发展而发展的，是客观存在，有客观规律，我以为大体可分为这样几个时期：

萌芽时期：1843年上海开埠以前，中华传统文化特别是吴越文化，为海派文化提供了基础，开始孕育海派文化。

成长时期：1843—1949年期间，特别是20世纪三四十年代，上海"八面来风"似的国内外移民，哺育了海派文化的成长。

转折时期：这又可以分为两段：1949—1965年间，建国以后，定都北京，商务印书馆等文化单位迁往北京，以郭沫若、茅盾、叶圣陶、夏衍、曹禺为代表的上海文坛骁将率队陆续迁居北京，上海在电影、文学、戏剧等诸多方面不再是中国的文化中心，这是很正常的转移。上海虽然不再是中国的文化中心了，但文化基础很好，依然作用不小，有些方面如电影、小说在全国的影响还是很大的。这也给海派文化带来了新的发展机遇。1966—1976年，"文化大革命"十年浩劫，整个中国文化，包括海派文化，遭受了毁灭性的破坏，罄竹难书。

成熟时期：1976年，笼罩祖国天空的阴霾一举扫去，阳光重新普照大地，结束长达十年的浩劫，开始拨乱反正、改革开放新时期，在全中国范围对"文革"进行反思，进行平反冤假错案，逐步恢复正常的文化活动。上海以话剧《于无声处》和小说《伤痕》为起点，海派文化开始新的阶段。在党的十一届三中全会精神指引下，上海再次成为东西方文化交流的中心，海派文化重新焕发青春，健康发展，在新的基础上正在走向成熟。

当前，海派文化面临着新的机遇和挑战，存在这样那样前进和发展过程中难以避免的问题和弱点，这是要引起重视并认真对待的。

姓海的海派文化，有哪些基本特点呢？我以为主要有：

一是开放性：海纳百川、有容乃大，为我所用，化腐朽为神奇，创风气之先河。不闭关自守，不固步自封，不拒绝先进。

二是创新性：吸纳不等于照搬照抄，也不是重复和模仿人家，而是富有创新精神，洋溢着创造的活力。当年海派京剧的连台本戏、机关布景是创新，如今的《曹操与杨修》也是创新，金茂大厦则是在建筑文化方面的创新。

三是扬弃性：百川归海，难免泥沙俱下，鱼龙混杂，尤其在被动开放时期，特别是在"孤岛时期"，租界内某些殖民文化的影响也不能忽视，需要加以清醒地辨别，区别对待，避免盲目和盲从。

四是多元性：海派文化和其他事物一样，具有综合性，是复杂的体系，不应该要求纯之又纯，水清无鱼，那就不成其为海派文化了。雅与俗，洋与土，阳春白雪与下里巴人相容并存，以致落后、低级、庸俗、黄色、反动文化，在以往那特定历史时期，也夹杂其间，怎么能用这些来对今天的海派文化说事呢。

五是商业性，海派文化在不同历史时期和不同政治、经济、社会环境中，其适应市场的商业性都有不同的表现。上海人往往对国内外市场行情具有敏感性，适应市场变化的能力比较强，有些从事文化艺术工作的人士，也比较有经济头脑和市场意识。

我认为，海派文化的"派"，既不是派性的派，也不是拉帮结派的派，更不是其他什么派。千万不要"谈派色变"，也不必对"派"字讳莫如深，远而避之，切忌一提到"派"字，就联想到造反派、搞派性、讲派别！不，我们这里所说的海派文化，是反映上海文化风格的最重要流派。我国有京派文化、徽派文化、吴越文化……和海派文化一样，都是中华文化的组成部分。我们的京剧有麒派、尚派等等，越剧有袁（雪芬）派、傅（全香）派、戚（雅仙）派……都是戏剧艺术的流派，流派纷呈有何不好。

我认为，海派文化是客观存在，不以人们的主观意志为转移。海派文化并不是一成不变的，而是一直在发展变化之中，既不要一提到海派文化就沉醉于20世纪30年代怀旧情调中，也不要一说到海派文化马上就和当年的流氓、大亨、白相人划等号。应该看到，经历了漫长时期的风雨淘洗，特别是进入改革开放新时期以来，上海发生了巨大变化，海派文化也呈现出前所未有的崭新面貌。海派文化发展的至高境界，我想就是"海派无派"，正如石涛先生所说，"无法而法，乃为至法"。应该要为海派文化向至高境界发展而不断努力。

时代呼唤《海派文化丛书》。

《海派文化丛书》是历史的需要。在经济全球化和文化趋同化的当今世界，我们伟大祖国亿万人民正在为建设和谐社会、和谐世界而团结奋斗，中央要求上海搞好"四个中心"建设，发挥"四个率先"作用，还要继续搞好在浦东的综合改革试点，为中国特色社会主义事业作出应有贡献，特别是要主动热情地为争取办好中国2010年上海世界博览会而努力。世界人民的目光聚焦上海，为了全面了解上海、正确认识上海，都迫切需要为他们提供新的准确而完整的图书资料。国内各兄弟省市的同志也有这样的愿望，新老上海人同样都有这个要求。可以说，编辑出版一套系统介绍海派文化的丛书是当务之急。

《海派文化丛书》必须力求准确系统地介绍海派文化。海派文化曾经有过争议，如今也还是仁者见仁，有不同看法是正常的，也是好事。我们编纂者则要严肃而又严格地正确把握，既不要过于偏爱，也不要执意偏见。近年来，由于上海大学领导的重视和不少专家学者热情支持，已经举行了多次海派文化学术研讨会，汇编出版了五本论文选集，受到社会各方面的关心和欢迎，但这还远远不够。我们要以认真负责的态度，出版好这套丛书。

《海派文化丛书》的创作、编辑、出版工作一经动议，就得到作家、编辑和有关领导的热情支持，得到上海大学、上海市对外文化交流协会和文汇出版社等大力帮助。我相信，《海派文化丛书》的出版可以为中华文化宝库增添新的内容，为中华民族的振兴和上海的建设增强精神助推力，同时，也可为希望全面了解上海的中外人士，提供一套具有系统性、权威性、可读性而又图文并茂的图书。

我谨代表《海派文化丛书》的作者、编者、出版发行者，向所有给予帮助和支持的单位及个人表示衷心感谢！向读者和收藏者们致以诚挚的敬意！向读后对本丛书提出批评意见和建议的朋友鞠躬致敬！

是为序。

李伦新

2007年5月20日于乐耕堂

（本文作者为上海大学海派文化研究中心主任）

目录

引言

我出生在1956年，孩提时，外婆常常会叫一声："去寻一张申报纸。"我得令便翻箱倒柜翻找。有时会找到一张《新民晚报》，如获至宝地跑去交给外婆。更多时候是空手而归。别以为我讲得如此夸张，放到今日有谁相信，找一张报纸竟如此难？但当时的的确确就是这样。

那个时候，大凡人家都不订报，也不买报，要看报就跑到邮局的阅报栏去。阅报栏前总是人头攒动，里三层，外三层，把个阅报栏围得水泄不通。没办法，精神食粮呀，要花钱，又舍不得，只好去轧闹猛。

上小学后，父亲为我订了一份《中国少年报》，当时的报纸必须订在学校里，每周三老师会将报纸发给我。嘿嘿，班级里就数我与一位女同学订了《中国少年报》，这让我觉得十分有脸面。每每报纸一来，男同学都争先恐后地向我借报纸，女生们自然去找订报的那位女同学。按向我借报纸的同学们的理论："反正你可以回家笃悠悠地看。"

在家里，假如父亲叫我："去找一张申报纸来"，我便会飞也似的跑去拿来《中国少年报》。我当时就以为，不管何种报纸，统统都叫"申报纸"。我还曾天真地想过：大概是还未翻阅的报纸叫"'生'报纸"？看过的报纸叫"熟报纸"？不对呀，外婆、父亲让我去找"申报纸"，不都是已经看过的报纸吗？后来才弄明白，原来上海曾经有过一张《申报》，地址在上海汉口路309号，于1949年5月27日上海解放之日停刊。翌日，《解放日报》在申报馆原址创刊。难怪我从未见过这张报纸，但已经熟悉了它的大名。

如今，我早已是解放日报报业集团的《新闻晨报》记者，按现在流行的说法，叫媒体人。这个称呼特好，过去称报社为报馆，记者、编辑为报人。关于报人，创办《文汇报》的老报人徐铸成有段精辟的论述："我认为'报人'这个称谓，就含有极崇敬的意义。我国曾出现过不少名记者，也有不少办报有成就的新闻事业家，但未必都能成为'报人'。"那么，什么样的人可以成为"报人"呢？徐铸成先生说："对人民负责，也应对历史负责，富贵不淫、威武不屈，不颠倒是非，不哗众取宠，成为报人应该具有这样的品德和特点。"

幸好如今有媒体人的说法，我只能要求自己向"报人"这个目标奋进。

在很长一段日子，我以为创刊于1872年的《申报》就是上海最早出现的报纸。是我之前供职的《新闻报》总编辑张煦棠先生在2000年年底送给我一部他担任副主编的《上海新闻志》，我才弄明白，在1850年，上海就有了第一份报纸——《北华捷报》。张煦棠先生原先是《文汇报》的副总编，到年龄离休时被时任上海市委副书记陈至立找去谈话，不久，他便担任了《新闻报》的总编辑。我在复旦大学新闻学院的毕业论文就是张煦棠先生评审的，记得当时他让我作了几处修改，最终给了我一个"优秀"。现在我要写一本《海派报业》，遂将写作计划告诉张煦棠先生，他说："我全力支持！"

那么，海派报业特点是什么呢？我认为：首先是历史悠久，报纸的在申城出现，是东西方文化交融与碰撞的产物。其次是报纸总类繁多，这是一个循序渐进的的必然，在这个漫长的过程中，数不尽的文化名人参与其中，铁肩担道义，妙手写文章。仁人志士在上海报业这个大舞台上八仙过海，各显神通。可以这么说，海派报业是中国报纸发展的一个缩影。

我决定从1850年上海诞生第一份报纸起笔，至1949年新中国成立的报业行进轨迹"一网打尽"。在百年的"报海"中，分为晚清与民国两大部分。在林林总总的报纸中，又分为日报与晚报，再可细分成综合性报纸与游乐场报和消闲性报纸。

我力求将海派报业的起源与发展通过历史事件和人物故事予以体现。在海派报业从无到有的进程中，无数名人参与其中，如康有为、蔡元培、章太炎、章士钊、梁启超、邹容、秋瑾、陈独秀、于右任、宋教仁、史量才、邵力子、柳亚子、张继斋、严独鹤、陶行知、陈布雷、张恨水、夏衍、邹韬奋……信手拈来就是一串振聋发聩的名字，在海派报业中，这些人物将会一一亮相。

我还将专辟一章，把一些未办报，却与报纸有着密切关系的人物有选择性地展现，如《卖报歌》，出自由田汉创作的歌剧《扬子江暴风雨》中，作曲的是聂耳，作词的是田汉的夫人安娥。《卖报歌》正是当年安娥根据上海一位卖报小童杨碧君真实的形象创造而成的。70多年前，聂耳每天都在她那里买报纸。聂耳、安娥自然要出现在海派报业中。

又如鲁迅先生，他一生创办了许多杂志，但从未办过报纸，但由于他写的不少杂文都刊发在《申报》的副刊自由谈上的，海派报业中更少不了他。还有张乐平，他创作的漫画《三毛流浪记》是在《申报》上连载的……在报人办报的同时，他们还创办了不少刊物，我也有选择地介绍一些，如邹韬奋的《生活》周刊，以及当时久负盛名的《大众生活》、《向导》、《群众》等。

在海派报业的发展中，值得提及一些中外通讯社，因为报纸的发展不是孤立的，那些衍生或者根据需要诞生的独立机构与报业有着密不可分的关系，书中少不了这一块。

好吧，言归正传。让我做一回"导游"，邀请有缘阅读本书的读者与我一起，回眸海派报业中的那些人，那些事吧。

第一章

1850·上海出现报纸前的国外报业·

1850年8月3日，上海诞生的第一张报纸为英文《北华捷报》，是由英国商人亨利·奚安门所创办，其自任主笔兼发行人。这也是鸦片战争后最早在上海创办的外文报刊。

在鸦片战争之前的1827年11月8日，英国人马地臣在广州创刊了《广州纪录报》，第一任主编为美商伍德，这是中国境内出版的第一份英文报纸。该报于1839年迁澳门，1843年迁香港，并更名《香港纪录报》周报。1863年停刊。

让我们来看看1850年上海还没有出现报纸前，国外报纸的一些概况：世界上第一份日报诞生在德国。1650年，书商蒂莫休·里兹赫在那里出版了最早的日报《新到新闻》。10年后，里兹赫又创办新的日报《最新战争和世界贸易新闻》。也是在1650年，莱比锡的一位印刷所长创办了周报《莱比锡新闻》，这家报纸在1663年改为日报。

有研究者认为，中国是世界上第一个有报纸的国家，出版于唐玄宗开元年间（公元713年）的"开元杂报"就是中国唐朝的官报，内容为宫廷动态，读者是首都官吏。而英国伦敦不列颠图书馆收藏的中国"敦煌邸报"（内容是通报归义军节度使的使臣到朝廷索要符节的经过），发行于唐僖宗光启三年（公元887年），1900年在敦煌莫高窟被发现，是世界现存最古老的报纸。

学术界比较认同的观点则为，宋朝（公元960—1279）的"邸报"是中国报纸的鼻祖。它的发行机构是各地派驻首都的进奏院。内容主要为皇帝的诏书，皇帝的起居言行，封建政府的法令、公报，有关官吏任免赏罚的消息和大臣的奏章文报，且大部分为手抄的，其中小部分使用雕板印刷。我认为，这些都不是通常意义上的报纸，充其量只能算作原始状态"报纸"的雏形。

那么，在上海出现通常意义上的报纸之前，其他国家的报业是个什么状况呢？

1. 英国，1724年就有纸质媒体

18世纪后期，英国先于其他国家开始了工业革命。工商业进一步繁荣，给报业发展提供了活力。由于广告日益增多，于是报刊的种数和销量不断增加。1724年，英国只有3家日报，1776年便猛增至53家，全国报刊发行总数1771年为200万份，1778年达到了1 400多万份。报刊的内容也有所扩展，有关国内情况的报道和评述增多，经济新闻、文艺小说、读者来信也不断增加。

这段时期比较著名的报纸有：1730至1807年的《每日广告报》。这是一份商业性报纸，除了广告之外，还刊登一些经济消息、商业行情、金融行情以及社会新闻，并开创了依靠广告收入而自立的先河。

1752至1798年，由出版商亨利·伍德福和儿子桑普林·伍德福出版的《大众广告报》是一份日报，1769年前后因连载批评国王的"朱尼厄斯信件"而名声大振。

1769至1862年，桑普林·伍德福的弟弟威廉·伍德福创办的《早晨纪事报》也是日报，由于迅速报道国会新闻而为社会瞩目。

《晨邮报》（1772—1937年）。该报1795年后在著名报人斯图亚特经营下，强调经济自立，提高新闻的趣味性，因而声誉日增。

18世纪末，《泰晤士报》脱颖而出，其影响远远超过同时期的其他报纸，成了英国资产阶级非政党报刊的主要代表。《泰晤士报》创刊于1785年元旦，原名《每日环球纪录报》，创办人为印刷商约翰·沃尔特，1788年3月正式定名为《泰晤士报》。该报创刊时并不起眼，但它致力于详尽而迅速报道国内外新闻，几年后便跻身伦敦第一流报纸的行列。1803年起，该报依靠广告和发行收入而充分自立，因而它不用看政府的脸色行事。在报道方面，它大量刊登国内外要闻，还派遣记者赴国内外热点地区采访,获得了许多独家新闻,使无数重大消息抢先见报。该报还十分重视采用新技术,率先使用蒸汽印刷机、轮转印刷机,不断提高印刷质量和速度。经过半个世纪的经营,《泰晤士报》成了英国首屈一指的大报。当时大英帝国正处在上升时期,因此,《泰晤士报》在国外也有很大影响,它的驻外记者所写的国际报道常常让有关国家刮目相看。直至今日,《泰晤士报》仍在出版发行。

2. 毕业于哈佛学院的美国报业活动家

1783年,英国政府正式签约承认美利坚合众国独立。1787年,美国国会通过宪法,1789年4月联邦政府正式成立。先前,1775年费城创办的《宾夕法尼亚晚邮报》每周出刊二三次,1783年5月30日率先改为每日出版。翌年9月,《宾夕法尼亚邮报》也改为日刊。这是政局趋于稳定、商业和邮政事业进一步发展的结果。

在美国独立战争中,有过一些卓越的报刊活动家,其中最为著名的是:塞缪尔·亚当斯(1722—1803年)。他毕业于哈佛学院。1748年26岁的塞缪尔·亚当斯担任了波士顿一家俱乐部办的《独立广告报》的主编,因经常抨击英国政府横征暴敛的政策。一年后《独立广告报》停办。他便经常在朋友所办的《波士顿报》上发表文章,继续宣传反抗殖民统治的主张。1772年他组织了"通讯委员会",在马萨诸塞州各地间互通情况。1775年4月,列克星敦民兵就是在得到通讯委员会报告后,打响独立战争第一枪的。塞缪尔·亚当斯在1774年后一直担任马萨诸塞州出席大陆会议的代表,独立战争后长期担任该州的州长。

另一位印刷工出身的艾赛亚·托马斯(1749—1831年),因反印花税斗争中公开传播革命派观点，被老板解雇。1770年他在波士顿与人合办《马萨诸塞侦探报》，不久，买下全部产权，独自经营。他主要从事出版事业，以后又研究新闻史，著有《美国印刷史》(1810年出版)。

托马斯·佩因 (1737—1809年) 出生于英国一个贫民家庭，他1774年来到费城，担任《宾夕法尼亚杂志》编辑，经常撰写散文、评论，宣传取缔黑奴制度。美国独立战争爆发后，不少人对北美殖民地究竟能否独立仍心存疑虑，而就在这关键时刻，1776年1月他出版了政论小册子《常识》，用通俗的语言和犀利的笔调，抨击了妥协和解的谬论。这本小册子一出现就产生了极大的反响，总销数达50万册，各报还争相刊载。半年以后，大陆会议顺利通过了《独立宣言》。1787年佩因离美返欧，曾经参加法国大革命，著有《人权论》、《理性的时代》等书。

3. 法国同一天诞生两份廉价日报

法国早期的正式报刊都是经国王特许发行的。1631年1月，两名书商在巴黎出版了几期单页的《普通新闻》。四个月后，勒诺多在巴黎创办了周刊《公报》，通常认为这是法国第一份持续出版的周刊。起初每期4页，之后逐步增多。开始时以报道国外新闻为主，以后增加国会消息、国王谕旨等国内新闻和广告，还有政治评论。实际上它是官方的喉舌。勒诺多家族经营该刊131年，至1762年该刊为外交部接办，改名为《法兰西报》，1780年转卖给出版商庞库克，1789年改为日报，一直出版到1915年。

但在法国革命前也有些未经允许的民间报刊在各地流传。其中有专谈文学艺术的；也有把矛头直指封建统治者的。后者通常被称为"抨击性报刊"。例如17世纪后期勒诺布尔创办的月刊《政治试金石》，该刊在

1689至1691年间共出版了30多期，后被政府查禁，又多次更换刊名重新出版。

法国第一张日报为1777年元旦创办的《巴黎新闻》，是由两位实业家经官方批准创办的，主要刊登消闲性包括文学、戏剧、法院新闻、金融行情、卫生报道、时装、广告等。因为侧重于非政治性的内容，才得以在封建统治下生存，直至1789年法国革命爆发时停刊。

1830年后，政权落到资产阶级立宪派手里。这一年通过的新宪法取缔了一些封建特权，扩大了选民范围和议会权力，并规定了新闻自由的条款。1830年10月和12月，政府颁令减少出版保证金的数额，法国报业暂时获得了较为宽松的环境。政党报刊逐渐增多，与此同时兴起了廉价报纸。其中两份著名的廉价商业日报《新闻报》和《世纪报》于1836年7月1日同一天在巴黎问世。

当时一般日报年定价为80法郎，而《新闻报》只有40法郎，创办3个月后发行量便达到万余份，数年后达到7.8万份。纵观《新闻报》的特点，它大量刊登社会新闻和法院新闻与卫生、健康、食品、服装、家庭等方面的实用新闻；对于政治新闻和言论只是"蜻蜓点水"。该报为吸引更多的读者，还刊登文学作品，1836年连载巴尔扎克的小说《老处女》，开了长篇连载的先河。再则，通过增加广告收入来降低报价，为进一步扩大发行量创造了经济基础，这在法国是首创。

《世纪报》也是独立经营的商业报纸，报道注重社会新闻、法庭案件，对犯罪新闻的报道比《新闻报》更加直观。它在法国是率先刊登短篇小说的。当《新闻报》开始连载长篇小说后，《世纪报》也奋起直追，1836年发表了巴尔扎克的《保尔船长》、1844年连载了大仲马的《三剑客》等名著。报纸每份售价也是全年40法郎，发刊第二年销售达1万多份，1847年为4万份，广告收入逐年上升。后来还组建广告公司，包揽几家大报的广

法国埃菲尔铁塔

告业务。

这里需指出的是，自19世纪30年代起，工业革命在法国逐步兴起，广告需求在增加，人口向城市集中，文化教育有所普及，为廉价报纸的出现准备了条件。而长期以来政局多变也使一些办报人尽量避开政治，转而办消闲性、实用性的商业报纸来谋利。

1848年，资产阶级革命浪潮在欧洲兴起，资产阶级组织了临时政府，开始了法兰西第二共和时期。三月间，政府颁令废除印花税、保证金等一切限制报业的措施，使新闻界享有较多的自由，在很短的时间，法国的报纸总数达450家之多。因六月间巴黎工人再次起义被资产阶级政府镇压，政府又加强了集权统治，种种限制新闻自由的措施如保证金制等重又恢复。

我之所以要不遗余力到图书馆寻找资料，阅读了500多万字的有关专著，就是想了解1850年上海出现第一份报纸前的世界报业是啥模样，因为有比较才能有鉴别，这对研究为何上海有报纸的历史为何会出现在1850年大有裨益。筚路蓝缕的海派报业在风雨飘摇的年代启程，那么，1850年前的上海又是啥模样呢？

第二章

还未出现报纸前的上海往事

1. 1267年,上海建镇得益于优越的地理位置

上海地处长江三角洲的东端,恰好是中国海岸线的中心。它是长江入海的门户,进江出海的货物在此中转。据清嘉庆《上海县志》记载,在南宋咸淳三年(公元1267年)上海建镇,不过10年,元政府在上海设立了市舶司,同广州、泉州、万州、杭州、庆元(今宁波)等并列为全国七大"市舶司",黄浦江的码头成为全国重要的港口。

从地理位置来看,上海位于东经121°29′、北纬31°14′,经过日本,中国与东南亚的世界环航线路最近点不到100海里,从上海至西欧与北美的距离相差无几。在国内,上海往北与大连、青岛、天津相连;南面与福州、厦门、广州、台湾相通,并且又连着大运河,沟通了江苏、浙江、安徽、山东等省份的主要航线。到明弘治年间(公元1488—1505年),当时的上海商人已与湖北、河北、山东等地有航运贸易往来。之后由于倭寇对我国东南沿海的侵扰,公元1552—1566年间,明朝政府为防止倭寇而限制海上运输,航运贸易一落千丈。

1553年,倭寇再次侵袭上海县城,那时的县城没有城墙,倭寇入城烧杀抢掠后离去。在两个多月里竟来来回回5次,虽然也遇到抵抗,倭寇却总能来去自由。也就是在那年的9月,上海县城在3个月内就建起了7米高的城墙,有6扇城门,东为:朝宗门、南为:跨龙门、西为:仪凤门、北为:晏海门、小东为:宝带门、小南为:朝阳门,还有3处水门,东西跨在肇嘉浜上,小东门跨在方浜河上。城墙外有一条护城河,河上设有吊桥。那时的黄浦江边是一片淤泥滩,芦苇丛生,只有几间草房和一条供纤夫行走的煤渣铺就的小道。

到了1656年,清政府为镇压东南沿海一带的反清起义,限令沿海居民内迁,更不准出海贸易,甚至不准出海捕鱼。由于海上运输无法进行,上

＊上海老城墙一角

海的码头几乎处于停顿状态。直至公元1684年,因为台湾已收复,清政府解除了海禁,海上运输又恢复。第二年,清政府在广州设粤海关,福州设闽海关,宁波设浙海关,江南设江海关。需说明的是,当时江海关设在江南云台山,之后迁移了一次,因关署隘小,最终才迁至上海的。

然而,过了一百年后的1757年,清政府却规定只准广州对外开放,包括上海在内的其他各省的港口一律对内开放。但华侨经营的船只允许来往上海与日本和东南亚等国家。这些运输船要进上海,得从吴淞口进来,经杨树浦和虹口、陆家嘴到南市(注:现已并入黄浦区)。

2. 对上海发生了兴趣,英国人千方百计要进来

因为广州作为清政府允许对外开放之地,英国政府为做鸦片生意便在广州安营扎寨。但渐渐地觉得难以伸展手脚,遂向清政府提出想在宁波、舟山一带增加通商口岸。1787年,英政府派了卡斯卡特来中国,目的就是要求扩大对中国的贸易,希望清政府允许划给他们一块地。当时英政府设想的"一块地"是位于北纬27°—30°之间。而上海则处于北纬31°14′,那意味着英政府还没把上海放在眼里。之后由于卡斯卡特死于来中国途中,这事便暂时搁了起来。

6年后的1793年,英政府旧事重提,又派特使马戛尔尼爵士来中国,要他完成卡斯卡特未竟之业。马戛尔尼到北京后见到了乾隆皇帝,转达了英政府的口信,殷切企盼能增辟宁波、舟山和天津为通商口岸,当即被顶回去。请注意,马戛尔尼这次也未提到上海,估计是英政府还"不认识"上海。

想想也不足为怪。民间早有"上有天堂,下有苏杭"的说法,据称与

唐代诗人白居易有关。白居易曾历任杭州与苏州刺史，他在二州任上写过不少夸赞当地的诗篇，晚年回到北方，对苏、杭二州仍念念不忘。而与他同时代的李白所写的"故人西辞黄鹤楼，烟花三月下扬州。"已成为千古绝唱。黄鹤楼故址在今湖北武汉市武昌。那时还没有上海呢。

光阴似箭，1816年，英政府大有不打开中国大门心不甘的恒心，于是又指派肩负同样使命的阿美士德来中国。由于清政府实行闭关自守，阿美士德连皇帝也没见上一面，就被打发回去，并告诉他，以后不要为此事再来，来了也是徒劳的。

1830年，英国造船工业突飞猛进，在这一年制造出了一种轻型快速的帆船，被称为"飞剪船"。这种船船身长、吃水浅，虽无自身动力，确因篷帆多，航行速度快。由于驾驶灵活，又能抗击风浪，一问世，就被英国的鸦片贩子相中，用于从印度向广州运输鸦片。那时，英国一些大的洋行如怡和洋行等也购进飞剪船组成自己的船队。

飞剪船的载重一般在二三百吨左右，大的达1 000吨以上。尤其是大型的飞剪船，通常都配有大炮，有的飞剪船上武器装备不亚于当时的一些兵舰。鸦片贩子如获至宝地用它贩运鸦片，倘若遇到清政府"缉私船"的拦击，它的航速令"缉私船"望尘莫及。假如哪天飞剪船上的英国人感到不爽，大炮小炮一起开火，清政府的"缉私船"不说退避三舍，至少也会呆在原地裹足不前。

在广州一带贩运鸦片的英国人林赛发了大财，切身体会到航运有利可图，而且是暴利，便不断向造船业投资。会说中国话的林赛是个"中国通"，1832年2月，林赛被英政府委派到中国来执行一项秘密任务。

原来，英政府一直没停止过寻找要向广州以北开辟新的通商口岸的机会。无奈被清政府一次次地拒绝，考虑动用武力，又缺乏对中国沿海的地形、港口情况的了解，尤其是中国军队的情况更是知之甚少。于是决定

让英国驻印度殖民机构——东印度公司派船到中国沿海一带刺探情报。东印度公司派出了以"阿美士德"命名的船担当，林赛用了"胡夏米"的化名，对外宣称是"阿美士德"号的船主。

林赛的搭档是是个德籍传教士，叫郭士立。此人会说中国话，还懂点医道，在广州一带传教。当时，英国的鸦片贩子需要即懂英语，又会中国话的人帮忙，郭士立自然成了他们理想中的人，郭士立之后便成了英国鸦片贩子的得力干将。这回，东印度公司派他随船担任翻译兼医生。

"阿美士德"号从我国澳门出发，经过厦门到台湾闯入福州，而后再进入宁波，于6月中旬到达长江口。20日中午，"阿美士德"号一路尾随中国的帆船，边测量航道，边向吴淞口驶来。吴淞炮台上的江南水师开炮警告,林赛和郭士立似乎铁了心,立即换乘小艇,不顾一切地进了吴淞口,继而顺着黄浦江逆流而上,在蕰藻浜处遭清政府的船只拦截,林赛的一句"我们要向上海道台面交紧急公文",把前去拦截的清政府官员弄得一愣一愣的,竟予放行。于是,林赛乘坐的小艇于下午在小东门外靠了岸。

第二天,林赛与郭士立闯进了上海道台衙署,真的递交了"紧急公文"。核心内容就是一条:要到上海做生意。并告知,此次大英国船带来了洋布、大呢等货,将运中国的茶叶和湖丝等货回去。

上海道台明确答复,根据大清法律规定,上海不准外国船只进来,更不能同洋人进行贸易,洋人要与大清做生意,只有去广州。林赛一个劲地问"为什么",上海道台心忖:这是皇帝佬儿定下的规矩,你要问"为什么",去问皇帝佬儿好了。

林赛据理力争,说英国允许上海的船到英国港口,那么,英国的船也就有权利来上海。其实,林赛的心里十分清楚,与上海道台是谈不出结果的,但他就是三天两头要找上海道台论理,其真正的目的是采取拖延手法,好让"阿美士德"号有足够的时间来完成窃取情报的活动。果然,"阿美士德"号在上海停留了18天后这才依依不舍地离开。

3. 1843年11月17日上海开埠

1832年的10月中旬,郭士立又乘着一艘飞剪船到中国沿海继续间谍活动,并在12月底抵达上海,再次窃取情报。他和林赛回英国后对上海的港口赞不绝口,认为上海是中国最大的商业中心,惟有打开这扇大门,才能发展西方贸易。林赛则更是赤裸裸地叫嚣"谈判解决不了问题,只有武力才能解决"。

英国鸦片贩子林赛在贩运鸦片上捞到不少好处，为获取更大的利益，他极力主张要打开中国的大门，最好是所有的港口他们都能自由地进出。尤其是他已经充当间谍的角色，窥视过中国沿海的一些港口，从偷测航道、绘制海图，到搜集水师的兵力部署，掌握了大量第一手资料，认为中国的军队不堪一击。英政府接受了国内一些人的建议，将先前没放在眼里的上海纳入了通商口岸的名单。

1840年6月，英国人为向中国推销鸦片而发动了史上所称的"鸦片战争"。他们用装备精良的兵舰冲入广州，随后一路北上。翌年，英军先后占领了厦门、定海、宁波等地，并强行霸占了香港岛。1842年年初又攻下慈溪，紧接着攻入乍浦。稍事休整后，英军的下一个目标就是长江的门户上海了。

6月11日，有7 000余名英军参战的28艘战舰停在长江口外，虎视眈眈地望着吴淞炮台，战事一触即发。吴淞炮台分为东炮台和西炮台，两年前从厦门奉调至吴淞口炮台的江南提督陈化成守在西炮台。6月16日的黎明时分，英军向吴淞炮台开炮了。抗英老将陈化成在西炮台上亲自指挥作战，命令炮手朝英军作为旗舰的"皋华丽"号开炮，"皋华丽"号被击中数次，其他几艘英国战舰被打得只能"开倒车"退却。

此时，兵分两路的另一部分英军正在攻打东炮台。却不见还击。原来，两江总督牛鉴是个贪生怕死的人。他在"吴淞之战"就要开战前夕，曾劝陈化成"我们无法顶得住英军的进攻，不如趁早溜之大吉"。被陈化成当即顶回去："大丈夫遇敌决不投降，毋宁战死！"掷地有声的话语让牛总督无地自容。

如今正需要东炮台配合，形成两面夹攻之势，东炮台上却没有动静，牛总督的"不战而退"想法已影响了那里的守军，他们正盘算着怎样向牛总督学习，并密切注视着牛总督的举动，假如牛总督不战而退，那么他们脚底抹油，不会逃得比你"老牛"慢。

英军看出了些许端倪，立即把原先攻打东炮台的战舰除留下一艘外，全部集中攻打西炮台。牛总督被迫率援军向西炮台增援，出发时还要摆摆臭架子，总督仪仗开道，前呼后拥，弄得不像去打仗，倒像"老牛出访"。英军一见这个阵势，立即向人群开炮，牛总督大惊失色，也不问个青红皂白，竟混进人群中溜之大吉，最后逃到了南京。

可想而知，这牛总督一开溜，那些东炮台的守军军心大乱，他们哪里管得了你西炮台上的陈老将军？东炮台不战而失，给英军从西面包抄西炮台创造了良机。虽然陈化成与那里的守军英勇奋战，终因寡不敌众，在同冲上炮台的英军一番肉搏战后，81名官兵与民族英雄陈化成一起为国捐躯。

＊民族英雄陈化成

作为上海门户的吴淞口失陷，英军立即分水陆两路向上海县城开进。6月19日，走水路的6艘英军战舰在黄浦江上长驱直入，在南码头靠岸；走陆路的英军则由北门入城。

英军在上海呆了一个多月，于7月底又沿长江去进攻镇江、南京。在攻占镇江后，英军于8月4日兵临南京城下，摆开一副要决战的架势，索要赎城费300万元。道光皇帝闻讯吓出了两身冷汗，急派钦差大臣太子少保镇守广东广州将军宗室耆英与头品顶戴花翎前阁督部堂乍浦副都统伊里布为代表，与英方交涉。

中英开始了8月11日至29日的和约谈判，清政府的代表在英方大兵压境之下显得毫无反抗能力。英方早就拟定了中英文本的条约，不允许清政府代表作任何改动。8月29日，钦差大臣耆英和伊里布与英国全权代表璞鼎查，在南京江面上的英国"皋华丽"战舰上签署了这份条约。南京条约原无名称，因南京当时称江宁，通常称为《江宁条约》或《南京条约》。而今人们习惯称为《南京条约》。最终于1843年6月26日在香港交换批准。

中英《南京条约》共13款，主要内容是：宣布两国关系由战争状态进入和平状态；清朝政府开放广州、福州、厦门、宁波、上海五处为通商口岸，准许英国派驻领事，准许英商及其家属自由居住。

《南京条约》签订后，西方列强相继强迫清政府签订了一系列不平等条约。从此，中国逐步沦为半殖民地半封建社会。

1843年的11月8日傍晚（一说12日），英国首任驻沪领事巴富尔一行乘小火轮从广州来到上海，此人先前是英国驻印度野战队的上尉，现受英国公使璞鼎查的派遣走马赴任。假如放至现在，用手机打个电话，上海道台早就会派人到码头迎接了。那时不要说手机，上海县城连电都没有，晚上点的是油灯。有个真实的故事：之后进上海的美孚公司曾向路人免费赠送煤油灯,每只煤油灯内仅装少许煤油。上海百姓拿回去一使用,家中在碗里放入捻子加菜油点燃的灯立刻黯然失色。不花钱的煤油灯用了几日,煤油用完了,把这么好的灯扔了又觉得可惜,咋办?到美孚公司去买煤油呀,煤油的售价比菜油还要便宜,为啥不能喜新厌旧?美孚公司就是这样将煤油推销出去的。至于英国人在黄浦江边上的杨树浦建造发电厂、自来水厂和煤气公司,那是后话了。

现在还是来说巴富尔。与他一起来的随行人员中有两名传教士,一位叫雒魏林,一位名麦都思,加上文秘等4人。(麦都思后来成立了上海第一家铅印出版机构——墨海书馆;而雒魏林之后在沪建造了三圣一教堂和仁济医院)。当时由于天色已晚,初来乍到的巴富尔接受了他们的建议,把船停在黄浦江边的码头,准备第二天登岸见上海道台。

* 现位于江西中路九江路口的圣三一教堂

次日上午，翻译一人上岸，一路边走边问找到了道台衙署。上海道台宫慕久闻讯，立即派出几顶大轿赶往码头将巴富尔一行接入道台衙署内。这些轿子就是现在的卡迪拉克、奔驰和宝马轿车，那个时候就是"官车"，坐"官车"是权力的象征。当巴富尔等人坐在这样的"官车"里，晃晃悠悠地进了上海县城，城里城外的百姓绝对是有生以来第一次看到洋人，都纷纷驻足宛如看"西洋镜"似的指指点点。

巴富尔终于见到了上海道台，未作过多的寒暄就直奔主题，他希望领事署设在城里。宫慕久称县城内没有空房，建议他到城外找找。巴富尔知道，这种事不能硬来，便又谈起了上海开埠的日期。就在巴富尔一行告辞时，出于礼节，宫慕久送巴富尔等人到衙署门外，巴富尔通过翻译再次提及在城里找房子，尽快让领事署开馆。就在这时，在衙署外看热闹的人群中走出一名中年男子，说："你们要找房子跟我走。"翻译把这句话译给巴富尔听的时候，巴富尔问他房子有多大，那男子先伸出五指，再伸中指和食指说，有52间。宫慕久示意巴富尔不妨去瞧瞧，于是巴富尔跟着中年男子去看房子。

巴富尔果然看到了一栋房子，走进去一数正好52间。中年男子这才揭开谜底，告诉巴富尔，他姓姚，是上海县城里的商人，他的这些房子可以全部租给他们。还未等巴富尔开口，他却先伸出四根手指，说："年租金400两银子。"

巴富尔一声"OK！"，领事署的用房就这么OK了。也就随着这一声的"OK！"巴富尔在5天后的11月14日，便以英国首任驻沪领事的身份，将领事署的地址通知了英国侨民。

1843年11月17日，上海正式宣布开埠。

第三章

租界：上海产生报纸的导火索

1. 美国、法国也在申城设租界

上海一开放，原先在广州的一些英国商人名正言顺地纷至沓来，可想而知，这些人到上海可不是来观光旅游的，不少人是把在广州买的或租的房子退了，带着钱财要到上海安居乐业的。在上海县城内租房已经不那么容易了，即使租到房子的英国人也烦恼不已，因为中国人出于对于这些高鼻子、蓝眼睛、黄头发的洋人的好奇，常常到他们住的房前屋后围观。外国人喝咖啡，被老百姓称为喝"黄连汤"，想想也是，中国人从来就没喝过咖啡，他们只喝过黄连汤，看看外国人喝的咖啡就自认为是"黄连汤"。外国人一早起来吃奶牛面包，抽雪茄，一切的一切在上海县城的百姓眼里都是那么的新奇。

你在人家门前东张西望，英国人认为这是不文明的表现，自己似乎被监视了。英国驻沪领事巴富尔更是为领事署门前每天都有大批上海县城的老百姓来看热闹而烦恼，他认为"华洋分居"才能摆脱这种局面。加上络绎不绝进入上海的英国侨民，他决定在上海县城外另寻地方盖房。

巴富尔想起自己第一天乘小火轮来上海的时候，就是在黄浦江边上登岸的。那里虽然是个芦苇丛生的泥滩，但他已经看到了黄浦江所处的地理位置：一头出吴淞口即可通向世界，一头连着苏州河可通往中国的内地。现在，他向上海道台宫慕久提出要在黄浦江边上买地。在上海道台看来，那里就是荒郊野外，假如自己是皇上，就同意巴富尔的要求，你英国人买地，我收银子，你自己掏腰包在烂泥地上造房子，这房子就是在大清国的土地上，哪天你不要了还拆了不成？我们毕竟是房东，你英国人永远是房客。然而，宫慕久毕竟不是皇上，他没这个权利，也没这个胆子作出如此重大的决定。

英国人要买地，上海道台以大清法律不允许为由而拒绝。这个马拉松似的谈判进行了两年之久，在1845年11月底有了一个折中的办法，即把英国驻沪领事巴富尔想要买的地作为出租的形式给英国人。为此，宫慕久与巴富尔订立了《上海土地章程》，决定将洋泾浜（今延安东路）以北、李家庄（今北京东路）以南，黄浦江为界的东面，租给英国商人建造房子与居住之用。因未定出向西的界限，巴富尔在第二年的9月再与宫慕久敲定，以界路（今河南中路）为界，总共面积830亩。不久，英国人要在租下的芦苇丛生、乱坟岗遍地的"荒郊野地"，根据他们的规划修路造房而成立了一个"道路码头委员会"。

3年后的1848年11月27日，新上任的英国驻沪领事阿礼国比巴富尔的胃口更大，他与新上任的道台麟桂订立协定，将英租界西面从界路扩展到泥城浜（今西藏路），北面从李家庄扩展到苏州河，总面积为2 820亩，比他的前任一下子扩充了2 000亩。

第一个到上海来的美国人吴利国是美国旗昌洋行的，他到上海不久就毛遂自荐写信给美国公使，希望由他来担任美国驻沪领事。他的这个愿望终于在1846年实现了。

* 英国驻沪领事阿礼国

这里还要提及一个人，他是美国圣公会主教文惠廉。此人采取先斩后奏做法，在苏州河北岸购地建房，造成既成事实再向此时的上海道台吴健彰提出，要求把苏州河以北的虹口（主要是沿黄浦江，今东大名路一带）划为美国租界。因此，文惠廉有"上海美租界创始人"之称。

首任法国驻沪领事敏体尼是1848年新年伊始到上海走马上任的。半年后，他向上海道台麟桂提出划定法国人的居留地。逼迫无奈的麟桂在次年4月宣布，上海北门外，南至城河，北至洋泾浜，西至关帝庙诸家桥，东至广东潮州会馆沿河至洋泾浜东角为法租界。（今徐汇、卢湾与黄浦区金陵路范围，其中包括淮海路、衡山路、复兴路）。

1854年，英美法三国领事开会议事，决定解散"道路码头委员会"，取而代之的是成立工部局（设在今江西中路、汉口路口的上海市民政局内），以便统一管理租界内的所有事务。其实"工部局"是错误的译名，原文是"上海市政委员会"（Shanghai Municipal committee），为租界上各国洋人所组成的一个政治机构。所谓"上海"，指的是上海公共租界。

工部局设立不久便组建了中央巡捕房，并建造大楼（即今福州路的上海市公安局大楼）。还于1868年在厦门路建造了会审公廨的法院监狱，主要关押外国犯人，俗称"厦门路监狱"或"西牢"，这是上海出现的第一座隶属司法机构的近代监狱，监狱官由英国驻沪领事委派。被监禁的外籍犯人除了打扫牢内卫生之外，平时不从事重活，对他们的教诲事宜，则由牧师进行。

以后，法国人与英国人和美国吵得不可开交，于1862年索性退出了工部局，单挑搞了自己的法界公董局，与英国人、美国人不搭界，法租界由法国人自己来管理。英美两国驻沪领事一商量，晓得"强扭的瓜不甜"，天要下雨娘要嫁，也就随法国人去了。到了1863年，英美租界索性合并，成

立了公共租界。

　　随着时间的推移,"厦门路监狱"人满为患,工部局于1903年在虹口的熙华德路(今长阳路)建造了"公共租界工部局熙华德路监狱",因邻近提篮桥,又俗称为"提篮桥监狱"和"外国牢监"。1905年监狱落成使用,公共租界的犯人均送到这里关押。该监狱占地10余亩,有510间监房,其中30间专门用于囚禁少年犯,被称作"感化院"。另外还设有囚禁精神病犯人的特殊监房,墙上全部装上软木,之后改为橡皮,生怕犯人撞墙寻死。被关押在此处的犯人必须从事各项劳动,相比"厦门路监狱"只打扫牢内卫生,又增加了惩罚力度。我在写本书时,有一次坐公交车,听到两名新上海人的对话蛮有意思。一位估计是来上海时间较长的中年男

* 提篮桥监狱

子,对身旁另一位大概刚来上海不久的小伙说:"你要注意,人家说你要进提篮桥和西宝兴路,你不要理睬他。"小伙疑惑不解地问:"为什么?"中年男子以他的经验相告:"提篮桥就是监狱,西宝兴路是火葬场,清楚了吗?"

1862年,法国人在法租界宣布成立类似"工部局"的公董局,继而在今金陵东路建造了自己的巡捕房(地址为今上海市公安局黄浦分局),监狱就设在巡捕房内。1896年,成立了法租界的会审公廨,这个公廨设在法驻沪领事署内(今金陵中学)。同样的情况,也因法租界里的囚犯人数激增,公董局于1907年在卢家湾建造了总巡捕房(今上海市公安局卢湾分局),会审公廨也迁至那里(今卢湾区人民法院)。

2. 上海的第一张英文报和中文报

据史料记载，上海1843年开埠时人口为53万，到1900年就猛增了一倍。"多出"来的人除了部分外国人之外，绝大多数是从江浙等各省过来的，因此，上海也被称作为"移民城市"。这时的上海已经有了20多家洋行，如英国的怡和、宝顺、仁记等洋行，美国的旗昌洋行、法国的皮少耐洋行等，到1900年前后达到了400多家。

这些洋行开始是贩鸦片到中国，再将中国的丝绸、茶叶、棉花等贩到国外。因为做生意时苦于语言不通，尤其是当生意做到了中国其他省份，对那里的情况缺乏了解，他们便从江浙一带来上海的人士中寻找代理人，而这些中介人和代理人就是买办。

对外国人来说，他们到上海来是背井离乡的"洋插队"。当这些在洋行里的高级白领，加上华人买办的腰包渐渐鼓起来了了，他们就要消费，就要寻找娱乐。1848年9月，英国广隆洋行的大班（经理）等人在界路（今河南中路）与今南京东路口建造了占地80亩的跑马总会和花园，至此上海有了第一个跑马场（亦称跑马厅）。此处也成了英租界最早的游乐场所。顺便说一下，这个跑马场在1860年移到了现今南京路永安公司一带，场地扩大了一倍。翌年又移到现人民广场一带。

此时，当年英国首任驻沪领事巴富尔就是站在黄浦滩（今外滩）遥想未来愿景的。现在我们所说的"万国建筑博览"中的一些建筑有的刚动工兴建，有的还在规划中。而黄浦江边简易的码头渐渐热闹起来，不少趸船也随着鸦片贩子一起来到上海。这些趸船停在吴淞口外，再由飞剪船或小舢板驳运。

英国商人亨利·奚安门的脑子里似乎比别人多了两根弦，这位从南印度洋爱德华王子岛来到上海的拍卖商，感到信息交流应该有个载体，于

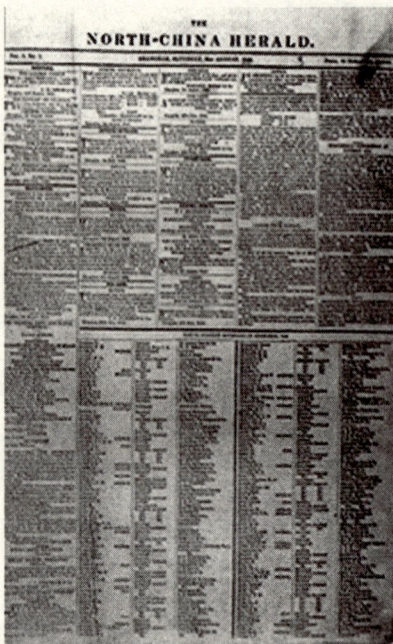

* 英文的《北华捷报》

是创办一份报纸的念头油然而生。1850年8月3日,由他自任主笔兼发行人的英文《北华捷报》问世了,这也是上海有史以来的第一份英文报纸。

在创刊号上,印着亨利·奚安门起草的《告读者书》是这样写的:"由于上海已开埠6年,上海已成为亚洲第四大港口,我们认为创办一个报刊的时机已来临。我们要竭尽全力在英国唤起一股热情,与清廷建立更加亲切的政治联系,更加扩大对华贸易。"

报馆就只有亨利·奚安门和两名编务。报纸用的是毛边纸,单面印刷。当时上海还没有发电厂,这张报纸采用的是手工印刷,类似现今的油印机印的。第一期印了100多份,报纸上除赛马的消息外,还刊登了吴淞口鸦片趸船的消息,将趸船的名称、吨位、国籍、船长姓名以及所属的洋行都罗列清楚了:吴淞口共停泊鸦片趸船10艘,总吨位2 349吨,其中最大的是宝顺洋行的"爱米留·琼"号,载重427吨,最小的是凯马洋行的"太姆"号,载重110吨。

按理说,清政府对于鸦片是明令禁止的,然而由于软弱无能,最终对贩运鸦片的商人也只能睁一眼闭一眼,以致走私鸦片从半公开走向了公开,《北华捷报》的出现,更是为它起了推波助澜的作用。

这份报纸每逢周六出,之后发展到每期对开一张4版。内容除了广告和进出口贸易统计外,又加上评论、新闻和读者来信。亨利·奚安门"借鸡生蛋",请在上海侨友中的名流,包括各国驻沪官员、各家洋行的行主以及传教士为报纸撰写文章,甚至途经上海的香港总督也被他"逮住",留下片言只语。通过上述人士口吻,转述了这样一个理念,即"来开发上海有财发,别错过良机"。

9年后,《北华捷报》成为英国驻沪领署和商务公署刊发各类公告的报纸,故有"英国官报"之称。因为是"独养儿子",也着实风光了十余年之久。

1852年(咸丰二年)青浦县天地会首领周立春率领农民发动抗粮武装斗争,他们冲进县衙门,活捉了知县。第二年,徐耀领导嘉定千余人冲进嘉定县城赶走了知县。八月初五,小刀会领袖刘丽川联合福建帮小刀会首领在上海起义,击毙了上海知县袁祖德,还活捉了苏松太道吴健彰。这就是著名的"小刀会起义"。

刘丽川告诉各国驻上海领事:起义军只奉洪秀全为领袖。不久,他将大明国改称太平天国,自称"太平天国统理政教招讨大元帅"。

小刀会占领上海,江海关的税收近于停顿,海运也受到影响,清政府迅即从江南大营抽调兵力赶来镇压。上海四郊各县相继被清军夺回,小刀会只好退回上海县城。英、美、法等国为保护他们在上海初见成效的利益,与清政府绝对是"一条战壕里的战友"。吴健彰被两个美国人救出,先藏在美国领事署,后率一支规模不大的舰队停在黄浦江边,缓过神来的

他致函各国领事,向洋商追讨在小刀会占领上海期间所欠付的税款。

英国领事阿礼国第一个作出反应,他复函给吴健彰,称因清政府无力制止叛乱,关税由领事代收。法国领事则复函称,上海在未按条约保护法商的中国官厅正式成立前,法商不付任何税款。美国领事说得更加干脆:美国船只出口无需纳税。

1854年6月,代理江苏巡抚派吴健彰与美、英、法三国驻上海领事谈判,吴健彰建议在苏州河北岸设临时海关,阿礼国附加的条件是,要求上海的海关引进洋人参与管理。吴健彰想尽快恢复征税,也不得不答应成立税务管理委员会,共同管理中国海关。6月9日,吴与英美、法三国领事签订了上海江海关组织协议。7月6日,三国的领事联名在《北华捷报》上刊登声明,将这个协定与实施日期通知各大洋行。一周后,协定开始实施。到了1859年,两江总督竟任命英国人李国泰为总税务司,上海江海关实际上成了外国人的海关。

回过头再来说小刀会起义的结局。起义军退到上海县城内坚守,清军在上海县城北门外筑了一堵墙,意在隔断城内起义军和郊区及租界的联系,使小刀会失去粮食和其他军需品的供应来源。10月,法国侵略军协助清军进攻上海县城,英国驻沪领事阿礼国也随军出动。此后侵略者与清军相勾结,长期围困上海县城,屡次向城内起义军发起攻击。起义军曾于11月打退侵略者的进攻,毙伤法军40多人、清军2 000多人,但终因众寡悬殊,弹尽粮绝,在上海县城坚持了17个月后,被迫于1855年2月17日弃城突围。次日,刘丽川率领一支起义军在激战中壮烈牺牲。《北华捷报》对起义军最后失败而刊发了《为壮士们鸣钟,壮士们已不在人间》的通讯,表达了对小刀会壮士们的敬意。

1856年3月,创办《北华捷报》的亨利·奚安门逝世。

然而,历史总得发展。随着时间的推移,1861年9月15日,英国的孙天洋行创办了英文《上海每日时报》和《上海星期时报》。顾名思义,"每日时报"就是天天出版,而"星期"则为每周日出版。曾任《北华捷报》编辑的斯密斯跳槽到了又是日报又是周报的新东家,担任这两张报纸的主笔。可是好景不长,虽然斯密斯踌躇满志,却碰到了"阿诈里",两张报纸刚出了半年,老板就把报馆的钱财席卷一空,包括订户预付的订报款,这两张报纸双双宣告停办,斯密斯本事再大也无处发挥。

对于《北华捷报》而言,它毕竟是经历了十余年岁月的磨练,遇到能人跳槽虽感无奈,但并不影响自己的发展。就在《上海每日时报》与《上海星期时报》问世刚三个月,1861年的11月19日,北华捷报馆推出了上海第一张中文报纸——《上海新报》,这也是中国的首张中文报纸,并开了上海报纸两面印刷的先河。

《上海新报》并不是在因为出现了《上海每日时报》与《上海星期时报》后才匆匆上马的。上海开埠18年,外省的中国商人成千上万地涌入,茶馆酒楼常常见到商人们交流商业信息。基于此，北华捷报馆的当家人决定用中文出一张以商业为主的报纸。他们的中心也由英文的《北华捷报》转向了新办的报纸。

《上海新报》创刊时的主编是美国的传教士詹美生，他对报馆老板把报纸交给英国字林洋行发行的做法大为赞赏，因为他可以腾出时间来集中精力编报。可他并未料到，虽然当时与字林洋行的合作伙伴关系的确是一个创举，但同时也留下了隐患。

由于是中文报纸，詹美生聘请了中国的文人担任翻译文字的工作，他知道，这些中国文人读过四书五经、精通唐诗宋词，文字功底呱呱叫。请他们到报馆担任编务如同洋行里的买办，他们不仅熟悉社会的风土人情，更重要的是，能使报纸让中国读者看得明白。这些进报馆干编务工作的中国人被称为"秉笔华士"。不过，一开始"秉笔华士"主要是翻译、笔录和疏通文理，之后才逐步主持编务。

在詹美生看来，作为编务的"秉笔华士"算得上是个"厨师"，他们必须根据采购员采购回来的菜进行烹饪加工，色香味齐全才会受读者（食客）喜欢。那么，采购员当然就是记者啰。记者是现今的说法，当时把记者称为探子。好多年以后，"探子"才被称为访员的。

在我看来，詹美生毕竟只是个传教士，他不是专门"吃"新闻饭的。何况，上海那时就是他独家办的中文报纸，没有参照物，一切只能"摸着石子过河"。刚创刊时，《上海新报》每星期出一次，即为周报，4开4版。没过几个月就改成了每周二、四、六出报。

1868年2月，英国牧师傅兰雅出任该报的主编。傅兰雅1839年出生于英格兰海德镇，1861年大学毕业后到了香港，就任圣保国书院院长，两年后被北京同文书馆聘请为英语教师，1865年从北京转到上海，担任上海英华学堂的校长。用现在的话来说，他是从"校长"之位"空降"到《上海

新报》主编之位的。

　　傅兰雅一上任，立马对报纸版面作了调整，并将其固定下来。为写书，我想方设法找到了几期当年的《上海新报》。它的版面是这样排列的：一、三、四版是商务广告，它紧紧扣住"商务"二字。其中有土地与房产的买卖与租赁、商品的运输与拍卖，还有洋行的设置与保险经营，以及船期表、股份行情和内河外河交通时刻表。惟有第二版为新闻版。

　　傅兰雅在担任《上海新报》主编不久，又任上海江南制造局翻译馆的翻译，他在这个自己喜欢的岗位上兢兢业业，干了整整28年。1896年去美国担任加利福尼亚大学东方文学语言教授，以后入了美国籍。这也是"有本事的人走天下"的佐证。89岁的傅兰雅于1928年去世，实属长寿之人。

　　说起来，《上海新报》也是有过一番作为的，可不知为何，它的发行量就是数百份（从未超过400份）。1872年4月，《申报》的创刊让《上海新报》的日子难过起来，它也是第一次遇到了顽强的竞争对手，经过几个月的比拼，终于在1873年1月18日宣告停刊。

3. 传教士：办报刊的领军人物

《上海新报》最后一任主编是美国传教士林乐知，这是一个办报刊的重要人物。上海最初出现报纸就是这些西方传教士所作的贡献，如前面提到的傅兰雅，也是传教士。他们在上海开埠之后来到黄浦江畔，最初的任务并不是办报，而是传教。

谈及传教士进入上海，不得不从徐光启说起。

生于1562年的徐光启是明代南直隶松江府上海县（今上海市）人，字子先，号玄扈。1581年（明万历九年），19岁的徐光启在上海金山卫考中秀才。因家境贫困，就在家乡以教书为生。12年后，已31岁的徐光启，受聘到广东韶州教书，在那儿认识了意大利传教士郭居静。他从郭居静那里知道了天主教教义和西方科学知识，于是邀请郭居静到自己家乡传教，西方传教士正式进入上海。

1600年，徐光启在赴京参加会试途中去南京拜见恩师焦竑时，与著名的耶稣会士利玛窦见了一面，徐光启倾慕利玛窦的见识和博学以及西方的自然科学知识，而利玛窦则真诚地赞美儒家，认为是值得西方人学习的。三年后，徐光启再一次来到南京，接受了葡萄牙传教士罗如望的洗礼，并获教名保禄，成为一名正式的天主教徒。

徐光启带着自己祖国丰富的文化遗产，走入了17世纪开始的全球性的中西文化交汇洪流中。他放弃了自己非常喜欢、也非常擅长的诗词、歌赋、书法等，拜利玛窦为师，向对方学习天文、数学、测量、武器制造等近代科学知识，并与利玛窦合作翻译了《几何原本》。他提倡大力发展农业，并引进了番薯，还组织编纂《崇祯历书》。

对于中西文化的优劣短长，徐光启认为："欲求超胜，必先会通。会通之前，必先翻译。"在这"三阶段"里，首先要了解对方文化的底细，然后考虑怎

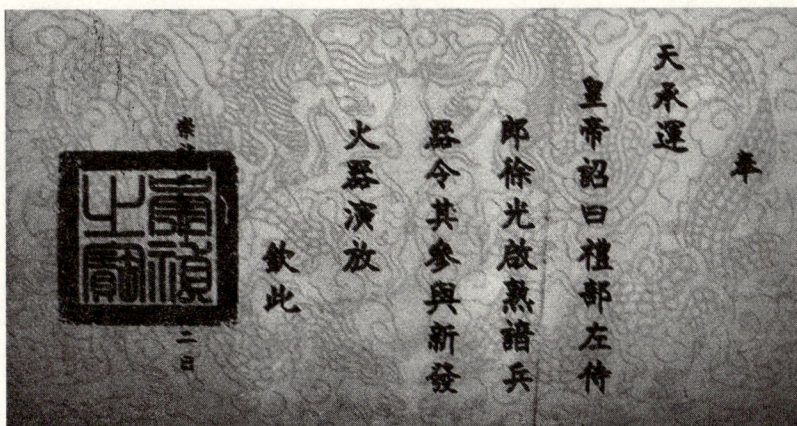

天承運
皇帝詔曰禮部左侍
郎徐光啟熟諳兵
器令其參與新發
火器演放
欽此
崇禎二日

* 明崇祯皇帝向徐光启颁发的诏书

* 徐光启墓

徐光啟像

样加以消化吸收,最后才能融合中西文化,形成一种超越东西方的新文化。

现今,在上海徐汇区南丹路光启公园内(*原名南丹公园*),立着徐光启的雕像。

让我们回到上海刚开埠以后。

1847年,在今董家渡路和万裕街的交汇处,建了一所砖木结构的教堂,在19世纪曾是天主教江南教区主教座堂。直到20世纪初徐家汇天主堂落成后,它的地位才被取代。这两座教堂的建筑风格有着相当的不同,早先中西合璧的浮雕里有大量中国的莲、鹤、葫芦、宝剑等内容,后者则完全西化式的。这是因为早期的时候,西方的传教士曾被要求在华传教时尽量中国化。后来完全西化则和上海成为了彻底的租界有关。

英国人也于1847年在今汉口路江西中路口建造了圣三一教堂。每天去教堂祷告的中国人很多,他们除了祷告之外,还能享受免费看病。英

* 昔日的洋泾浜

国传教士雒魏林创办的仁济医院就在不远的望平街（今山东中路），上海开始有种牛痘就出现在这家教会医院。

那时，南京路还是一条无名的马路，之后渐渐修了路，人们将南京路称为英大马路，由北向南的路按顺序为二马路、三马路、四马路和五马路，再过去就是洋泾浜了。洋泾浜对面是法租界，现在的金陵东路，过去被称为法大马路，而有别于英租界的大马路。1865年，租界里的工部局给大马路至五马路命名，依次为南京路、九江路、汉口路、福州路、广东路。

法国人于1860年，在今四川南路近金陵东路建造了洋泾浜天主堂（在今四川南路小学内），法国传教士则在法租界建造了广慈教会医院（今瑞金医院）。

教会里的传教士因为角色的不同，所做的工作自然也就不同。像担任《上海新报》主编的美国传教士林乐知，一开始的角色就是传教。

1836年出生的林乐知是美国佐治亚州人，1858年毕业于埃默里大学，两年后受监理公会派遣来中国，先后在上海、杭州等地传教。1864年始，林乐知在上海方言馆教书，同时为江南制造局翻译馆译书，与比他小3岁的《上海新报》主编傅兰雅为同一家翻译馆工作。林乐知因此也就知道了傅兰雅的另一项工作——编报纸。那个时候，林乐知是否知道自己有一天会接替傅兰雅来办《上海新报》，我们无法得知，不过有一点是可以肯定的，当他接替傅兰雅担任这张报纸的主编时并不会胆怯，只是觉得自己与传教士的本职工作似乎有些疏远。当接手《上海新报》时，他的一个想法已经酝酿好了。

1868年9月，林乐知自己掏钱，创办了一份中文的《中国教会新报》。因为他担任着《上海新报》的主编，对办报可谓轻车熟路。《中国教会新报》为册报，每期4张，共8页。所谓的"册报"就是期刊，晚清时期的报纸多数都以这种样式出版的。林乐知聘请了两名"秉笔华士"担任助手，每周出一期。他创办这份报纸的初衷就是为了传教,因此,《中国教会新报》除了刊登与教会有关的宣传外,也辟出部分版面刊载评论教会以外的社会事件。

一开始,林乐知规定撰稿人务必是教会人士,但报上偶尔也会刊登一些华人所写的与教会不搭界的作品,虽受到一些教会人士的不满,林乐知还是力排众议,继续实施自己的办报理念。次年,他在报纸上刊发基督教义与中国儒学的经典释义对照,以中国《礼记》与基督教的圣训进行对比,以此证明中国的儒学与基督教是一脉相承的。

林乐知接手《上海新报》后立即调整版面布局,从1868年2月1日开始,报纸的编号改为"新式第1号",两面印刷。报纸的尺寸由竖长方形改为横长方形,版面也固定下来。林乐知自己也常常撰写一些像学校教科书中科普性的文章,在《上海新报》上刊出后很受读者的欢迎。不过,当时在该报上所刊发的新闻一般都没有标题,从1870年3月24日开始,林乐知要求编辑在刊发新闻时统统加上标题,而此前的新闻都是没标题的。他规定,新闻的标题最多6个字,这是上海第一份正式有标题的中文报纸。

林乐知还创造海派报业上的一个"第一"。1870年6月21日,天津发生了火烧望海楼事件,17名法国人和3名俄国人被杀。7月5日,《上海新报》在一版头条位置刊出这条消息,被称为"上海自有报纸以来刊发的第一则头条新闻"。

到了1871年3月,林乐知辞掉了《上海新报》主笔一职,一门心思办他的《中国教会新报》。也就是从这个时候,报纸的内容开始涉及时政、科教。按现在的话说,林乐知搞起了"综合新闻"。从版面上来看,教会内容被压缩至很小一部分,成为外国传教士创办的中文报纸中第一家脱离了教会圈子。

1873年1月18日,当林乐知在得知《上海新报》宣布停刊的消息后并不惊讶。那是因为1872年4月《申报》的创刊,正好是他辞了《上海新报》

主笔后的一年。那时，他就有这种预感，何况《上海新报》在《申报》问世后就一直在与对方进行较量，但难挡后起之秀全新办报理念的冲击，实际上，它在1872年年底就名存实亡了。林乐知多少有些伤感，毕竟自己担任过这张报纸的主编。

创刊于1861年、上海乃至中国第一张中文报纸——《上海新报》在11年后寿终正寝，给林乐知敲响了警钟，他渐渐认识到自己现在办的《中国教会新报》报名已与实际刊出的内容不相符，于是在1874年9月5日更名为《万国公报》，并在每期的扉页上都要印一行"本刊是为推广与各国有关的地理、历史、文明、政治、宗教、科学、艺术、工业及一般进步知识的期刊"的说明。

根据这个办报宗旨，林乐知把国内外新闻按国别进行分栏编排，每期还有长篇连载，中国人写的短论也能在报上占一席之地。除此之外，还刊载上海、伦敦等地的货价和银洋市价行情。后期还设立了"杂事栏"，我认为，这就是副刊。1883年7月，由于经费困难，林乐知也是巧妇难为无米之炊，不得不宣布暂时停刊。1889年1月底，《万国公报》复刊，虽然林乐知仍为主编，但已不属于他自己的财产了。

4. 与《万国公报》有关的三位中国人

复刊后的《万国公报》从原先的周刊改成了月刊，每期页码由10余页增加到32页。在报馆，林乐知已不是老板了，但仍有"人事权"，他聘请了中国人沈毓桂为主笔。

出生于1807年的沈毓桂为江苏吴县人，中年时结交了不少外国传教士，林乐知就是其中的一位。正因与传教士的接触，使他对西方文化发生了浓厚兴趣。

1876年，年近七旬的沈毓桂与25岁的蔡尔康合编《民报》，他俩也成了忘年交。《民报》是中国最早的通俗报纸，由创刊不久的《申报》馆出版。1882年，沈毓桂作为"秉笔华士"，协助林乐知编《万国公报》，没到一年，《万国公报》因经费不济而停刊，蔡尔康仍与林乐知有来往，他们时常探讨如何将报纸编得能让读者爱看等问题。当《万国公报》在1889年初复刊时，沈毓桂又回到了报馆，他这回职务变成了华文主笔。1894年初，他以自己年龄已超过了80而提出辞职。沈毓桂于1907年谢世，享年100岁。

在沈毓桂辞职后，由曾同他搭档过的"小朋友"蔡尔康接任《万国公报》的主编。其时蔡尔康刚38岁，属于年富力强的中年人。

蔡尔康出生于1851年，是江苏嘉定人（现为上海市）。他的"别署"即现在的笔名有：铸铁庵主、楼馨仙史和海上蔡子等。为避战祸，他们家早年从嘉定县南翔镇迁到了南汇县，最后来到上海县城定居，17岁那年他考中秀才。1876年，因为屡次应试均未能中举，蔡尔康进入了创刊不久的《申报》，主编申报馆出版的《民报》。第二年，在英国出版、由申报馆在上海发行的《寰瀛画报》与读者见面，英语功底厚实的蔡尔康参加了中文说明的编撰工作。不知何故，1878年他离开了申报。

1883年，也即在5年后，蔡尔康进入《字林沪报》任主笔。这张报纸创刊于1882年5月18日，总主笔由英国字林洋行在1864年创刊的英文《字林西报》总主笔巴尔福兼任。

巴尔福聘请了戴谱生和蔡尔康为主笔。《字林沪报》最初的报名就叫《沪报》，星期一至星期六出版，报名是直书的，使用中国的毛边纸单面印刷，且报纸的尺寸比《申报》稍微大一些。为了便于折叠装订，《沪报》的中缝留得较宽。在报纸创刊未满百日，《沪报》更名为《字林沪报》，报名也随之改成了横排。

1883年12月至1885年4月,爆发了由于法国侵略越南并进而侵略中国而引起的一次战争,史称"中法战争"。《字林沪报》依靠老牌的《字林西报》消息来源广与快的优势,报道中法战争的消息绝对要比其他的报馆快数天,就连素以报道迅速而有好口碑的《申报》也要晚一天才能刊登战事近况。

蔡尔康在这场报海大战中似乎找到自己的位置,他的确也在版面上下了不少功夫。《字林沪报》也正是在这个时候,把原先不出报的星期天也用来出报,使报纸成为真正意义上的日报,深受读者的欢迎与好评。然而,随着1885年中法战争的结束,一般性的国际新闻已不再吸引读者的眼球,《字林沪报》利用外文稿的优势自然消失。相比之下,《申报》却不断采用电报传送消息,形成了自己报道新闻的优势,读者兴趣又转向了它。

蔡尔康急了,他很想在外国老板面前露一手,于是动起了歪脑筋。因为自己曾在《申报》干过两年,对《申报》现今情况是既熟悉又陌生。他采用请客送礼,请《申报》排字房工人上馆子,并买通电报局的练习生偷《申报》的电讯稿,让自己供职的《字林沪报》也能刊登与《申报》"一样的重要新闻",为此,不明就里的报馆老板常常要夸奖他一番。

但是,若要人不知,除非己莫为。蔡尔康利用贿赂的手段获取同行电讯稿的行为败露,遭到了《申报》以及其他报馆同行的谴责。名声扫地的他十分清楚,《字林沪报》在新闻报道上已经没法与《申报》抗衡,必须另辟蹊径,方能找到一条活路。

1886年,蔡尔康决定将《字林沪报》的重点从新闻报道上转向非新闻性上面来。他的第一个"动作"就是编辑副刊《玉琯镌新》,次年增出一页《花团锦簇楼诗辑》附张,随《字林沪报》赠送。蔡尔康特意将诗辑排版成线装书的版式,其目的只有一个,就是便于读者装订成册。有学者认为，这种附张可以说是后来的文艺副刊的雏形。

蔡尔康一看赠送附张获得成功，遂又立即将小说《野叟曝言》排成书版样式，每天随报赠送读者，成为中国连载长篇小说最早的报纸。1888年，蔡尔康又每周增出一期《词林画报》。这些举措使《字林沪报》又拉回来一大批读者。《花团锦簇楼诗辑》一共出了4年零6个月，在1891年蔡尔康离开《字林沪报》后停刊。这也说明，"诗辑"是由蔡尔康支撑着的。

离开了《字林沪报》，蔡尔康并未离开报界。1893年，他参与筹建《新闻报》，担任了该报的首任主编。因与董事会意见不合，半年后即离开了《新闻报》馆。这就有了1894年接替沈毓桂出任《万国公报》华文主笔，由此与林乐知走得更近了。他与林乐知合作翻译了许多著作。1901年年过半百的蔡尔康离开了《万国公报》。

我们不难发现，蔡尔康的"跳槽"频率甚高，他的经历也够丰富的，《申报》、《新闻报》全都留下他的身影，《字林沪报》也有他的"足迹"。他用并不光彩的手段弄来《申报》的电讯稿，可视为中国近代报业上第一次商业报纸间的竞争。他在中西方文化的交汇、碰撞中游刃有余。

我们要说的第三位与《万国公报》有关的中国人是中国最早的报刊政论家王韬。

王韬生于1828年，江苏吴县人，与沈毓桂是同乡。他原名利宾，逃亡海外时才改成现在的名字。他出生于乡塾家庭，18岁中秀才，1849年受聘于英国传教士麦都思创办的上海墨海书馆，帮助翻译西方的自然科学等书籍。

墨海书馆作为19世纪基督教传教士在中国最早设立的印刷机构之一，是上海开埠后第一家外国人开设的出版机构，也是中国近代出版业的开始，并成为近代西学东渐的第一个根据地，在中西文化交流史上占据着极其重要的地位。初创时，墨海书馆设在小北门外大境阁一带；后英国伦

＊王韬

敦教会委托麦都思在上海购地，迁入新址麦家圈（即现在的山东中路、河南中路）。墨海书馆于1860年英华书馆迁至上海后关闭。

郑逸梅先生所著的《书报话旧》中是这样介绍墨海书馆的："那时麦家圈一带，都是田陇河渠，没有市面。麦都思首先在那儿建造基督教堂（笔者注：今汉口路、江西中路口的圣三一教堂）。由于传教需要印圣经，他们就在附近创办墨海书馆，用铅字排印圣经和其它宗教宣传小册子。印刷机器拙笨得很，长一丈数尺，宽三尺，旁置有齿重轮二只，由两人掌握，用一头牛旋转机轴。当时人们感觉到新奇，纷纷前来参观。有好事的作了一首竹枝词：'车翻墨海转轮圆，百种奇编宇内传。忙煞老牛浑未解，不耕禾陇耕书田。'接着他们又设立了华英书院，教授英文，把那儿的地皮逐渐圈了去，这就是麦家圈这一名称的由来。

麦都思在墨海书馆旁边筑屋居住下来，作为终老之计。后来麦的儿子麦华佗任驻沪领事，麦都思又是工部局最早的董事之一，在文化侵略活动中，是个特殊人物。墨海书馆的编辑共两人，一个是外国人艾约瑟，另一个是中国人王韬。"

王韬在1862年初返乡省亲时，用化名上书太平天国苏福省民政长官，被清政府通缉，在英国驻沪领事的帮助下逃亡香港。也是在这个时候，他用了"王韬"的名字。这个名字也曾出现在创刊不久的《上海新报》上。

王韬使用的笔名有：天南遁叟、弢园老民、遁窟废民、欧西寓公等。但从这些笔名中，我们似乎能够"读到"王韬的某些内心独白。王韬在香港住下后，去英华书院协助英国传教士理雅各将中国的经书译成英文。英国人为何要翻译中国的经书呢？这是否是中西文化的交流？我认为是的。

在香港，王韬还主编法商主办的中文报刊《近事编录》。1867年，理雅各邀请王韬旅居英国，他在英国住了3年，其间还去了两次法国。正是由于王韬对外面的世界大开眼界，也打开了思路，他加深了对西学的了解。（注：清末称欧美的自然科学和社会、政治学说）。

返回香港后，王韬为《华字日报》等报刊撰稿。王韬当然不会满足仅仅就是写稿，这不，1871年他就与友人集资收购了英华书院的印刷设备，在香港创立了中华印务总局，排版印刷具有维新变法思想和西学新知识的著作。1874年，王韬又闲不住了，与一位朋友合作出版《循环日报》，他担任报纸的主笔，一干就是10年。

在任主笔的最初几年，王韬写了大量的政论，评论中外时事政治。由于王韬的缘故，《循环日报》成为各国舆论界所关注的对象。他在香港呆了20余年，终于在1884年得到李鸿章的默许而回到阔别已久的申城。

回到上海的第二年，王韬就在四马路（今福州路）附近开设了弢园书局。定下心来的他又握管疾书，正是这段时期，王韬为《万国公报》和《申报》撰写了大量的政论。加之自己就是书局的老板，近水楼台先得月，出版了不少著作，其中的《弢园文录外编》成了中国新闻史上第一部报刊政论文集。

第四章

中国人还没成为办报主体的前夕

1. 林林总总的外文报刊

通过前文的叙述，我们已经知道了上海在1850年前是没有报纸的。上海开埠之后出现了租界，外国洋行与传教士接踵而至，港口繁荣了，洋行日益增多，大量的贸易信息促使了报纸的诞生。

最初是英国人和美国人撑市面。尤其是英国字林洋行在1864年创刊的《字林西报》更是厉害，它在上海生存了87年，关于《字林西报》，将在后面单独叙述。

在上海出现报纸后，除英文报外，还有其他一些外文的报刊也纷纷亮相。1857年，基督教伦敦布道会在上海创办了《六合丛谈》月刊。由伦敦布道会在上海开办的墨海书馆印刷出版，英国传教士伟烈亚力任主编。这是上海最早出现的中文期刊，内容除一部分为宣传基督教教义之外，大多数是介绍天文、地理等科学知识、商业行情、进出口货价以及中外时事等。在创刊号上，伟烈亚力写了一段发刊词："余今著《六合丛谈》一书，亦欲通中外之情，载远近之事，尽古今之变，见闻所逮，命笔之志，月各一编……"如此流畅的文笔，西方人是写不出来的，抑或是写不好的。不要说西方人，就是一般的中国人也达不到这样的水准。还记得前面提到过的王韬吗？正是他根据伟烈亚力的口述而翻译整理成文的，可见秀才的文字功底了得。他们这样的合作可以说是中西合璧，相得益彰。

下面来讲外文报纸。对于1879年创刊的《文汇西报》而言，最值得称道的是它为中国最先使用煤气引擎轮转机印报的报馆。

说到煤气，还得说说上海第一家煤气厂。自上海开埠后，外国商人纷纷来沪投资设厂，城市逐步发展。1865年，上海第一家煤气厂在苏州河畔的泥城桥旁（今西藏路桥）建成。同年11月开始向公共租界供应煤气并用于照明。繁荣的南京路和外滩就启用煤气灯照明，而之前的"路灯"是

以灯笼火把做光源的。与灯笼火把一样，煤气灯也是每天由专人点燃，照得黑夜如白昼，令市民惊叹不已。上海当初把煤气称为"地火"，把煤气公司称为"地火行"。到了1929年，上海城市煤气供应量已超出2 000万立方米，英商遂选中黄浦江边建煤气厂。1932年开始建造杨树浦煤气厂，两年后建成投产。日产煤气11.3万立方米，占全上海煤气消费量的80%。

美国人在1901年创办了《上海泰晤士报》，聘请的却是英国人托马斯·高温为主笔，发行则为法国人开的东方出版公司。英美法的合作成为一道独特的风景。

1904年，上海出现了一张用英文出版的《以色列信使》，这张报纸由旅居上海的犹太人发起，每周出一期。是上海犹太复国会和犹太民族中国基金会的主要阵地，它发出了在上海的犹太人的声音。之后由于旅沪的俄罗斯犹太人另外办了一张俄文的《我们的生活》周刊，其发表的观点与旅沪犹太人有所不同，才恢复《以色列信使》改为日报出版。

法文报刊在上海的出现是在1870年，屈指数来，它与1850年的英文《北华捷报》相比，要迟了整整20年。虽然在上海开埠后，法国人与英国人是前后脚进上海的，不知为何报纸却要晚办那么多年。

1870年12月5日问世的法文报纸叫《法国七日报》，是法商在法租界公董局的支持下创办的，也是法公董局对外"官方消息"的指定报纸。可是好景不长，创办还未满百日，又一份法国周刊创刊，应该说，黄牛角，水牛角，各管各的，或者说取长补短相互竞争，不是蛮好的一桩事情？孰料，双方"斗"到最后却全部关门。一打烊就是20多年。直到1897年，法国传教士创办了《法兴时务报》，之后改名为《中法新汇报》，才补上了法国在上海的侨民那么多年看不到法文报纸的空白。

再来说说德文报刊。1886年10月1日，德国人开的科发药房在上海出了一份《德文新报》，主编就是创办人纳瓦拉。虽然德文报纸与《北华捷报》比起来要晚了36年，但一上马就是日报，每天早晨发行，内容主要是商业消息。一年后改成了周报，并搭在英文的《晋源西报》中一起发行。3年后，《晋源西报》被《文汇西报》吞并，《德文新报》又自己发行。这时的主编已由芬克担任，这位老兄魄力大，把《德文新报》发行到天津和青岛等地，成为德国在中国的主要报纸。

日本人在上海办报是1890年6月5日的事了。不过，日本的出版商却是在1884年就进入上海了。当时，日本的出版商松野平三郎在上海开设修文书馆。6年后，修文书馆在三井物产会社上海支部的协助下，出版了日文的《上海新报》，与英国字林洋行在1861年创刊的上海第一张报纸同名同姓，但那张中文的《上海新报》早在1873年就停刊了。现在，由松野平三郎任社长的日文《上海新报》属于民办的报纸，也是日本在上海办的第一张报纸，岂料，之后会因为一篇报道而成为日本新闻史上著名的《上海新报》被袭事件。

那是当时的日本军参谋部在上海搞了一个日清贸易研究所，招收了150名日本青年。这个名义上的贸易研究所，实际上是以学习商务贸易为幌子，行培养谍报人员之实。《上海新报》通过调查，发现了其中的奥秘，毫不留情地予以揭露。对日本人而言，那是"家丑外扬"，对事发地的上海来说，那简直就是一条"爆炸新闻"，立即引起震动。日清贸易研究所的部分学员觉得自己受骗了，要求退学，但也有部分学员冲进修文书局骂山门，还打了社长松野平三郎。日本驻沪领事馆出面调解，最终，《上海新报》在1891年5月29日停办。

1903年12月26日，日文的《上海新报》又在上海出现，但已不是原来的松野平三郎那批人马了。同名的《上海新报》出到十几期时得到了日本东亚同文会的资助，啥叫"资助"，就是人家出钱，出钱的就是投资人，那就对不起了，你的《上海新报》报名不能用了，这一改，就改成了《上海日报》。由中文《同文沪报》的社长井手三郎兼管。这一管，《上海日报》就成了驻沪日侨社会中最具有话语权的报纸。

在当时的上海还不止这些外文报刊，以上点到名的可以认为是它们中的佼佼者，或者说是没有可比性的个案。即使加上没"上榜"的其他外文报纸，都及不上一张英文的《字林西报》影响力之大、存在时间之长。

2. 在上海出版了87年的英文《字林西报》

现在我们可以回过头来说《字林西报》了。

1864年6月1日，英国的字林洋行创办了这份英文报纸。对于字林洋行来说，它与报纸攀上关系是在1861年的时候。而在此11年前，上海滩出现了第一份报纸——英文的《北华捷报》，这张报纸既不是传教士，也不是洋行办的，而是一位英国的拍卖商创办的。《北华捷报》的头上除了有一顶"上海第一报"的皇冠外，还有一顶"创办了上海也是中国新闻史上第一张中文报纸"的桂冠，这两项"第一"，除前一项为英商亨利·奚安门创出的外，后面一项"第一"是由美国传教士和英国传教士共同创造的。

"第一张中文报纸"便是《上海新报》，而《上海新报》的发行就是字林洋行。我忖度：字林洋行利用自己的人脉资源，向他们的客户发行《上海新报》并非难事，客户的渠道本身就存在，用不着再去投人力、物力开辟；其次，报馆毕竟各种信息集中，洋行与报馆合作可以近水楼台先得月，何乐而不为？再说，办报没有经济实力支撑是办不长的。字林洋行实力雄厚，做"小三子"为你商业性的《上海新报》发行是暂时的，说不定哪天我字林洋行也可以弄一张报纸出来。

"弄张报纸出来"的这一天似乎并不遥远，未满三年，《字林西报》就横空出世。这时的《北华捷报》馆可能想集中优势投入自己的《上海新报》，而放弃了《北华捷报》。现在看来好像并非主动放弃，而是出于无奈。《北华捷报》虽然继续出报，可是它已风光不再，成了《字林西报》的星期天附刊。

《字林西报》初创时似乎非常谨慎，只出对开4版一张，报道的内容以时事新闻和有关中国军事新闻为主，上海工部局的各项公告也由它来发布。报馆老板对商情似乎格外钟情，因此，《字林西报》还以大量的版面来刊登商业广告和船期消息以及市价行情。

对于一家报馆来说，都希望拿到有轰动性的独家消息，《字林西报》也是朝这个方向努力的。它与英国的上海外侨会建立了密切关系，并在里面设了"线人"，这种松散型的合作，让报馆常常得到一些独家新闻，《字

* 矗立在外滩的《字林西报》大楼

林西报》靠着字林洋行作后盾，付报酬时不会手软。想想也是，就算报馆找了许多访员（记者），他们即使每天满大街地跑，也不一定能抓到新闻，而利用各行各业里的"线人"，报馆获取信息就能事倍功半。

1870年，上海开通电报铺设海底电缆。在电报线路没有开通之前，上海与外埠和国际间的通信只能靠海陆交通传送。如果要接收英国敦伦的信件，惟有依赖远洋客货轮远渡重洋转至上海。租界刚开始的邮件转运是由客货轮运到印度后，再转交从印度贩运鸦片到上海的飞剪船转送。当这些邮件在上海吴淞口卸在码头上后，随即交往等候在那里的"接件人"骑马迅速送到租界里。人们常常能看见这些马匹四脚生风，沿着黄浦滩（今外滩）飞奔。骑马者沿途将分发给各家洋行的邮袋像灌篮高手似的，准确无误地"投"到各家洋行的宅院内。报馆也早有专人守候在洋行里，去找能登报的信息。

1871年年底，上海滩传出的两件事让《字林西报》老板高度重视，其中的一件是：这一年的6月，上海、香港与欧洲之间的电报开通，英国路透社总社正派人来上海谋求创立远东分社；另一件则为，有人已经在酝酿要创办一份中文报纸，而且来势迅猛。

《字林西报》的几名管事的立即坐下来，边喝咖啡、边商量对策。

先说那张中文报纸，就是1872年4月30日创刊的《申报》。用现在的话来说，《字林西报》几员大将一番"头脑风暴"过后，得出这样结论：《申报》虽然是英国同胞办的，但，是中文报纸，我们《字林西报》是英文报纸，读者对象不同，你出就出吧，也不碍自己的事，何况，《申报》一出来，对那份最早用中文出版的《上海新报》打击最大，对我们影响相对小些。而对于路透社，一定要下功夫逮住它，这叫借鸡生蛋，而且这个蛋一定是双黄蛋。

转眼到了1872年，《申报》问世，也的确如《字林西报》原先估计的那样，对他们《字林西报》影响不是太大，倒是《上海新报》招架不住了。

《字林西报》立即与英国路透社总社派到上海创建远东分社的科林慈商洽，要买断该社向《字林西报》独家提供电讯稿30年。当然，报馆要支付很大一笔银两。在《字林西报》的决策层看来，老家来的路透社在上海设立的远东分社应该为我所用。他们知道，路透社远东分社管辖的范围包括中国、俄国的西伯利亚、朝鲜、日本和菲律宾等地，《字林西报》可以利用路透社的电讯稿，从而在信息源上就比别人多了一大块。

路透社作为第一个进入中国的外国通讯社，他们对《字林西报》提出独家供稿的要求很快便答应下来。打这以后，《字林西报》只要刊登路透社的电讯稿，总要在这篇电讯稿的标题下面注明："字林西报独家专用稿"。就是这行弹眼落睛的字，几年后竟引发了一场官司。

事情是这样的：1879年，由英国人开乐凯等人创办的《文汇西报》出版发行。前面曾提到过，这张报纸是中国最先使用煤气引擎轮转机印报的报馆。开乐凯办报的指导思想是：新闻不求面面俱到，但求要有轰动效应。当开乐凯看见《字林西报》刊载路透社电讯稿，还特意注明"字林西报独家专用稿"，他心里奇痒无比，也很眼热，于是亲自跑到路透社远东分社，向对方提出希望《文汇西报》也能得到他们的电讯稿。路透社远东分社婉言拒绝。理由是，他们已经和《字林西报》签订了"独家提供电讯稿30年"的合同。开乐凯也只能摇头叹息，一脸的无奈。

记起朋友、老作家俞天白先生曾向我谈起过他对海派文化的理解。他认为，海派文化的首要特征就是契约精神。因此我也对这个"契约精神"有所领悟。当上海开埠之后，首先进来做贸易的就是洋行，接着是银行。对洋行来说，他们的工作时间是"朝九晚五"，职员务必须遵守，迟到早退都要办手续，允许你请假，请假就得按规定扣薪水。不像上海县城里的一些中国人开的店铺，老板昨晚睡得晚了，今天他懒得起床，到点了店铺也不开门。倘若老板下午遇到有事，本来是4点打烊的，他才不管这一套，2点就关门走人。洋行是绝对不会这么做的，它严格按"契约精神"行事。

而银行更是凭借着严密的契约和制度来运作的，管你是天皇老子，要贷款就得按契约付利息，或者用值钱的东西作抵押贷款。虽说那时中国早就有了钱庄、票号、当铺，也使用凭证，但在实际运作中却是另一回事。他们在放贷时，有的凭过去对借贷人的信誉，或者凭某某德高望重的老爷"一句话"就将钱贷出去了，好像再要用什么抵押就觉得不好意思。按俞天白先生的说法，他们是"靠人情揽储，看面孔放贷"。

回过头来说《文汇西报》的开乐凯，他之所以会一脸的无奈，就是因为他懂得"契约精神"。当路透社远东分社拿出自己与《字林西报》签订的合同，白纸黑字，清清楚楚地写着"独家提供电讯稿30年"，开乐凯还有啥好说的？

作为《文汇西报》的掌门人，开乐凯回到办公室闷闷不乐，一拍脑门，想出了一个办法，他关照采编部门，将《字林西报》上刊登的路透社重要通讯稿放在自己的报上进行转载，刊发的新闻消息顶多比《字林西报》迟一天。他想，你有你的读者，我有我的读者，我的读者也可以看到和你《字林西报》同样的消息。开乐凯正是打着这样的如意算盘。

当《字林西报》发现《文汇西报》的这一做法，立即进行交涉。开乐凯不仅搬出诸多理由来搪塞，而且仍我行我素。《字林西报》一看这种情形，知道再谈也是白搭，于是一份诉状交到了会审公廨。

这里要稍微展开说一说"会审公廨"。众所周知，中国人判案都是在衙门进行的。自1843年上海开埠后，英美法在上海设立了租界，当时租界内的中国人违法犯罪，仍由清政府的上海地方官上海道台审理，租界内的外国人违法犯罪则由各国驻沪领事自行审理。

1853年，"太平天国"浪潮席卷长江下游一带，加上上海县城发生小刀会起义后，上海华界及其邻近地区有大批难民涌入租界，使租界内人口剧增，不仅改变了先前的"华洋分居"的局面，而且华人很快就占了租界居民的绝大多数。"华洋杂处"后要维护租界内的安全与秩序就成了一个棘手的问题。

为解决这个难题，在1864年成立了一个华洋联合判案的衙门，叫做"洋泾浜北首理事衙门"，设在英国驻沪领事署内，由上海道台委派一名华人理事，外国陪审官由英国驻沪副领事和美国驻沪领事担任，专门审理租界里的华人案件，包括一些没有领事代表国家递交的诉状。1869年，经大清总理衙门和领事团批准，在今南京东路第一食品商店附近成立了会审公廨。到了1899年，这个会审公廨乔迁至现浙江北路191号处一栋气

* 会审公廨审案

势宏大的西式建筑内,这栋建筑也被称为"中国第一个西式衙门"。1925年,"五卅惨案"发生后,各界群众强烈要求收回会审公廨,几经交涉,于1927年废止会审公廨。原址设上海公共租界临时法院兼上诉院。

《字林西报》以侵犯版权为由和《文汇西报》打官司,还是在今南京东路第一食品商店附近的会审公廨进行的。法官一看案由,一敲法槌,判《文汇西报》败诉。

《文汇西报》在这一年刚兼并了一家英文《晋源西报》,还把《晋源西报》出的英文周刊《华洋通闻》也一起并入《文汇西报》,继续出版到1930年,被美商的《大美晚报》收购为止。但在1900年,文汇西报馆改为文汇西报有限公司,在香港注册,开乐凯为公司董事长兼报纸总主笔。当《文汇西报》的官司输了的时候,开乐凯正好在伦敦,他立即前往路透社总社,就"字林西报独家专用稿"一事向对方交涉,这次开乐凯获得了成功。也就是从这一年开始,路透社总社同意上海4家英文报纸都可以采用他们的电讯稿。

尽管《文汇西报》花了那么大的精力才打破了《字林西报》垄断路透社电讯稿的特权,但掐指算算,人家《字林西报》从1872年起就独家使用路透社的电讯稿,到1900年已经"霸占"了整整28年! 其实,《字林西报》不仅仅是独家使用路透社的电讯稿,它还购买了世界各大通讯社的电讯稿,难怪《字林西报》的独家新闻让读者叫好,却令同行叫苦不迭。

具有权威性的《上海新闻志》中对《字林西报》是这样描述的:"该报还在中国建立了庞大的新闻通讯网络,免费向教会传教士寄赠《字林西报》,换取各地教会传教士提供的通讯稿件和情报。该报还经常就中英关系、中国政局以及其他时事问题发表意见。如要求清廷实行门户开放,反对太平军起义以换取清廷允许英国在华特权。它对中国维新派表示同情，反对慈禧擅权。在谴责统治者残酷镇压革命的同时，又主张对起义者实行镇压；日本侵略中国影响了英国在华利益时，赞成中国抗战。作为英商民办的新闻报纸，代表在华英商的利益，但某些观点有时也与英国官方相悖，如反对英国政府在华走私倾销鸦片的政策；在租界政权建设方面反对'自由市'计划等。"

看看看看，《字林西报》不仅独家享用路透社的电讯稿，还购买了世界各大通讯社的电讯稿。这就是新闻的竞争。新闻讲的是一个"快"字，通讯社的电讯稿必定是迅捷的，谁抢得"头先"，谁就掌握了新闻的主动权。但是，也要有大环境的配合。那时上海还没有发电厂，高速轮转印刷机器还无用武之地。路透社远东分社刚进上海时，一度还采用自备发电机。

1882年6月，英商上海电光公司在今乍浦路桥旁建过一个小型发电厂，别看"小"，却是世界上最早的发电厂之一，1893年被工部局收购，并于1911年迁至杨树浦筹建新厂。这就是杨浦发电厂，1913年建成运行发电，到1923年已成为远东最大的火力发电厂。厂区内的大烟囱近105米，成了当时中国的最高建筑。1929年美商摩根集团以8 100万两银子收购了杨树浦发电厂，改称上海电力公司。

而在此前的1880年，上海英商在英国伦敦成立上海自来水股份有限公司，并于第二年在黄浦江边的杨树浦路830号建造了如同一座中古时代英国城堡式的自来水厂。由英国设计师哈特设计，于1881年开工，两年后竣工。1883年6月29日，时任北洋通商务大臣的李鸿章拧开阀门开闸放水，标志着中国第一座现代化水厂正式建成。20世纪30年代，该水厂不断扩建，占地面积增加了三倍，成为远东第一大水厂。

城市的发展给了《字林西报》发展的动力。《字林西报》从英国购进了先进的印报机，大大提高了印报的速度，而且印出来的报纸字迹清晰。

* 杨树浦发电厂的高烟囱

* 杨树浦自来水厂

这种印刷机与英国国内的《泰晤士报》印刷机在同一水平线上，《字林西报》也成为英国在海外报系中最大的报纸。

前面曾提到过，《字林西报》在1882年5月还创刊了中文的《字林沪报》。英文与中文的"西林"相得益彰。尤其是在1924年，《字林西报》在外滩地段建造了10层楼的字林大楼，这是在它报纸创刊60年后的一项重大举措。

1937年11月，上海租界外围地区落入日军的掌控，租界成为一座"孤岛"。虽然租界宣布中立，但并不是世外桃源。《字林西报》对中国的抗日救亡运动表示同情，又公开谴责日本侵略中国的罪行，和上海其他积极主张抗日宣传的报馆一起遭特务机构的恫吓。但《字林西报》仍继续如实报道。1941年12月7日，日本偷袭美国在太平洋上的军事重地珍珠港，太平洋战争爆发。也就是在这一天，日军占领租界，《字林西报》竟被查封。报馆的总经理和主笔被日军抓获送集中营。抗战胜利后，《字林西报》留守上海的记者葛立芬在"领导不在场"的情况下，以号外形式让《字林西报》出版，随后又正式恢复出版。而先前被日军抓到集中营去的总经理戴维斯与主笔格兰佛斯获释，他们又重返《字林西报》。

如同一名被打伤的人，恢复元气尚需一定时日，《字林西报》复刊初期是4开4版，没过多久就变为12版。1949年5月上海解放，《字林西报》未停止过出版发行，一直到1951年3月31日才宣告停刊。它在上海出版了87年，按照"今天的新闻就是明天的历史"的说法，《字林西报》写就了自己辉煌的新闻，也见证了晚清、民国与新中国一路走来的历史。

3. 与报纸共命运的新闻通讯社

在叙述中国人成为办报主体之前，还是先把新闻通讯社的一些人和一些事说了吧。

前文已提及路透社在上海设立的远东分社，那是第一家进入中国的通讯社。我原先以为进入上海的第二家通讯社应该是美国的美联社，结果却是中国人成为亚军。

1912年8月，民国第一通讯社成立，正如通讯社的名称，它的的确确是中国人登记在册的上海第一家自办的通讯社。设在英租界的江西路（今江西中路）。当年9月1日开始发稿。它对外宣称："各埠分驻访员，所有真实新闻发往上海，在沪总汇编辑发行，或每日一次或每日二三次，如有要闻立刻印行。"

1914年，为采集中国的消息，日本的宗方小太郎在上海成立了东方通讯社，并自任社长。9年后，宗方小太郎病逝，他的学生接替了他的位置，将东方通讯社继续办下去。

1919年，日本一位叫田代的记者出席巴黎的国际会议，目睹英国路透社和美国合众社的记者在会场上显得十分强势，给他留下了深刻的印象。田代当即与这两家通讯社的记者套近乎，加上他自身非常聪明，从对方的片言只语就能悟出个中奥妙，因此，他对通讯社的工作钟爱有加，甚至到了痴迷地步。回国后，田代向外务省递交了一份报告，这是他深思熟虑后的设想：建立一个"特殊的通讯社"。第二年，日本政府就派田代到中国设立这样的通讯社。

田代一到上海，就与东方通讯社协商，最终敲定，将东方通讯社改为日本外务省在中国的官方通讯社。就是这家东方通讯社后来搞大了，1926年5月，日本政府将国内在1914年创办的国际通讯社并入东方通讯社，更名为日本新闻联合社，但在中国仍然用东方通讯社的名称向中文报纸发稿。3年后，东方通讯社才改名为日本联合通讯社分社，简称"日联分社"。1936年，日本政府又将日联社改为同盟通讯社，在上海的日联分社也随之改名为同盟社上海支社。1945年，同盟社又改成现在我们大家都熟悉的共同通讯社。

在我看来，当时上海还没有广播电台，受众能看到的惟有纸质媒体，也即报纸。对于通讯社来说，它必须依附报纸才有价值，假如没有报纸，皮之不存，毛将焉附？通讯社的电讯稿是无法"落地"的。那一定是先有报纸后才引发了通讯社的诞生。通讯社与报纸是相辅相成的兄弟，他们的共同目标就是新闻。

美国的合众社与美联社在上海设分社的时间都是在1929年的3月。美国合众社在沪设立分社后，除了为总社采集中国的新闻外，它的另一项任务就是向上海的各家报馆发稿。当然，合众社发的都是英文稿件，由国民通讯社代为译发。这里就要说到1927年国民党政府外交部在上海设立的国民通讯社。该通讯社在1929年与美国合众社和德国海通社签约，以中国国内要闻译稿来交换对方的欧美新闻，这些新闻只给上海租界的报纸刊用。例如1930年，《字林西报》就以每月1 000两银子的代价购买合众社的英文电讯。

美联社上海分社在抗战时期迁到重庆去了，抗战胜利后，美联社不仅在上海恢复了分社，又在南京、北平等地开设分社。他们中一位叫约翰·罗德里克的记者在中国各地采访，但他全部都以上海为发稿的基地。这位记者厉害，他两次到延安，采访过毛泽东、刘少奇、周恩来、朱德等中共高层领导人。

法国人在上海也创造了一个第一。1916年，法国在上海法租界的顾家宅（今复兴公园）设立了无线电台，这也是上海第一座国际无线电台。法国人要么不搞，一搞就是让众人吃惊不小。法国政府又追加投资，加大了无线电台的功率，可以接收6 000英里之外的法国和美国电讯。当时正逢第一次世界大时期，那么多的消息均可与战事的发生同步到达上海，申城的各大报纸连夜印刷，次日一早就能让上海市民了解到新鲜出炉的欧战消息。

法国的通讯社却是于1927年在上海开始活动的。据《上海新闻志》记载："法国哈瓦斯通讯社在1927年将该社驻莫斯科记者黄德乐调到上海，用电报将稿件发回巴黎总社，但不对中国报纸或对在上海的法国报纸发稿。1929年冬，哈瓦斯社收买了西贡一家越南太平洋通讯社，加以扩充后，便在远东各重要城市设置特派员，并在上海设一总经理，任务是将世界各地消息输入中国，将中国消息传播于世界。太平洋通讯社在上海等处设立特派员后，除采集新闻外，每天向当地报纸发稿。1931年'九一八'事变发生后，全世界的视线集中于远东，法国的哈瓦斯通讯社便于同年在上海正式设立分社，由包尔德主持。"

哈瓦斯社上海分社与上海的中英文报纸有着密切的关系，他们把法文与英文的电讯译成中文卖给上海的各大华文报刊，反过来又将法文电讯译成英文卖给上海的各家英文报纸。为此，他们不惜重金聘请了一批翻译人才。譬如，精通法语和汉语的中国留法学生张翼枢就曾经被聘为哈瓦斯社上海分社中文部的主任。

据一份资料记载，1932年胡愈之担任过哈瓦斯通讯社中国分社主任。那可了不得，请注意，我所指的"了不得"并非哈瓦斯通讯社了不得，而是胡愈之先生了不得。乘此机会，我们不妨来看看胡愈之先的编辑生涯吧。

出生于1896年的胡愈之在"五四"运动时期编辑《东方杂志》，创建了上海世界语学会。1920年，他和郑振铎、沈雁冰发起成立了文学研究会。之后，他同郑振铎等人创办了《公理日报》。1932年，他还帮助邹韬奋创办了生活书店，翌年加入中国民权保障同盟，当选为总会临时中央执委会委员。也是在这一年，他加入了中国共产党。1934年他创办了《世界知识》杂志，协助邹韬奋创办《生活日报》；抗战初期，担任文化界救亡协会国际宣传委员会主任，与朋友一起创办了《上海人报》、《译报》、《团结》等报刊；组织出版《鲁迅全集》与埃德加·斯诺的《西行漫记》的中译本；1938年在桂林出版《国民公论》，协助范长江创办了国际新闻社；两年后，受周恩来的委派，到新加坡主编《南洋商报》，并在当地创办了《南侨日报》和《新妇女》杂志；1949年5月担任《光明日报》总编辑。

就是这样一位编辑大家，受聘于哈瓦斯分社，这家法国通讯社的电讯稿被上海中文报纸的采用率要大大超过路透社和美联社。

通讯社与报馆在采访新闻时都是一样的，在路透社还没来上海设分社之前，上海的英文报纸、中文报纸的信息渠道并不宽，它们只局限在上海这方地盘，当外国通讯社来了之后，带来的不仅仅是世界新闻，他们也带来了西方的文化，带来了西方人写新闻的理念。先进的科技将千里之外的电讯稿瞬间就能传送到上海，反之，也同样能将上海所发生的事情迅即送到欧洲。但是，当这些英文、法文的电讯稿到了上海，你必须翻译成汉字，在这方面，外国人就得请中国人来担当了。中国人把外文电讯稿"变成"中文时绝对是行家里手，他们在进行翻译的同时，也学到了西方人新闻写作的手法，诸如导语中的5个W，新闻的语句等等等等，他们原先并不清楚，或者说是一知半解，通过翻译电讯稿件，就能学到东西。这就是西方文化与东方文化在"新闻"这一框架中的融合，渐渐形成了海派报业中的某些元素。

说到这里，我们现在应该已经清楚了，上海的新闻通讯社是由英国的路透社在1872年率先开创的，这是在晚清时期。到了民国时期，由中国人自己办的新闻通讯社，有名有姓的就达109家，而外国在沪的新闻通讯社只有8家。在中国人办的通讯社中，有许多为民办的，也有报馆自己的办的。苗头最足的是张竹平，他用自己《时事新报》、《大陆报》、《大晚报》的一些编辑，创建了申时电讯社，在国内30多个重要城市派驻访员供稿，

* 渔阳里6号

这些访员本来就是为自己报馆写稿的，几家报馆的访员一道发力，新闻资源共享，编发的电讯稿卖给国内外100多家报馆，这叫"一鸭两吃"，生财有道。

　　现在来讲一讲一家非常特殊的通讯社。之所以称其为特殊，是因为这家华俄通讯社系上海共产主义小组创办的。它创办于1920年6月，中国共产党在这一年后才成立。可谓"先有通讯社，再有共产党"。"五四"运动爆发不久，1920年，共产国际派遣5人代表来中国，欲与中国的共产主义者建立联系。这5名代表是以记者的身份开展活动的。他们先去北京，由李大钊介绍到上海找陈独秀；为便于公开活动，遂在上海霞飞路（今淮海中路）渔阳里6号设立了这家华俄通讯社，并向上海的报纸编发电讯稿，就连《申报》在1921年的一年中也用了他们60多篇稿件。中国共产党成立以后，这家通讯社就归中共中央领导，一直到1925年8月1日才完成使命。

第五章

《申报》：申西合璧的典范

1.《申报》低售价让《上海新报》关门

《申报》的创办者是英国商人安纳斯脱·美查。他在1860年就来到了上海。当时,不少英国人靠贩运鸦片谋财,美查却是个循规蹈矩的商人,他与一起来的哥哥做茶叶生意,将中国浙江的茶叶运到英国。兄弟俩还在靠近苏州的地方开过药厂。美查住在上海的时间较长,他不仅向中国朋友学习汉语,还学中国字。

为了解贸易行情,美查除了翻阅《北华捷报》外,还订了一份字林洋行发行的中文《上海新报》,对报纸的认识也是从这时开始的。不过,美查将主要的精力都放在打理自己的美查洋行上。为做生意,他聘请了华人陈莘庚当他的买办。

1871年秋天,陈莘庚告诉美查:"《上海新报》销路并不好,报馆靠广告倒是赚了不少钞票。"他建议美查"是否也来办一张中文报纸?"

美查当时没有表态。他来上海已十余年,是看着这座城市怎样逐渐发展起来的。他对买办的建议在心里盘算良久,感到现在除了不少英文报纸外,中文报纸就只有《上海新报》一家,而租界里则早已是"华洋杂居"了,华人又占大多数,办一张中文报纸是完全可行的。于是,美查找来几位老乡一起商量。老乡见老乡,脸上喜洋洋,他们喝着咖啡商议着,最终一致同意合股办报。每人出400两银子,并推举美查来全权负责,他们只作为股东。

美查也没谦虚,就这样当上了报馆的老板。当上老板的美查立即起草计划书,他考虑得最多的问题是:报纸卖给谁看?他找到的答案是:华人。鉴于这个思路,他决定自己就当投资人,办报必须依靠华人。也就是在这一年,美查已经找到了报纸的总主笔人选,此人叫蒋其章,字芷湘,为浙江钱塘人,是晚清举人,主笔是钱昕伯和何桂笙。

美查已经决定办中文报纸了,他让钱昕伯去香港找流亡在外的王韬。我在"与《万国公报》有关的三位中国人"一节中曾提到过他。王韬为中国最早的报人之一,他因得罪了清政府而被通缉。钱昕伯是王韬的女婿,他娶了王韬的长女为妻,于1868年在上海结婚的。

《申报》创刊于1872年4月30日,报馆设在望平街197号,(1882年迁至汉口路309号)。此时钱昕伯仍在香港,他是1874年才回沪的。也就是在这年,王韬在香港与一位朋友合作出版了《循环日版》,他担任报纸的主笔,一干就是10年。

《申报》创刊时一度用的是《申江新报》的报名,没过多久便去掉了两个字,成了《申报》。它除星期日外天天出报。在发刊的头三日,每天印600份,特在上海县城与租界所有商号沿门赠阅,之后又招聘报贩,挨家挨户上门征订,还搞了先看报后收钱的办法吸引订户。《上海新报》是当时沪上销量最大的中文商业报纸,《申报》把它当作自己的竞争对手。美查发现《上海新报》用的是进口白报纸印刷,因成本较高,零售价为每份30文铜钱。他在《申报》上刊登题为《本馆自叙》的文章说:"窃思新闻纸一事欲其行之广远,必先求其法之简,价之廉,而后买者以其偿无多,定必争先快睹。"所以《申报》采用的是中国自己造的廉价毛太纸,(以竹纤维制成的纸张。原产于福建、江西等地。色泽稍黑,略微粗涩,吸水性强,比毛边纸稍薄),单面印刷,从而大大降低了成本。《申报》最初定价为每份10文铜钱,仅为《上海新报》的三分之一。《上海新报》一看这般情形,不得不把零售价降到和《申报》一样,亏损与日俱增,终因不堪重负而倒闭。

《申报》的版面为接近正方形的长方形,用老四号字一排直行到底,横排与竖排都不分栏,每天出8章,之后改称页(即现今的"版")。评论、新闻均放在前3版,附载《京报》的内容就第3版,后面全为广告和行情表等。《申报》的广告使用老五号字印刷,广告与行情等内容的排版形式为

＊清末望平街上的《申报》馆

横的分成五六栏，组成一个个方块形。这种版式为《申报》首创，也为之后清末出版的绝大多数报纸在没有使用进口纸两面印报时所效仿。

美查为《申报》的定位是：针对华人雅俗共赏的大众化商业报纸。他在创刊号上称："众多之书籍内容荒诞无稽，只可作文人清淡之材，未能雅俗共赏。只有现今报纸上所刊登之文章，叙述简而能详，文字通俗，不只为士大夫所赏，亦为工农商贾所通晓。"

美查曾私下里跟合股人说，蒋芷湘、钱昕伯都擅长吟诗作词，文字质朴而不俗套，适合华人的读者。美查要求《申报》注重刊登议论时政的论说文，新闻报道注重猎奇性和趣味性，内容编排和文字风格均讲究通俗性和可读性。因此，《申报》从创刊的第一号开始，就由评论、新闻、副刊、广告四大块组成。尤其是评论放在报纸的头版，为当时上海中文日报的首创。我们现在称作评论，当时是叫"首论"。可别小看这"首论"，《上海新报》等中文报纸在这个位置上绝对是刊登《京报》上的谕旨和朝廷官吏升迁以及清政府重要告示的，《申报》却将这个位置留给了评论。美查认为"《申报》就是《申报》，不是《京报》的附属物。"

2. 创刊伊始遇到了"杨乃武与小白菜"

《申报》创刊的第二年，发生了如今人们早已耳熟能详的清末四大奇案之一的"杨乃武与小白菜"冤案。当时闹得朝廷耸动，还惊动了慈禧太后。而把这件冤案弄得家喻户晓的正是《申报》。

我们先简单讲述"杨乃武与小白菜"的故事。

1871年，葛品连已改嫁的母亲托人给儿子说媒，聘17岁的毕秀姑为儿媳。葛品连的生父原先在浙江省余杭县仓前镇开着一家豆腐店，后来葛父病死，豆腐店不开了，葛品连就到余杭一家豆腐作坊当伙计。母亲葛喻氏改嫁给一个姓沈的木匠，故又称沈喻氏。

毕秀姑也是浙江余杭人，因平时喜欢穿绿衣服，系白色围裙，人又清秀，街坊给她起了个绰号叫"小白菜"。她幼年丧父，母亲王氏改嫁给了一个叫喻敬天的小贩。小白菜到了喻家，虽然聪明能干，但继父并不喜欢她。1872年3月小白菜与葛品连定亲后，家里的房子不够住，便以每月1000文向县城内澄清巷口西首的杨乃武家承租一间空屋。

杨乃武20多岁考取秀才，30出头又中了举人。他有个姐姐，出嫁不久，丈夫就去世了。杨乃武姐姐没改嫁，就住在娘家。杨乃武小时候都由姐姐照看，两人感情宛如母子。后来杨乃武娶了城中詹家的女儿詹彩凤为妻。

一个月后，葛品连与小白菜搬入杨家居住。葛品连因每天半夜要起床做豆腐，故常常住在豆腐作坊里，十天半月才回家一次。因葛品连经常不在家，詹彩凤常叫小白菜到家里吃饭。小白菜也常请杨乃武教她识字念经，两家相处很融洽。小白菜从前经常遭街上无赖的欺侮，自从搬到杨家后，那些无赖再也不敢来了。但他们四处散布谣言，说"羊吃白菜"。谣言传到了葛品连耳里，他起了疑心。曾几次夜晚潜回家偷听，除了听见杨乃武教小白菜读经卷以外并未听见任何私情。葛品连将谣言和偷听情形告诉母亲。其母亲去杨家时，也看到过小白菜和杨乃武夫妇同桌吃饭，今听儿子这么一说，心里不禁也有些怀疑。她竟傻乎乎地向邻舍谈起此事，于是流言愈发多了，而杨家人却浑然不觉。

1873年6月，葛品连与小白菜搬出杨家到别处租房。由于少了杨家的保护，小白菜又又经常受到外人欺侮。县令刘锡彤有个儿子叫刘子翰，是个花花公子，对小白菜垂涎欲滴已久，遂让自己相好的佣妇诱骗小白菜到她家。小白菜不知有诈，一去就落入虎口，被刘子翰强暴了。小白菜畏惧刘子翰的权势,又怕事情败露后丈夫不能原谅自己,因此未敢声张。

数月后的一天,葛品连突然身发寒热,双膝红肿。小白菜见状,劝他休息几日。葛仍到豆腐作坊上工。次日早晨,葛身体支持不住了,便往家走,路过点心店,买了几个粉团边走边吃,没走多远便呕吐不止,回到家后呻吟不绝。他吩咐小白菜去买东洋参和桂元。小白菜买来后煎成汤给他服下,并请房东的妻子去告知婆婆。葛品连母亲赶来时,见儿子卧床发抖,时欲呕吐,她照料了半天便回家去了。下午,小白菜见葛口吐白沫,已不能说话。此时正巧房东回来,小白菜告知情由,请房东赶快去叫婆婆和自己的母亲,当二人赶到时,葛已不能张口,急忙找来大夫,说是痧症,用万年青萝卜籽煎汤灌救无效,气绝身亡。家人悲痛欲绝,为葛品连换了衣裳。

原本也就是一件寻常的丧事,却因葛品连的干妈发现尸体口鼻内有淡淡的血水流出,顿起疑心,请来地保代写呈词,准备到县衙喊告。呈词中仅说死因不明,并未涉及任何人。县令刘锡彤听说出了命案,赶紧带领仵作前往验尸。刘锡彤曾被杨乃武"耍过",结果丢了一顶九品的"乌纱帽",之后又花了5 000两银子换回了一个县令"宝座"。

县令刘锡彤认为天赐良机,自己报仇的机会来了。于是诬陷小白菜与杨乃武通奸谋杀,并且施用酷刑逼供,小白菜屈打成招。被迫承认自己与杨乃武通奸谋杀了丈夫。于是杨乃武也被抓来,他最后也是屈打成招。杨乃武的姐姐不服,两次进京告御状,滚钉板上访,血肉模糊地呻吟惨叫着递上状纸,却被驳回。她第二次进京时得到了"红顶商人"胡雪岩的鼎力支持。

当时恰好有个浙江籍的京官、翰林院编修夏同善要回京,胡雪岩为他饯行,由吴以同作陪。席间胡雪岩等人向夏同善讲述了杨乃武冤案的曲折经过,请他在京设法帮助,夏答应相机进言。杨乃武姐姐二次进京后,由夏同善引荐,叩拜了30余位浙江籍在京官员。他们认为此案不单是杨

* 当年印着杨乃武与小白菜受酷刑的明信片

乃武与小白菜个人的问题，而是有关整个浙江读书人的面子问题。

当时在浙江的一干官员，从县到府到省，全都是曾国藩所统率的湘系军阀的手下，对杨乃武审案的均为这些湖南籍官员。他们凭着军中担任要职，没啥审判经验，造成冤案也不足为奇。对慈禧太后而言，早就想找个机会来压压湘系军阀的势力，杨乃武与小白菜一案正好给了她一个契机。杨乃武和小白菜冤案就因为老佛爷的"一句话"得以昭雪，而办案的100多名官员全部摘掉顶戴花翎。

就杨乃武与小白菜一案，《申报》如获至宝，迅即派记者前往采访，报馆采编人员贯彻美查的**"新闻报道注重猎奇性和趣味性，内容编排和文字风格均讲究通俗性和可读性"**的办报宗旨，一直作跟踪报道，在三年多里一共刊发大大小小稿件60余篇，一时间，大街小巷到处都能见到拿着《申报》谈论杨乃武与小白菜的人。《申报》也由此变得洛阳纸贵，销量扶摇直上。

3.《申报》：海派报业特色形成的奠基者

再来说一件事：1874年，日本进攻台湾时，美查身先士卒，以记者的身份赴台采访，并将亲身经历所写的见闻录刊登在《申报》上，一时报纸销量骤增到上万份。满心欢喜的美查尝到了"味道"，立即从欧洲和香港聘请了一些外国人担任记者，专门为《申报》采访和写新闻。而在这时，钱昕伯也从香港回到了上海，接替蒋芷湘任《申报》总主笔。钱昕伯的副手何桂笙也是个人物，系浙江绍兴人，幼年时被人誉为神童，为晚清秀才。1873年他又被苏州知县收为门生，一年后，再被苏州知县推荐到上海。1876年，他心不死，再次去杭州应试，结果又名落孙山，于是返沪进了《申报》馆，主要负责撰写篇首论说。

海派报业的特色就是在《申报》的发展进程中逐渐形成的。作为商人的美查，在华人帮手的协助下，使得中西文化的结合与交流循序渐进，最终得到了一个相互取长补短，共谋发展的和谐共赢效果。《申报》在经营报纸的过程中初步具备了现代营销思想的萌芽，从而促进了自身的发展，使《申报》的影响和销量不断扩大。

为了进一步做到雅俗共赏，《申报》在1876年3月30日出版了通俗报纸《民报》，并为此报刊登启事："此报非文人雅士而设，只为妇孺佣工粗涉文字者也。务使措词宁质而无文，论事宜显而勿晦。俾女流童稚贩夫工匠辈，皆得随时循览而增见闻。"

这一时期的《申报》由钱昕伯担任总主笔。他在香港向岳父王韬究竟学到了多少办报经验我们不得而知，但有一点是可以肯定的，即王韬时常为《申报》撰写的政论，就是通过钱昕伯与王韬翁婿关系的"单线联络"而取得的。而在创办《民报》之前的1875年，钱昕伯主持编辑出版《申报馆丛谈》，现在我们能从书卷中读到无数珍贵资料，换言之，《申报馆丛谈》让无数珍贵资料得以保存至今。对于编辑这类丛书，我想，美查是不擅长的，但他能放手让钱昕伯来操作，至少是信任像晚清秀才钱昕伯这样的华人。中西方人与中西方文化在《申报》草创初期就达到了和谐、融洽。

美查只能说"熟悉上海，粗通汉字"，但不一定"精通"中国，尤其是晚清的"那些事和那些人"，钱昕伯在中间起着很大作用，他通过美查学到了西方的一套具有现代意识的经营管理，也学到了西方的科学。而美查则通过钱昕伯，了解到了中国的文化，博大精深的中国文化源远流长，这种文化与西方的文化相互补充、相互借鉴，就形成了海派文化。

在海派报业的形成过程中，美查是有很大贡献的。他让《申报》形成了具有现代报纸的雏形。美查第一项改革便是把《上海新报》聘请"秉笔华士"改为主笔，其中最大的区别在于，"秉笔华士"只是翻译、整理文字，他们都是隐姓埋名的，而主笔则是出名字的。不仅如此，总主笔和主笔统管报纸编务，为此，美查在《申报》创刊伊始就设立了"主笔房"，就是现今报社的编辑部。美查在办报初期，还亲自参加编务，以"申报主人"名义发表评论。他还亲自到工部局采写新闻，并安排记者去采写热点新闻。他总是喜欢同华人主笔探讨和商议，耐心倾听他们的意见。对于华人主笔撰写的言论，他采取"文责自负"的方式，而不会去干涉或者给予束缚，美查有时自己也写写评论。他为自己取了一个笔名，叫尊闻阁主，而《申报》的主笔房被命名为"尊闻阁"。

《申报》的这种模式，在清末民初到20世纪20年代，上海的报纸编务大都由主笔主持；到了30年代，由总主笔主持报纸言论，总编辑统筹报纸版面。

回过头来再说钱昕伯。当另一位晚清秀才蔡尔康于1876年进入《申报》馆后，钱昕伯建议根据市井所需，办一份通俗型的报纸，美查当即拍板，于是由《申报》馆办的《民报》问世了。通俗是该报的特色。钱昕伯请沈毓桂老先生与蔡尔康负责《民报》的编务。1878年初，钱昕伯还与蔡尔康合编《屑玉丛谈》和中国最早的画报《寰瀛画报》等。美查都给予了支持。

美查为发展《申报》事业，先后建立了点石斋印书局，用活字印刷《古今图书集成》，又办了图书集成印书局等企业。他在江苏办的药厂却经营得并不理想，似乎更与报刊图书有缘。

《申报》在销售上独树一帜。报纸刚创刊，美查就在上海广泛寻求代销店。代销店早上拿报，晚上结账，卖不完的还可以退还报馆，一时间上海大街小巷的杂货店，书坊，刻字店，信局，打包铺，酒店，烟膏铺等都有《申报》寄卖。美查还把销售从城市深入到乡镇，从本埠拓展到外埠，并在杭州设立了分销处，负责杭州的报纸销售工作；之后又在宁波、苏州、南京、扬州等地设立分销处。到1881年，外埠的分销处有北京、天津等17处。到1887年又增加了15处分销处。前后总共32处。

我曾在图书馆的故纸堆中寻找有关《申报》的资料，现我整理了若干，只能在此引述其中极小部分。1872年4月30日《申报》创刊，头版上有一篇《拟易大桥为公桥议》的评论。1865年，英国威尔斯公司在苏州河建造了一座木桥，没建桥之前，人们要靠小舢板摆渡。建了木桥，桥名就叫外摆渡桥。洋人过桥分文不取，而华人过桥却要收两文钱，引起华人极大不满，可又没办法，你要么不过桥，过桥就得付钱。《申报》就是针对这件事发的议论，称"此桥建成已多年，每日过此桥者华人五六万，一日过桥费为60余元，以此计之，每年应有2万金，获利甚巨，何以为此贪得无厌？"评论中还提到：华人已向工部局交涉，如无结果，他们将添置免费

* 当年难民从外白渡桥涌入租界

之渡船作为抵制。工部局迫于舆论压力,之后不久便停止收过桥费了。市民们笑逐颜开,都说,现在我们过桥是不出钞票摆渡了。在1907年外摆渡桥拆了木桥改建为现在我们仍在使用的钢桥,桥名变成了外白渡桥。

1875年,英商怡和洋行建造了一条从上海到江湾的铁路,《申报》作了赞赏性的报道。不久,英国人决定再建一条从上海通往吴淞的铁路,一本正经向上海道台递交申请报告,他们在申请报告中只写"建一条行车的公路",并未写明是建铁路。当铁路造好后,上海道台提抗议了:"火车不能开,一开,上海的官道就被截断了。"英国公使派人来与上海道台谈判,彼此针锋相对,互不相让,最终达成这样的协议:铁路由中国出资28.5万银两买下,让火车行驶一年后由中国人自行处理。一年后,上海地方官员"根据协议",立即拆了这条铁路。上海的百姓对火车这个新生事物从恐惧到渐渐熟悉了它,屁股还没焐热,就再也听不到火车的鸣笛,更看不到呼啸驶过的长龙了。

在建造吴淞铁路的问题上,《申报》是支持派。美查在报纸创办初期就大力提倡上海应该发展工业、交通运输,学习西方近代城市设施,改善上海城市环境,为华人参与对外贸易创造条件。美查的这些理念在报馆的主笔间产生了深远影响,在报馆的华人最先接受了这些具有现代意识的观点,他们不像上海道台那帮政府官员对新生事物怀有巨大的抵触情绪。

就在《申报》为上海建造吴淞铁路呼与鼓之时,上海的《汇报》立即给予回击,接连刊发了《辩申报答铁路事》、《论中国开筑火车路》,指责《申报》是为虎作伥。

《汇报》是由招商总办与上海县道台叶廷眷,以官民集资一万两银子入股形式,于1874年6月中旬创办的,创刊时叫《汇报》,这是首家中国人自筹资金办的报纸。不到3个月改名为《汇报》,期数从1开始,由英文翻

＊吴淞铁路通车后

译葛理主持报务，并兼任主笔，原先《汇报》的主笔虽留用，却因意见不合而辞职。这是一份带有官方背景的中文报纸，新闻来源选译海外各国报纸和上海出版的外文报纸消息，还选摘香港和其他地区的中文报刊的消息，当然，它自己也有记者采访。

《彙报》十分注重言论，将专论放在头版位置。1874年，《申报》的主笔钱昕伯就被《彙报》批了一通。当时，钱昕伯对中国官衙刑审人犯问题提出异议，并在《申报》上表明自己的观点。《彙报》与触到痛处的官吏群起而攻之，一时间弄得美查也抖豁了好几天，最后关照钱昕伯："以后要谨慎,不要得罪官方。"

这回在"铁路事件"的争论,《申报》没退步,还特意在火车开通的第二天,刊载了《民乐火车开行》的报道,其中有这样的场景:"或有老妇张口延望者,或有少年荷锄而痴立者,或有弱女子观之而喜笑,未有一人不面带喜色也……"

说实话,《汇报》的前身《汇报》还是有自己想法的。从它的栏目设置上也能看出些许端倪。如"京报全录栏",转录京报上的谕旨、奏章、朱批以及各督抚辕门抄等。"中外近事栏"则报道国内外重要消息。还有一个"告白栏",其实就是广告版,这个"栏"要占全报纸三分之二。当改为《汇报》后,版面随即作了调整,原先的"京报全录栏"被取消,将原先的这类内容拆散,插入新闻报道中。与此同时大幅增加新闻报道的容量,新闻一多,读者就要看,广告量也水涨船高。按理说,《汇报》办得还是可以的,不知何故,把《汇报》创刊的日子加在一起,《汇报》一共才办了11个月,于1875年5月14日停刊了。我就在想,《汇报》一定是遇到了经济上的问题,不然怎么会昙花一现呢? 看来经济实力也是办报的基础。

还在淞沪铁路建造、通车等一系列的事情上争论不休之时,1876年11月23日,上海道台冯焌光拨款,以各省商帮名义办的《新报》创刊,实际上是用官款办的报纸,也可视作是不明说的官方报纸。因为当时清政府不允许地方政府办报,地方官员是无法越权的。对于冯焌光来说,他遇到的麻烦是,他要将清政府的告示,或者上海县署的告示在租界张贴时,常常遭到租界巡捕房的干涉。作为上海道台的冯焌光多次前去交涉,都被"这里是租界,华人的告示不能随意张贴"给顶回来。于是冯焌光便想出了自己办报举措。

你租界不让我贴政府的告示,我把告示印在报纸上,你租界当局总不能阻止我的报纸进租界吧? 《新报》是在这样的背景下诞生的,因此也就肩负"告示"的重任。所以,《新报》的版面上格外注重刊载清政府的官方告示,从而在租界里也能传递中国政府的声音。所以,在报纸头版最重要的位置一定是刊登《京报》全录,再是各省辕门事宜,最后才是上海消息和中外新闻。

《新报》创刊时正碰到上海道台奉命交涉赎回吴淞铁路产权事宜,报纸上便公布《铁路会议条款》、《铁路开行日期》、《火轮车路章程告示》等所有相关材料。却没有与《申报》打笔仗。这是一份比较特殊的报纸,在海派报纸中也是个"另类"。1882年,左宗棠出任两江总督,派了邵友濂接任上海道台,冯焌光苦心经营的《新报》被新上任的道台,以"中法战争在即,避免出现舆论麻烦"而下令停办。

新出来的《新报》与《申报》井水不犯河水,倒也相安无事。何况《申报》的经济基础扎实,人才济济,加上不断革新,在上海的报纸中独领风骚。而创刊于1861年的《上海新报》,在《申报》问世后,也曾拼命抗争,几番较量后终于败下阵来,于1873年元月宣告停刊。一花独放的《申报》在上海滩的老大地位至少保持了20年,没有其他任何一家报纸能与它抗衡,直到1893年,《新闻报》的创刊,才遇到了真正的竞争者。

4.《申报》创始人美查回国前后

美查在上海的报业上干了整整17个春秋,家业也搞大了,但他在婚姻大事上没遵循英国绅士的风俗旧习,由于不重门第,娶了非上流社会的上海一酒吧间老板的女儿,而被取消上流社会俱乐部"万国总会"的会员资格,但他毫不介意。三年后,鉴于他蓬勃发展的事业,"万国总会"重新邀请他入会。

不知何故，1889 年已是租界工部局董事的美查要回英国了。临行前，他把门下的多家产业并在了一起，这些比较出挑的企业中有点石斋印书局和图书集成印刷书局，还有一家火柴厂，加上《申报》，改组为美查（兄弟）股份有限公司，资金为 30 万两银子。委托董事会英国人埃皮诺脱主持经营。经理仍是席子眉。

席子眉，名裕祺，字佑廷，出生于江苏青浦珠里，（注：即今上海市青浦区朱家角镇）。他是左源公的后裔。他有一个哥哥，叫席裕祥；一个弟弟，叫席子佩，名裕福。席子眉自幼跟随父亲学做生意，虽然经商，但家境并不富裕。继爷爷病逝后，席子眉的哥哥和母亲沈氏先后去世。稍后，又发生了太平天国运动。十年战事，朱家角镇的席家在这场战争中蒙受重大损失。不久，席子眉到上海做生意。他交游广泛，喜爱文化事业。在美查创办申报之前，他就已与美查熟识。当美查创办了《申报》后，便请他做了报馆的经理。美查对席子眉非常器重，后来分设点石斋印局、图书集成局、出版《点石斋画报》等，不少事情都由席子眉一手经办的。

这时的上海滩有了不少变化。还记得吗，1843 年的 11 月，英国首任驻沪领事巴富尔到上海时，上海道台是用轿子去迎接的，轿子就是那时的官车。1850 年前后，上海出现了四轮马车。我的朋友、原《上海作家》主编姚克明先生曾与我谈起 2003 年他在美国纽约街头乘坐马车的经历。因为他当时正在写《海上洋泾浜》一书，已经查阅了相当多的老上海的资料，当他在纽约猛然见到这种前面两个小轮子，后面两个大轮子并有顶棚的马车时眼睛一亮，因为 1850 年的上海"现代化"交通工具就是这种一模一样的马车。姚克明告诉我，这种马车其实是从英国引进的，他在纽约乘坐的四轮马车也是从英国引进的。直到 1901 年，匈牙利人李恩时将 2 辆美国福特小汽车引入上海，马车才渐渐从上海滩淡出。但是人们从小汽车的造型上还能看到四轮马车身影。据资料记载，1906 年，上海公共租界

已有上百家马车行, 宛如现今的出租车公司。

现在我们已经清楚了, 那时的上海, 电有了, 自来水有了, 煤气有了, 交通工具也有了。那些在县城里的百姓, 看到洋泾浜对面的荒郊野地变得如此繁华起来, 有钱的商人不仅通过报纸, 更是直观地瞧见公共租界翻天覆地的变化, 有"头脑"的人纷纷到租界里来安居乐业。

美查办《申报》选址在望平街 (今山东中路) 上。望平街一头连着大马路 (南京路), 另一头通往五马路 (广东路), 全长也就是百来米。大马路上后来建造了中国民族商业的永安、先施、新新、大新四大公司。再往前有国际饭店, 那是当年上海的制高点。

当时一些华人选择在四马路（福州路）安家，因为此处的地价，包括望平街相比南京路要便宜多了。这一带也被称之为"租界里的华界"。而说起四马路，人们首先想到的是当年上海妓院林立的"红灯区"。其实，那些妓院主要设在现今浙江中路至西藏路一带，四马路是一条名副其实的文化街。这也是在中西文化交流史上占据着极其重要的地位的墨海书馆设在附近，带动了一批华人开设的书局接二连三地出现，之后由商务印书馆发行所和中华书局为龙头的书局遍地开花，如开明书店、现代书店、新月书店、光华书店等。在如今吴宫饭店的福州路上，当年书店最为集中，有大东书局、大众书店、中央书店、华通书店、世界书店、广智书局、广益书局、上海杂志公司等近50家。

而在望平街上除了《申报》馆之外，日后又相继出现了《新闻报》、《天铎报》、《时报》、《民立报》、《民强报》、《太平洋报》、《中华民报》、《民国新闻》、《大共和日报》《神州日报》、《时事新报》、《晶报》、《回民日报》、《上海画报》以及为袁世凯制造帝制复辟舆论而创办的《亚细亚报》等。望平街也就被誉为"报馆街"。

这里简单说说两次挨炸的《亚细亚报》。这张报纸是袁世凯的亲信薛大可、刘竺佛于1915年9月10在上海创办的。薛大可为总编、刘竺佛任经理。由于该报一开始曾在北京小试牛刀，迁到上海正式出版前，沪上各报好似用了如今的"人肉搜索"，把薛大可的底细摸得十分清楚，于是在报上揭露他是袁世凯的死党。上海的一些爱国人士向薛大可发出警告信，言明："如再鼓吹君主问题，必以激烈手段对付。"

薛大可以为这是吓唬吓唬他，岂料9月11日，《亚细亚报》创刊第二天，报馆就被炸，死了3人，炸伤10多人。薛大可似乎没被吓倒，继续出他的报纸。时隔3个月，爆炸物从二楼窗口掼进《亚细亚报》报馆，经理刘竺佛当场毙命。报纸在次年5月宣告停刊。

这些美查都看不到了，这位《申报》的创办人于1908年3月在英国病逝，《申报》在头版头条刊发公告、悼词，沉痛悼念这位对中国新闻、出版功莫大焉的创办人，并称美查为"报馆开幕伟人"。

1889年的《申报》，名义上还是钱昕伯为总主笔，但钱昕伯年逾六旬，实际上主持编辑部工作的是何桂笙。曾担任钱昕伯助手的何桂笙每日为《申报》撰写篇首论说，1894年，53岁的何桂笙病逝。而这时的钱昕伯年迈体弱，便由黄协埙继任总主笔。

要知道，在1893年初，上海滩创刊了《新闻报》。黄协埙面对新的竞争者，肩上的担子可不轻。这位1884年进《申报》馆的文人，有些放不开手脚干事，以致《申报》销量大跌。

1897年，席子眉突然中风，在弥留之际推荐其弟继任《申报》经理，当哥哥病故后，席子佩走马上任。

生于1867年的席子佩是个活跃人物。他在青浦朱家角读了几年书，因哥哥在上海做生意，因此他也经常去上海。当哥哥出任《申报》馆经理后，席子佩也很快在上海立足。自任《申报》经理后，美查公司由于《申报》经营状况不佳，有意转让《申报》。席子佩考虑再三，他看到现在的报纸全为洋人所办，假如将《申报》"吃"下来，那就是我们中国人有了自己真正的报纸了。于是席子佩找来一些志同道合的朋友，他把自己的想法一说，众人积极响应，大家集资盘受该报。那年是1902年。席子佩只是购入《申报》的部分股权，掌控《申报》大权的仍是美查股份公司的董事长、英国人埃皮诺脱。将《申报》的全部财产拿下是在1906年，席子佩花了7.5万两银子。而正式签订合同则是1909年，《申报》的主权完全彻底地移交给了中国人。由此，席子佩名声大振。

席子佩的钱从何而来？原来，他在经营书业报章、出版印刷之余，还参与经营大有机器榨油公司。这是席子佩与朱葆三于1905年在上海创办,资本大约14万元。此外,席子佩还在淮扬徐所属各地设立7家蛋厂。

自席子佩独立办《申报》后,他遇到了美国人福开森购得了《新闻报》出版发行权,《新闻报》发行量逐渐超过《申报》;同时,报纸因涉及印刷、发行等因素,作为中国人自办报业,在资金、设备、技术上也存在着一定的困难。虽然席子佩苦心经营,但逐渐感到力不从心。

5.《申报》痛批康、梁与《大清报律》

1898年,以康有为为首的改良主义者通过光绪皇帝进行政治体制改革,希望中国走上君主立宪的近代化道路。其主要内容是:学习西方,提倡科学文化,改革政治、教育制度,发展农、工、商业等。这次运动遭到以慈禧太后为首的守旧派的强烈反对,这年9月,慈禧太后等发动政变,光绪被囚,维新派遭捕杀或逃亡国外,历时仅103天的变法最终失败。因这年的农历为戊戌年,故称作戊戌变法,也叫"百日维新"。

康有为出生于1858年,原名祖诒,是广东南海(今佛山市南海区)人,系朱次琦的高祖子弟。朱次琦(1807—1881)字稚圭,号子襄,也是南海

* 康有为

人，服官山西，归故里后，讲学九江礼山草堂，书法多力丰筋，但不肯为人作字，世所流传甚少；其生平著述颇丰，对文史很有研究。康有为拜这样一位名儒为师，因而也博通经史。在恩师朱次琦1881年过世后的第二年，他游历至上海，开始接触西学。

1888年起，康有为数次上书光绪皇帝，提出他的变法维新的理念。为培育维新人才，他在广州万木草堂讲学，并与文廷式、陈炽等人在北京组织强学会，不久又在上海设立分会，还于1896年1月12日创办了《强学报》。该报为强学会会刊，创刊号共8页，铅字排印，竹纸印刷，装订成册，也称作册报。原先康有为准备亲自到上海来办此报，临行前母亲已定了办寿席的日期，并让他操办，康有为只能请徐勤、何树龄从广州赶赴上海办报。

《强学报》馆设在跑马场（今南京西路）西首王家沙1号的上海强学会内。在创刊号上的《本局告白》称："现当开创之始，专以发明强学之意为主。派送各处，不取分文，一月以后，乃收报费。"康有为做梦也没想到，《强学报》——这张中国最早的政论报纸，由于竭力宣传维新变法，触怒了慈禧太后，在1月17日出版第二期就被查禁，满打满算，报纸的寿命只有5天。

康有为在1898年戊戌变法失败后逃亡海外。辛亥革命后回到上海主编《不忍》月刊，继续阐述反对共和的思想，为复辟帝制大造舆论，1917年参加了张勋复辟。

梁启超（1873—1929）广东新会人，是近代思想家、文学家、学者，也是中国历史上以政治家身份从事报刊活动的第一人。他自幼从家庭及城乡多师受学，6岁读毕《四书》、《五经》，12岁中秀才，16岁中举人。

从1890年至1893年期间，他就学于康有为的万木草堂，较为系统地接受了康有为的变法维新的思想理论。1895年，踌躇满志的梁启超到北京会试，8月参加了强学会，成为康有为创办的《中外纪闻》的重要撰稿

＊ 梁启超

者,每日作一篇数百字短论,这是他接触报纸的开始。

1896年3月,梁启超随同康有为联合各省举人1 300多人上书清政府吁请变法。7月,梁启超来到上海,担任了《时务报》的主笔。由于办报理念与汪康年不同,梁启超离开了《时务报》。

梁启超于1898年夏去北京参与百日维新,光绪皇帝召见了他。戊戌八月,变法维新运动失败,谭嗣同等六君子殉难。梁启超于9月流亡日本,与康有为建立保皇会。11月,他在横滨创办了《清议报》,又于1902年元月创办了《新民丛报》,坚持改良主义立场,宣传君主立宪,反对资产阶级民族民主革命。但他同时以开通民智、改造国民思想品德为己任,集中外历史文化于一身,努力于西方社会科学的介绍。

黄协埙在《申报》上对康有为、梁启超穷追猛打,并将慈禧太后称为圣母。在1899年12月28日的《申报》上,黄协埙写了一篇言论,其中有这样的文字："皇太后为皇上之母,亦天下之母也。而康梁谋乱举兵围之,且逼勒之,天下无父无君,孰有甚于此者乎!"一直到1902年,《申报》还在接连不断地刊发痛批康有为和梁启超的文章,受到申城其他报纸的非议。读者在表示不满的同时,以不订你《申报》为最好的抗议,由此,每天发行上万份的《申报》一下子跌掉了三分之一的发行量。

看到报纸销量狂泻,已经影响到了营业收入,美查股份公司的董事长决定更换总主笔。在1905年2月7日的《申报》头版刊登《本馆报务举例》,称"世界进化,理想日新,无取袭蹈常,不敢饰邪荧众"为新的办报宗旨,并强调报馆赞同变法维新;还在第二天的版面上刊发评论,在评论中特意引用康有为和梁启超的文章,表示与先前将康有为、梁启超看作逆党的行为划清界限。

1906年,清政府颁布了《大清印刷物专律》,并以巡警部名义公布《报章应守规则》9条,其中第一、第二条就规定"不得诋毁官廷"与"不得妄议朝政"。1907年8月,清政府又以巡警部名义公布了《报馆暂行条规》10条,与《报章应守规则》9条相比,内容大同小异,而增加的一条内容为:"凡开设报馆者,均应向该管巡警署呈报,俟批准后方准发行。"

1908年,由清政府奕劻、载沣、张之洞、鹿锺麟、袁世凯等6名大臣,参考日本报刊的法规,制定并颁布了《大清报律》,其中新增的两条:1. 创办报纸必须缴纳一定数额的保押费;2. 实行事先检查制度。这事先检查制度规定:"每日发行之报纸,应于发行前一日晚十二点钟以前,其月报、旬报、星期报等类均应于发行前一日午十二点钟以前,送由该管巡警官署或地方官署,随时查核,按律办理。"

而在此前,清政府处理有关报刊的案件都是运用《大清律例》中的"禁止造妖书妖言"条款,如"各省抄房,在京探听事件,捏造言语录报各处者,系官革职,军民仗一百,流三千里"。1898年,光绪皇帝曾下诏令,承认百姓有言论自由、出版自由,并且鼓励民间办报。可惜因"百日维新"运动失败,这些主张未形成法律。然而,以法律形式固定下来的两项法规是中国有关新闻出版的第一个法规,由清政府的商部、巡警部、学部会同制定,经朝廷批准后颁布执行的。

席子佩买下《申报》后当然也要受《大清报律》的约束。作为一个商贾望族后代,席子佩也只能小心翼翼地遵照执行。当时上海报刊是全国的领头羊,《大清报律》让不少报纸捆住了手脚,鉴于此,许多报馆纷纷迁到租界里来出版,因为租界不受你清政府管,望平街成为"报馆街"估计与此有关。

1911年6月,席子佩找到江苏青浦(今属上海市)的王钝根,请他到《申报》来当编辑。王钝根于这一年年初,在青浦创办了《自治旬报》。他接受了席子佩的召唤,来到了望平街。

8月24日,《申报》在显要位置刊发了《本报改革要言》,提出:报纸要加强评论,文章强调短小精悍,新闻务必开门见山,让读者能一目了然。就在这天的《申报》上,王钝根首创副刊《自由谈》,并担任了主编。

1912年4月15日,载有2 224名乘客和船员的美国泰坦尼克号,在加拿大纽芬兰以东600多海里的洋面撞上冰山沉没,只有711人获救。4月17日,《申报》就作了报道,而且如实地反映了船员们冷静、勇敢的悲壮场景。但是,席子佩毕竟不善于经营,搞得报馆的钱财捉襟见肘,他接受了上海道的官方津贴,一度使《申报》成了官商合股的报纸。发行量连连下滑,席子佩甚感难以维持,便在1912年秋,将《申报》全部产业以12万两银子的代价转让,32岁的史量才与张謇、赵竹君、应德闳合股接盘,将《申报》揽入自家门户,并自任总经理。又聘陈景韩为《申报》的总主笔。

陈景韩生于1877年,晚清秀才,年长史量才3岁,是江苏金山(今属上海市)人。他的笔名有:冷、冷血、不冷等。1900年经钮永建介绍,进武昌

* 张謇

武备学校；后因参加革命会党，被清政府侦知，由两湖总督张之洞饬松江知府捉拿。陈父闻讯，恳请松江士绅设法向张之洞疏通，才得免于缉捕，乃赴日本暂避。1904年陈景韩回国，初任上海《大陆报》记者，后《时报》在上海创刊，受聘为该报主笔。除创设"专电"、"特约通讯"等专栏外，陈景韩还开辟"时评"专栏，每日写一短评，针对当时收回粤汉铁路权的斗争和抵制美货运动等事件，抒发议论，短小精悍，令人耳目一新，各报纷纷仿效。他又善写小说，曾和包天笑合编《小说时报》（月刊）。而今被史量才"挖"来，他也认同陈景韩提出的"**办报为主言论独立，不为政府与老板所左右。惟此意思之自由，断不能为人收买**"的观点。

史量才仍聘席子佩为经理。王钝根也被留用，继续担任《申报·自由谈》的主编。王钝根在创办了《申报·自由谈》后，又编了《自由杂谈》、《游戏杂志》、《礼拜六》和《社会之花》等，在1916年离开《申报》时推荐陈蝶仙替代他的位子。他去经营铁业，不久亏了本，席子佩又搭救了他。

席子佩自卖出《申报》后一直很懊悔，认为12万银两就把《申报》卖了，实在是太便宜了。然而世上没有后悔药，必须想个啥法子，从老史那里再多拿点钱回来。经"高人"指点，办法终于让他给想出来了，并立即付诸实施。通过打官司，他从史量才那里又拿到了24.5万两银子。

第六章

《时务报》与『竖三民』报

1. 首创政治家办报与译报

接下来本应叙述史量才买下《申报》后的事了,但从时间顺序和"论资排辈"的角度考虑,《时务报》、《苏报》与《神州日报》、《民呼日报》等报所涉及的人物大都要比史量才靠前,所以我将《申报》的故事分为上下两部分来写,对史量才将专设一章,而把《时务报》与《神州日报》、《民呼日报》、《苏报》等报插于其前先说。

我们已经知道了,上海自开埠后的第一张报纸是英国人办的英文《北华捷报》,第一张中文报纸是英商办的《上海新报》。就连《申报》一开始也是英商办的。纵观这些报纸的一个显著特点,不是传教士,就是洋行创办的。可以认为属于商办报纸。惟独到了《时务报》的出现,变成了政治家办报。不仅如此,《时务报》同时也是以译报为主要内容的报纸。

1896年春,维新派人士汪康年、黄遵宪倡议在上海创办一份以"时务"命名的报纸,作为维新派的舆论阵地。

汪康年(1860—1911)浙江杭州人。字穰卿,号毅伯,出生官宦家庭,是著名藏书家振绮堂汪宅后裔。1890年,30岁的汪康年到湖北,成为湖广

* 汪康年

总督张之洞的幕僚,先后担任过汉口自强书院和两湖书院的教习。1892年入京应会试,因脚疾突发,他放弃殿试返回湖北,1894年再入京补殿试。1895年,甲午战争失败后,汪康年应康有为邀请,举家迁沪,他参加了上海的强学会,是个进士出身的报人。

黄遵宪(1848—1909)广东嘉应人,字公度,笔名人境庐主人、东海公、风波民等,1876年中举人,曾任大清驻日本参赞和驻美国、英国、法国与新加坡等国总领事。他也是上海强学会会员,以自己的叙事诗和外交才能而闻名。

《时务报》的筹备始于1896年春,创办的直接原因是上海强学会被查封,于是维新派决定改办报纸。这年的4月,梁启超应邀赶赴上海参与筹备工作。就在筹备期间,梁启超与汪康年发生分歧,汪康年主张以"广译西报为主"而少发议论;梁启超则主张抒发言论,以便发挥报纸的舆论宣传作用。于是双方各执一端,后经黄遵宪调和,最终《时务报》仍有论说,但译报占到了70%的篇幅。

1898年8月9日,《时务报》正式创刊,馆址设在今福州路福建路口。汪康年任总经理,梁启超为主笔。先后参加编撰工作的还有麦孟华、徐勤、欧榘甲、章太炎(炳麟)、王国维等。当北京强学会和《中外纪闻》被查禁后,

* 《时务报》

一批维新志士便以《时务报》为中心，并在上海重新聚集。

　　《时务报》每10天出一期，每期32页。按正规的称呼，《时务报》应称"旬刊，册报"。该报采用书刊的样式，用连史纸石印。(注：连史纸又叫"连四纸"和"连泗纸"，原产于福建省邵武，以及闽北地区和江西省铅山县一带。采用嫩竹做原料，碱法蒸煮，漂白制浆，手工竹帘抄造，有72道工艺。早在元代即被誉为皆世精品，迄今已有600多年的历史)。

　　梁启超在第一册上发表《论报馆有益于国事》一文："广译五洲近事，详录各省新政，博搜交涉要览，旁载政治学艺要书。广译五洲近事，则阅者知全地大局与其强盛弱亡之故，而不至夜郎自大，坐井以议天地矣"。

　　《时务报》定下了以宣传维新变法、救亡图存为宗旨，以"论说"和翻译外报为主要内容。因此版面上一般只有一两篇政论，绝大多数内容是根据近期各国的报刊和外国人在中国所办的外文报刊进行翻译，这些报纸达90余种，涉及英国、美国、法国、日本、俄国、西班牙等国。翻译者有：译英文报及路透消息先是桐乡的张坤德、吴县的李维格；从1897年7月20日起，英文报全归安孙超、王史翻译，李维格勘定；到第46期，英文报译主要由湘乡的曾广铨（曾国藩次孙）担任。法文报翻译是宛平的郭家骥，日文报翻译是日本东京的古城贞吉，俄文报翻译为则刘崇德。之后《时务报》还辟了"时务报馆译编"，专为社会上自由来稿的译文提供版面。对比同时期其他报纸的译报，都不及《时务报》的内容丰富。虽说《时务报》未设新闻栏，但它的译报部分所刊登的内容与外报的时间一般仅隔十天左右，在一定程度上起了报道国际新闻的作用。

　　尽管译报是《时务报》的"大头"，但政论激起的浪潮并不亚于这个"大头"。梁启超说："报刊是国家之耳目也，喉舌也，人群之镜也，文坛之王也，将来之灯也，现在之粮也。"

　　《时务报》出版后，接连刊载了许多批评封建政治、鼓吹变法维新的

* 如今的新闻纸

文章,尤其是梁启超的《变法通议》、《论中国之将强》等文章猛烈抨击封建顽固派的因循守旧,反复强调变法的必要。由于见解新颖,再加上文字生动,因此颇受读者欢迎。报纸的销数从开始时的4 000份左右,几个月内就猛增到10 000多份,最多时达17 000份,创造了当时国内报纸发行数的最高纪录。

有人称《时务报》虽无维新派机关报之名,却有机关报之实。因该报是利用洋务派领袖张之洞1895年捐助上海强学会的余款创办的,张之洞因此以该报的大股东自居,扶汪康年为其代理人,以此来左右《时务报》的舆论走向。

张之洞以报中论说太新,频加干涉。经理汪康年本来曾是张之洞的幕僚,他经常秉承张之洞的意旨。另外,为报纸的生存着想,他也出来反对梁启超在《时务报》上宣扬"康说"因此和梁启超发生意见分歧。1897年11月,梁启超辞去《时务报》主笔职务,到湖南就任时务学堂总教习。

两年后,梁启超在回忆当时情形时说:"每期报中论说四千余言,归其撰述;东西文各二万余言,归其润色;一切奏牍告白等项,归其编排;全本报章,归其复校。十日一册,每册三万字,经启超自撰及删改者几万字,其余亦字字经目经心。六月酷暑,洋蜡皆变流质,独居一小楼上,挥汗执笔,日不遑食,夜不遑息。记当时一人所任之事,自去年以来,分七八人始乃任之。"

的确如此,梁启超等人通过《时务报》把他们的思想诉诸社会,左右舆论,在各界人士中产生了很大影响。所以胡思敬在《戊戌履霜录》中说:"自时务报出,张目大骂,如人人意欲所云,江淮河汉之间,爱其文字奇诡,争传诵之"。

要知道,能被胡思敬如此赞誉的人十分了得。胡思敬(1869—1922),字漱唐,号退庐,江西新昌人,历任清廷吏部考功司主事、辽沈道监察御史、广东道监察御史。此人不畏权贵,对权奸、贪吏、妖人、充党无不指名弹劾,任职不到3年就上书48次。1911年3月,愤于清廷不接受劝谏,乃挂冠离京,定居南昌,潜心著作,校辑图书。

真可谓:《时务报》因梁启超风行天下,梁启超亦因《时务报》名扬四海!至此,他开始走出老师康有为的影子,成为清末政坛的风云人物、维新思想的杰出代言人。

然而,康有为与梁启超仍是"上下级"关系。不仅如此,他们的家人也毫不逊色,1898年7月28日在沪创刊的《女学报》,是由康有为的女儿康同薇和梁启超的妻子李蕙仙(清朝礼部尚书李端的堂妹),以及桂墅里女学堂教习张蕴华等创办的,该报是中国最早的妇女报。这3位再加上《无锡白话报》的编辑裘毓芳,成为中国最早的4位女报人。

《女学报》为旬报,每期一大张,设有新闻、论说、征文等专栏。可惜还未出满百日,便于1898年10月9日被慈禧太后下令查封。

回过头再来说《时务报》。

自梁启超离开后,由汪康年一人主持。他心里明白,办报的钱是上海强学会被查封时留下的一笔款子,自己虽说是报馆的总经理,实际上还是替维新派机关办事,加之他嫌报纸出刊周期太长,一直想办一张日报,便与堂弟汪大钧商量,又找到曾国藩次孙曾广铨,他们一拍即合,于是在1898年的5月5日创办了《时务日报》。如愿以偿的汪康年掌控着两张报纸。

平心而论,汪康年还是有一套的。他利用早年在官场的社会关系,在北京、湖北、湖南、山东、苏州、镇江等地设立发行点,并采取"借鸡生蛋"的办法,与各地通商的电报局、矿务局、书院以及漕河船帮等,设立发行点,形成了中国报业史上除商办报刊和教会报刊之外的第三个全国范围报刊网络。

由于《时务报》在外埠拥有了一批新的读者群,有读者看到现在的报纸而要求补订以前的《时务报》，这是汪康年始料不及的。既然有这样的需求，《时务报》便将已出版的前30期《时务报》缩印成合订本出版，这也成为中国最早的缩印本报纸。

在梁启超离开《时务报》后，由章太炎（1869—1936浙江余姚人，原名炳麟，字枚叔，因仰慕明末顾炎武之为人，更名绛，别号太炎）担任主笔，标志着以康有为为代表的维新派在《时务报》的势力消失。康有为岂能甘心，他上书光绪皇帝，请求将《时务报》改为官报，让梁启超管理。1898年7月26日，光绪皇帝下谕，将上海的《时务报》改为官报，派康有为督办其事。这场"汪梁之争"，看起来是对报纸所有权的争夺，实际上是维新运动内部不同派别争夺在上海的舆论宣传阵地。这也成为中国报刊史上，政治家办报因不同的办报思想与办报路线而引发的分歧和斗争。

汪康年知道钦命难违，随即向张之洞讨教良策，张之洞反复思量后出了主意，8月17日，《时务报》出至69册停刊，改名为《昌言报》出版。

《昌言报》的形式和内容仍是《时务报》的翻版，但对当时的维新变法采取不报道、不表态、不反对的"三不主义"。创刊后的前六册都没有政论，连载的是曾广铨翻译、章太炎笔述的《斯宾塞尔文集》。

《昌言报》的"三不主义"从第七册开始有所转变，登载了政论，支持维新变法。章太炎用笔名连续撰写并刊发了数篇政论，对戊戌变法的失败表示惋惜和同情。加上《昌言报》译载法国报纸所刊登的《中国必将变法论》，这下可激怒了老佛爷，慈禧看到报纸后，下令缉拿主笔，查禁报馆。汪康年赶紧躲藏起来，章太炎则跑到台湾，做了《台湾日日新报》的一名记者。《昌言报》出至第十册，于1898年11月9日停办。

曾在此前，汪康年获悉光绪皇帝已下令要将《时务报》改成官报，他生怕自己的《时务日报》因为有"时务"字样，弄不好也要改成官报，于是当机立断，在《昌言报》创刊的同一天（1898年8月17日），与胞弟汪诒年将《时务日报》改名为《中外日报》出版。

一个月后发生戊戌政变，汪康年惟恐慈禧太后追究报纸与康有为和梁启超的关系，便去找曾广铨商议，曾广铨忖度自己也非局外人，老汪的顾虑不是没道理。他建议找家洋行来做掩护，经他介绍，汪康年在这年的10月14日聘请英国人杜德勒为发行人，报纸也成了英国公茂洋行的产业。

这是汪康年不得已而为之的事。他的办报活动正处于中国报业开始脱离外报，并在理论、业务和经营管理方面逐渐形成自己特色的时期，却十分无奈地又挂上了"洋招牌"。在第二年，他与胞弟赎回了《中外日报》的产权。

汪康年的胞弟汪诒年主要协助经营管理哥哥所创办的《时务报》、《昌言报》和《中外日报》等中国早期近代化报纸。他在这些报纸的职位相当于后来报馆的协理，主要从事报纸的筹资创办、广告发行、财务开支和产业运作。是其兄制定的各项报纸经营管理制度和办法的实际执行人。被当时中国报界成为"杭州二汪"。汪诒年著有《汪穰卿先生传记》，详细记载了汪康年一生办报活动，为新闻史研究提供了珍贵的第一手资料。

虽然汪康年兄弟俩从英商手里赎回了《中外日报》的产权，却因经济拮据，只能向湖江总督张之洞求助，张之洞自然伸出援助之手，这也让《中外日报》成了不是官报的官报。俗话说"吃人家的嘴软，拿人家的手短"，1905年，上海发生反美华工禁约事件，汪康年受命在《中外日报》上刊发疏导性的言论，立即引起读者的强力抗议，从而纷纷退订该报，也成为上海滩首次出现读者抵制阅读的中文报纸。

1906年，汪康年终于又将被动局面扭转了过来。这年的《中外日报》不断刊发揭露袁世凯丑行的文章，还刊载严复有关新政的政论以及各地的通讯，报纸再次受到读者的欢迎。但不久袁世凯一派得势，上海道台由袁的亲信蔡乃煌接任，此人以《中外日报》官股股东和地方官员身份，逼迫汪康年兄弟退出该报，另外委派沈仲赫、张易卿、黎伯奋等人来主持。1911年2月25日，蔡乃煌因挪用公款，遭江苏省咨议局参劾，《中外日报》也打烊。

1906年，汪康年去北京任内阁中书（注：*清代掌管撰拟、记载、翻译、缮写之事者。官阶为七品*）。在北京，汪康年于1907年3月28日，创办了《京报》，该报因报道"杨翠喜案"得罪权贵，于8月26日被查封。1909年汪康年还参与创办过"远东通讯社"，这是我国最早对外发稿的通讯社。

1910年11月2日，汪康年再度到北京创办《刍言报》。他一人负责编辑、校对和发行工作。该报每月出6期，每期8页，分内外两编。内编设《谂告》、《评论》、《研究》等栏目，外编设《调查》、《事案》、《掌故》等栏目。该报以评论及记载旧闻供人研究为主而不登载新闻；且"独资经营，不对外筹款，不招揽广告"。一年后，汪康年在天津去世，《刍言报》也随之停刊。

2. 汪康年：报业经营管理之先驱

在海派报业的发展进程中，汪康年无疑是一位极其重要的开拓者，他投身报业15年，把报纸经营看作自己最大的事业，他的不少做法被后来的办报人所借鉴与效仿。除了前文所说的，他利用曾在官场的社会关系，与各地通商的电报局、矿务局、书院以及漕河船帮等在外省市设立发行点，形成了中国报业史上除商办报刊和教会报刊之外的第三个全国范围报刊网络外，还将已出版的前30期《时务报》缩印成合订本出版，这也成为中国最早的缩印本报纸。

汪康年创造了中国新闻史上的好几个"第一"，然而，他对报业所作的贡献远不止这些。

在汪康年看来,报纸为旬刊周期过长,不利于消息传播,办报最好是办日报。这就不难看出,为何有《时务报》还会出现《时务日报》了。

为加快报纸的时效性,汪康年首创"专电"一说。他的这一办报理念体现在《中外日报》制定的章程中:"**各处如有异常紧要之事,均令访友即行电告,俾阅者先睹为快。**"为了奖励来报专电,无论北京还是其他外省访员拍来的专电,除原先的稿酬外,每条另外特奖银二元。可想而知,《时务日报》的这种做法会无效果吗?瞧瞧其他各报也纷纷以多付稿酬的办法奖励来稿,就知道《时务日报》大获成功。汪康年开设的这个"专电",在同业中树立了增强新闻时效性的风气。

再来看汪康年在《中外日报》创刊首日刊出的启事:"**本馆凡有紧要事件,皆当发传单,以供诸君先睹为快。**"报纸还在筹备阶段,汪康年就考虑到了这一点。因为他思忖,当报纸付印后,社会上假如突然发生重大事件,就加印"传单"随时发送,这"传单"即后来报纸所运用的"号外"。

其实,"传单"早在汪康年创办《时务日报》时就运用过一回。那是《时务日报》创刊不久,正遇上法国驻沪总领事白藻泰要扩大法租界,制造了第二次四明公所流血事件,《时务日报》立即刊发政论,态度坚决地支持在沪的宁波人。随着事态的发展,报馆还印发了大量的"传单"(即号外)在租界内外分发。法国总领事下令捕头关照所有包探,看到有出售《时务日报》者一律没收后送入捕房,并扬言要追究报馆的负责人。

简单说说四明公所事件。在上海的移民中,30万宁波人是人数最多的。早在1797年,便由甬人捐款在老城厢小北门外购地设义冢,建立了四明公所。1874年,法租界公董局以修筑马路为由,强迫在法租界内的四明公所迁坟让地,激起沪上宁波籍居民抗议,而法方竟派水兵登陆镇压,有7名居民被打死。事后清政府与法方明确议定,法租界内四明公所房屋占地永归宁波董事经管,免其迁移。

1898年5月28日,法租界公董局强迫四明公所迁移,还派水兵带着两门火炮赶来,并开始毁坏公所墙垣。上海道台蔡钧紧急出城约见法国驻沪总领事,白藻泰答应暂缓行动。此时宁波同乡会以罢工、罢市反抗。法国巡捕向罢市群众开枪,导致17人被打死,酿为惨案。经过半年的斗争,此案解决,四明公所仍得以保存。今小北门外人民路852号还保存着古门楼式的"四明公所"遗址。

当《时务日报》改为《中外日报》出版后,这种"号外"的运用更趋成熟。就这些举措而言,足以表明汪康年对新闻时效性的高度重视。

有了想法,有了"专电",这一切还得靠版面语言来实现。纵观同时期的报刊,大都采用书本式、油光纸单面印。版面编排简单,整版按谕旨、论说、说事从右到左依次排开,读者阅读时即费劲又耗时。汪康年在创办《中外日报》时就对此现象"开刀"。他把报纸每版分为三层,用机制纸双面印刷,用他自己的话说:"俾阅者少省目力,句读加点,以清眉目。首页开明目录,告白分门别类,以便检览。"

《中外日报》每日出两大张,4开8版,每版3个横栏,短行编排,并加句点。新闻分为:《电报》、《各国新闻》、《外埠新闻》、《本埠新闻》,题文的字号有所区别,大小眉目清楚。标题制作的八字模式被打破,或按新闻内容或按新闻分类来另拟标题。革新后的《中外日报》行短字少,句读加点,易读易收藏而逐渐普及开来。汪康年首创了"版面分刊,新闻分类"的编辑方法已初具报纸版式现代化的雏形。

对于采纳稿件的标准,汪康年则要求 :"论说之文务取远大精确,篇章但求简赅,毋取冗长。即所登新闻,均择紧要有证之事,凡郢燕市虎之词,概为严删。"这可视为汪康年追求新闻真实性与提倡写短新闻的可贵探索。

* 四明公所遗址

　　汪康年特别重视报纸的告白（即广告），他认为不必一定是商家的商品广告，普通百姓的寿筵、喜筵、聚会都可以刊登，并将广告编插在新闻版面中，其目的是让读者容易看见，便于阅读。当时在《时务日报》上刊登这样的广告，为"每人每事，取洋一元"。读者对该报刊登广告的价格发生了兴趣，并一致认为"应该这样"。那么，汪康年到底用了何种招数，会令读者赞不绝口的？

　　原来，广告的价格不是"水涨船高"，就是"逐日递减"。按照《时务日报》的广告价目表来看，"第一日每字五厘，二日至七日每字三厘，以后每字两厘半，登在首页加一倍。告白至少以三十字为章，多则以十字递加。"

　　《时务日报》册报（书本式），首页的位置相当于现今的杂志封面，让人第一眼就能看到,价格自然要加一倍。为鼓励多刊广告,对于连续登载给予价格逐日减少的优惠,要刊登广告的人必然会算账,因而根据自己的实力、想达到的效果各取所需。此外,刊发广告的价格是以字数来计算的,汪康年限定了最低标准为30字,倘若需增加的话,就必须10个字起计。诸如此类的规定就是想要保证报馆的广告收入,这也反映出汪康年在报业经营中通过广告赢利的经营意识,之后被不少其他报纸效仿。

汪康年的经营理念还表现在他注重报纸与读者之间的互动。他不居高临下、用开导者腔调教育读者,而是广泛征求社会贤明赐稿。因为他认为"事贵集思广益"、"凡沿江沿海,各埠及各都会,有才学兼优之人,愿襄助为理者,请将新闻随时寄示"。

对于各地的读者来说,《时务日报》就是一个公共平台,他们可以将自己身边所发生的新闻投寄给报馆,既能拿稿酬,又可扬自己的名,或者是自己所在地的名,这等好事何乐而不为? 这就是汪康年所追求的效果。不仅如此,他还言明:"如报中登事错误,请随时指正。""如有新撰新译书籍,酌为代登。"

汪康年先后倡导设立东文社、戒缠足会、女子学堂、蒙学公会和农学会,这些看上去与报馆不搭界的事,其实是汪康年对报纸经营的一个组成部分,他热心为读者和社会服务的举措演变为后来报界以报纸名义募捐、救灾等的优良传统。《时务日报》通过这些活动,进一步提高了自己的声望,也增加了一批新的读者。

1911年11月14日,有"一代报王"之誉的汪康年因病在天津去世,终年51岁。

汪康年在中国近代报业史上占有一席之地,特别是他在上海办报的那段时期显得尤其重要,因为他在海派报业的发展进程中创造出了无数个"第一"!

3. 于右任：一位与众不同的办报人

于右任生于1879年4月11日，陕西三原人，原名伯循，字诱人、右任；笔名神州旧主、骚心等，号髯翁，晚号"太平老人"。他是诗人，中国近代书法艺术大家，尤擅草书，首创"标准草书"，被誉为"当代草圣"。

倘若仅凭上述这些，于右任已是十分了不起的人了，然而，他还是一位民主革命先驱、著名的教育家、报刊活动家，尊称"元老记者"，那就更了不得了。

1903年，24岁的于右任以第十名中举，翌年春，应礼部试于汴梁（开封），被清政府以"逆竖倡言革命大逆不道"通缉而逃往上海。在马相伯先生帮助下，改姓换名入震旦学院，1905年参与并主持筹备"复旦公学"（复旦大学前身），第二年在日本与孙中山相识，并加入同盟会，从此追随孙中山先生从事革命活动。

也许是"神州旧主"的笔名吧，1907年4月2日，于右任在上海创办的报纸就叫《神州日报》。担任该报社长的于右任，在发刊词中提出了"神州社会主义"的观点。报纸所刊发的文章也透出民权主义思想。当时正值黄岗起义与惠州七女湖起义，《神州日报》一一予以报道。5月8日，《神州日报》馆发生火灾，不得不暂停出报，四天后才复刊。虽然损失并不大，但于右任却为此辞职。这张报纸出至1926年年底停刊。

刚涉足报界的于右任在报馆的凳子还未坐热，人却无奈地离去。对报纸"一见钟情"的于右任去了1908年2月创刊的《舆论日报》，与杨千里一起任该报的主笔。没多久，蔡乃煌接任上海道台后对《舆论日报》先是指手画脚，之后索性直接干预报馆事务，于右任和杨千里愤然辞职。

蔡乃煌立即收购日商的《同文沪报》和商办的《时事报》（注：1907年12月9日创刊，由邵松权等人集资创办。主编为汪剑秋），和《舆论日报》合并为《舆论时事报》，报刊期号是接续《舆论日报》的。1909年4月，上面来人审核上海道台财政支出情况，结果发现各省解沪开浚黄浦江的水利费用被蔡乃煌用来收购报纸了，蔡乃煌为保官位，被迫将自己好不容易搞起来的《舆论时事报》的官款退出，1910年9月，由茂记公司的黄楚九接办，报名又重新改为《时事报》。

1909年5月15日，于右任在离开报界一年后，在张静江等人的资助下，又创办了一张《民呼日报》。其实，他在1908年8月，就在《申报》、《新闻报》等报上刊登启示："鄙人去岁创办《神州日报》，因火后不支退出。未竟初志，今时发起此报，以为民请命为宗旨，故曰'民呼'"。

《民呼日报》一问世，就将矛头指向清政府。而过激的言论引起清政府的憎恨。但于右任对社会上需要自己出力的事从不打回票，这年正逢甘肃闹灾荒，他就让甘肃省赈灾会设在《民呼日报》馆内，自己还担任了该会的会员。7月30日，上海道台蔡乃煌接到陕甘总督状告于右任"侵吞赈灾捐款"，立即通过租界工部局，将于右任和主笔陈飞卿拘捕。《民呼日报》在8月14日被迫停刊。工部局拘捕于右任后拖着不审理，直到9月8日，会审公廨才作出判决：将于右任逐出租界。

* 于右任

1909年9月29日，《申报》上刊出《民吁日报出版广告》："本社近将《民呼日报》机器生财等一律过盘。改名《民吁日报》，以提起国民精神……"

10月3日，于右任创办的《民吁日报》问世。他请范光启担任社长，朱少屏为发行人。《民吁日报》还是《民呼日报》的翻版，除了报名，其它一切如故。有意思的是，香港的《中国日报》就此发表评论，称"民不能呼而至于吁"。也有言论曰："呼字少了二点成了吁，民众不能呼，唯有长叹短吁也"。

《民吁日报》甫出，便遇抵制日货运动。清政府关照上海的各大报纸保持沉默，惟独《民吁日报》偏偏要发声音，而且是连续刊登表明报馆观点的社论，日本驻沪代理总领事松冈认为《民吁日报》的社论是"恣意怒骂日本"，于是向清政府施压，要求关掉报纸。清政府也不按办案程序，不作审判，于11月29日强行判决《民吁日报》永远停止出版。还来个有言在先"机器不准作印刷之用"。就这样，《民吁日报》只出版了47天就"死于非命"。

转眼到了1910年10月11日，这天是重阳节。于右任选择在这一天创刊了《民立报》。他自己担任社长。这也是继《民呼日报》、《民吁日报》之后的又一张日出三大张的日报。由于先前的印刷机器等不得用于印报纸，于右任在江浙企业界人士的帮助下另筹资金，再添置印报设备。

因《民呼日报》、《民吁日报》与《民立报》的报头为直排的，故又被称作"竖三民"。(注：1912年3月1日创刊、由戴季陶任主编的《民权报》，以及《中华民报》、《民国新闻》因报头均为横排，被报界称为"横三民")。

《民立报》创刊时，于右任学聪明了。他吸取前两张报纸被关掉的教训，在发刊词中只是较委婉，抑或较含蓄地表述办报宗旨。其实，他依旧是宣传民主革命。1911年，宋教仁从日本回国，担任了《民立报》的主笔，并在沪成立了中国同盟会中部总会。《民立报》便成了革命党人在上海的一个宣传阵地和通讯联络机关。1911年10月10日，武昌起义成功，该报立即率先用大号字体刊发起义的专电。11月13日，上海人民武装起义，之后沪军都督府成立，《民立报》不仅报道，还宣扬进行北伐。由于讨袁失败，《民立报》遭禁，于1912年9月4日，在出版了1036号后被迫停刊。

1912年，中华民国成立时，于右任即在南京临时政府任交通部次长。宋教仁在沪遇刺后，他于1918年再回三原就任陕西"靖国军"总司令，讨伐段祺瑞。此后长期任国民党监察院长，被誉为"监察之父"。1949年全国解放前夕去台湾。

晚年的于右任非常渴望叶落归根。1962年1月12日，他在日记中写道："我百年之后，愿葬玉山或阿里山树木多的高处，山要高者，树要大者，可以时时望大陆。我之故乡是中国大陆"。1月24日，他写下了诗作《望大陆》（又名《国殇》）。

　　葬我于高山之上兮，

　　望我故乡；

　　故乡不可见兮，

　　永不能忘。

　　葬我于高山之上兮，

　　望我大陆；

　　大陆不可见兮，

　　只有痛哭。

　　天苍苍，

　　野茫茫，

　　山之上，

　　国有殇。

最终于右任要回故里的心愿未实现，于1964年11月10日在台北病逝。

第七章

震惊中外的《苏报》案

1. 罢官官员买下画家所办《苏报》

《苏报》系胡璋于1895年6月25日在上海创办的,当时是以他的日本妻子生驹悦名义,在日本驻沪总领事馆注册,报馆设在福州路上。1896年,胡璋聘请了苏州文人邹弢任主笔。邹弢(1850—1924),无锡人,近现代小说家,字翰飞,笔名潇湘馆侍者、司香旧尉、玉愁生、瘦鹤等,尝官姑苏十余年,后寓居上海,以卖文糊口;其著作以长篇狭邪小说《海上尘天影》(又名《断肠碑》)最为有名,王韬为之作序。

该报常用一些格调低下的市井琐事、社会新闻招徕读者。1897年6月,《苏报》因刊登黄色新闻与法租界公廨纠葛。次年又搞出邹弢与生驹悦诉讼之事,麻烦接二连三。再加上不善经营,颇有亏蚀,遂打算出让。

让我们来认识一下胡璋(1848—1899)。他是清朝画家胡寅之子,号尧城子,字铁梅,建德(今东至县)人,擅长工笔山水及人物、花卉,以画梅得名。其祖父胡正精绘山水花鸟,游粤时曾住邓廷桢制军幕府;父亲胡寅也以擅长丹青闻世,曾随胜保赞军务。胡璋从小接受艺术的熏陶,且勤奋敬业,诗词、书法、绘画无所不精。

他久寓沪上,曾旋游日本,以"润笔极丰"而享誉日本艺坛,追随其学艺者络绎不绝。日本天皇闻讯后,特召胡璋入宫,请他给素胎胆瓶作色绘画。画成后,天皇爱不释手,赞口不绝,并赐金牌以致谢意。此后,胡璋在日本声名鹊起,跟随他学画的人就更多了。

胡璋在授业传艺之余,还挤出时间考察日本政治、经济、科教文化等方面的状况,并汇书10余篇。当胡璋回国后,因他精于日本的钻井灌田法而被召至京师,试行其术。然而京师官僚迷信风水,称会毁了龙脉而反对钻地,因此久议不决。原本满心欢喜准备一显身手的胡璋绝望了,遂拂袖返回日本,再次操起画笔,一心从事丹青。1899年,52岁时在日本病亡,遗

* 苏报

胡璋的画 *

体安葬于神户。

胡璋魂归西天后，《苏报》在1900年转卖给被劾罢官、退居上海的陈范。陈范（1860—1913）湖南衡山人，本名彝范，晚年更名蜕庵，字叔柔，号梦坡、退僧退翁，别号有梦通、忆云、锡畴、瑶天等。他1889年考中秀才，嗣任江西铅山知县。1894年以教案被劾罢官而退居上海。据《湖湘文化名人衡阳辞典》记载：“陈范精通诗文，也是中国最早提出节制生育人口的人。”

陈范生长于江苏常州，当时的上海属江苏省的一个特别县。陈范被罢官后可谓“无官一身轻”。被迫赋闲的陈范来到上海，远离官场，对被弹劾罢官之事耿耿于怀，却又无可奈何。满腹心事向谁诉说？此时正巧遇到有人要出售《苏报》，陈范似乎找到了一个“能说话的地方”，于是当即解囊，成为《苏报》的新主人。

陈范购得《苏报》产权后，将报馆从福州路迁到靠近外滩的汉口路27号。这是英租界上的一家沿街的底楼，陈范请人用玻璃将一大间分隔成前后两间。前半间沿街是两扇落地玻璃门，每扇玻璃门上都用红漆竖写着“苏报馆”。推门进去，有一小柜，柜上置有“广告处”的小牌。陈范聘请的程吉甫先生就在一个小柜上接广告业务。

靠里面摆放着两张大写字桌，陈范与儿子面对面坐。父子俩有分工，陈范负责言论文章，儿子陈仲彝则管新闻稿件。陈范亲自执笔作文，发表过《商君传》、《铁血宰相俾斯麦传》、《泰西教育沿革小史》、《论法律与道德之关系》等，旁征博引，借古喻今，倡导改革。

陈范的女儿陈撷芬20刚出头，喜欢诗文，是位女诗人，嚷着要帮父亲的忙。陈范对她说：“就让你替我负责诗词小品一类的发稿吧。”末了还加了一句：“说是为我，其实还不是为你自己？”

陈撷芬嫣然一笑。后来她是不定时地来《苏报》馆，瞧见哪张写字台空着，就坐在哪张写字台前，看看来稿，用小楷笔蘸上红墨水，在稿子上涂涂改改。在她眼里，干这些活就是"小菜一碟"。陈撷芬后于1899年自己创办了《女报》，正式出版是在1902年5月8日，内容多为反对妇女缠足，提倡开办女学堂，刊载女界新闻，介绍西方妇女生活状况等，还刊出女学生们所撰写的课艺（作文）月刊。到年底共出版九期，时人称之为"女苏报"。

陈范把《苏报》馆搞成"前店后工厂"，前半间算是编辑部兼广告业务部，后半间就是工厂了。由一扇小门进去，一边是排字房，排列着几架乌黑的字架；一边是一部手摇的平板印报机，排字房与机器房在一个屋里，大有上海人说"螺丝壳里做道场"的味道。

就是在这样简陋的报馆里，陈范的"远大理想"就是弄张报纸发发自己久压心中感慨，也算有一些事可以做做。他为报纸定位体现在创刊词中："我们大凡发表言论在于精当，讨论时事应在绝对性的要害之处，也同夹印二号字样一样，阐发明朗，这才是本报办报的特色，这也是希望成为快速地感动阅读者的神经。"

陈范要"感动阅读者的神经"，又聘请了妹夫汪文溥（1869—1925）担任主笔。汪文溥，字幼安，号兰皋，举人出身，是江苏常州人，思想颇进步。听大舅子一声召唤，立马加入到《苏报》的大家庭中。

就算汪文溥的进入，一家在"螺蛳壳"里的小报馆能与《申报》馆比吗？显然不在一个等级上。令陈范自己也未曾想到，日后就是这份并不起眼的《苏报》，会在海派报业乃至中国的新闻史上掀起一场轩然大波！

2. 事由皆因邹容《革命军》而发

1902年，蔡元培等在上海南京路泥城桥福源里，先后创立了爱国学社与中国教育会。

蔡元培（1868—1940）浙江绍兴人，字鹤卿、仲申、民友等。他17岁考取秀才，18岁设馆教书，1889年中举人，后中进士，为翰林院编修。1898年，他弃官从教，出任绍兴中西学堂监督、嵊县剡山书院院长、南洋公学特班总教习等。1902年，他与张元济合办《外交报》，这是他从事新闻的开始。翌年，俄国同志会在上海创办了《俄事警闻》，蔡元培任撰述，一年后，该报更名为《警钟日报》，蔡元培改任主编。

1907年，他赴德国莱比锡大学研读哲学、心理学、美术史等，武昌起义后回国，1912年1月就任南京临时政府教育总长。不久，因不满袁世凯的专制而辞职，他再赴德、法等国学习和考察，1916年回国，次年任北京大学校长。

在1924、1926年中国国民党第一次、第二次全国代表大会上，他入选中央监察委员会。1927年，除任国民党中央政治会议委员、中央特别委员会常务委员、国民政府常务委员、监察院长、代理司法部长等职外，他倡议成立大学院作为全国最高学术教育行政机关，被任为大学院院长。1928年，他辞去各行政职务，专任国立中央研究院院长，还兼任交通大学、中

* 蔡元培

法大学等多所高等学府校长、院长以及故宫博物院理事长、北平图书馆馆长等职。

1932年，蔡元培同宋庆龄、杨杏佛、鲁迅等在上海组织中国民权保障同盟，被推为副主席。鲁迅逝世后，他主持葬礼；上海沦陷后，又移居香港。晚年，他为抗日救亡事业奔波，努力促成国共合作。1939年，他被推为国际反侵略运动大会名誉主席，于1940年3月5日在香港病逝。

陈范的女儿陈撷芬向父亲建议，应该约请爱国学社的师生写稿，《苏报》提供版面给予登载。陈范思索良久，最后采纳了女儿的建议，于是便有了章太炎、蔡元培、吴稚晖、章士钊、张继，加上汪文溥6人，轮流为《苏报》撰写"每日论说"。

吴稚晖（1886—1953）江苏武进人，原名眺，后改名敬恒，光绪年间中举人，曾任天津北洋大学堂教习，1901年去日本留学，不料在第二年因向清政府驻日公使请愿准许自费留学生学习军事，被勒令回国，1903年因《苏报》案发生而逃亡法国，两年后在当地参加了同盟会。1907年在巴黎与张继等人出版《新世纪》周刊，他任主编；1911年回到上海，与人一起创办了《民国新闻》，1912年任职教育部；1924年起，历任国民党中央监察委员、教育部国语统一筹备委员会主席、中央研究院院士、总统府资政以及国民党中央评议委员。

章士钊（1881—1973）字行严，曾用笔名黄中黄、青桐、秋桐等，1881年生于湖南善化县（注：今长沙市）。章士钊幼读私塾，非常勤奋，1901年离家赴武昌，寄读于两湖书院，在那里认识了黄兴；次年3月考入南京江南陆师学堂继续学习，却在第三年（1903年）退学来上海；因参加爱国学社，初次接触《苏报》便爱不释手，旋即为该报撰稿。他曾历任北京农业大学校长、广东军政府秘书长、段祺瑞政府司法总长兼教育总长等职，中华人民共和国成立后历任政务院法制委员会委员，中央文史馆馆长等。

张继（1882—1947）河北沧县人，原名溥，字浦泉，笔名博泉、自然生，1899年赴日本东京留学，先后在善邻书院和早稻田大学求学。1902年，他参加东京留学生青年会，次年因与邹容等人剪去留日学生监督姚文甫的辫子，被驱逐回国。张继曾与章太炎结拜为兄弟，担任上海爱国学社教师，并为《苏报》写稿；1904年与黄兴、宋教仁等创立华兴会，次年到日本东京参加同盟会，并担任同盟会的机关报《民报》的发行人与编辑。张继还担任过参议院议长、国民党宣传部长、司法院副院长、中央监察委员、国史馆馆长等职。

1902年的冬天，上海、南京、杭州等地学潮不断，《苏报》不失时机地开辟"学界风潮"专栏，不断报道各地学潮的消息，支持上海南洋公学、南京陆师学堂学生反对学校当局干涉言论自由引发的退学风潮，受到东南学界的注目，报纸的发行量直线上升。

说实话，起先陈范心里也有些担心，生怕《苏报》上的言论得罪清政府而找他的麻烦，没想到会得到租界工部局总办濮兰德等人的支持。濮兰德除任工部局的总办之外，他还是伦敦《泰晤士报》驻上海的撰稿人。在他的支持下，工部局多次找《苏报》撰稿人谈话："你们只是读书与批评，没有军火？如没有，官要捕你们，我们保护你们。"

陈范感到了租界的"保护圈"着实可以利用，于是稍稍安下心来。

1903年，《苏报》大量刊出张园集会上发表的演说稿及陈天华的《敬告湖南人》、《军国民教育会公约》等；4月中旬，又发表蔡元培的来稿《释"仇满"》。5月13日，《苏报》发表《敬告守旧诸君》："居今日而欲救吾同胞，舍革命外无他术，非革命不足以破坏，非破坏不足以建设，故革命实救中国之不二法门也。"

5月27日，陈范正式聘请爱国学社的学生章士钊担任《苏报》馆主笔。就在同一天，章士钊在《苏报》上发表了自己撰写的《论中国当道者皆革命党》。年轻的章士钊可谓初生牛犊不畏虎，对《苏报》进行大胆革新，使报纸的内容发生了根本性的变化，并由此结识了章太炎、张继、邹容，结拜为异姓兄弟。四兄弟中，章太炎、张继、邹容均有鼓动革命的书籍，章士钊想，即使现在自己写本书，也不一定能在短时间内完成，于是将日本人宫崎寅藏所作《三十三年落花梦》编译成《大革命家孙逸仙》一书，将孙之别名"中山樵"与姓氏连在一起，于是在1903年9月用"黄中黄"的笔名刊行，国内由此书而知道了孙中山。

陈范在经过短暂的紧张后毅然表示："本报恣君为之，无所顾忌"。6月1日，《苏报》宣布"本报大改良"，并于当天刊发章太炎《驳康有为论革命书》的节选，提出革命"如铁案之不可移"。次日，报首刊出启事，敬告读者，《苏报》将"学界风潮"移到头版"论说"后的显著位置，并增辟专门发表来稿的"舆论商榷"栏，明确提出"本报当恪守报馆为发表舆论之天职"，力图把《苏报》办成一个开放的公共论坛。时隔一日，又刊出启事，宣布加强"时事要闻"，减少"琐屑新闻"，并增设"特别要闻"，"间加按语"。

《苏报》的一连串的大动作张弛有度，如同一组连环拳，环环相扣。但

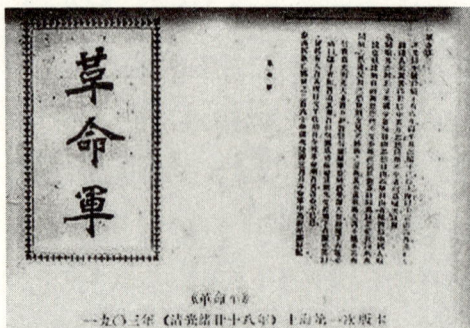

这似乎还是那件"大事"即将发生前的前奏曲。

6月9日，章士钊以"爱读革命军者"的笔名发表《读〈革命军〉》文，对少年邹容的《革命军》大加赞赏，称之为"今日国民教育之第一教科书"。并在"新书介绍"栏刊出《革命军》出版的广告："《革命军》凡七章，首绪论，次革命之原因，次革命之教育，次革命必剖清人种，次革命必先去奴隶之根性，次革命独立之大义，次结论，约二万言。章炳麟为之序。其宗旨专在驱除满族，光复中国。笔极犀利，文极沉痛，稍有种族思想者，读之当无不拔剑起舞，发冲眉竖。若能以此书普及四万万人之脑海，中国当兴也勃焉，是所望于读《革命军》者。"

6月20日，《苏报》在"新书介绍"栏推荐章太炎的《驳康有为论革命书》。22日，又发表论说《杀人主义》，有"杀尽胡儿才罢手"等激进的辞句。其论说被《中国日报》等报刊纷纷转载。

6月22日，两江总督魏光焘致电上海道台袁树勋，令其查禁爱国学社，并同时查拿邹容和章太炎等人。23日，湖广总督端方提醒魏光焘，在查禁爱国学社时不要漏了《苏报》。26日，江苏候补道俞明震奉命从南京赶到上海，协助袁树勋处理爱国学社以及《苏报》事宜，并点名捉拿邹容和章太炎。

魏光焘与湖广总督端方通电中告诉对方，他已要求工部局查禁

《苏报》。

6月26日，俞明震从南京到达上海，协助上海道袁树勋处理查禁爱国学社、《苏报》等事宜。他手中有一份拟定要抓捕的人员名单，《苏报》主笔章士钊却不在清政府要捉拿的人员黑名单上。据章士钊后来自己说，那是因为他的老师俞明震暗中庇护了他。章士钊是南京陆师学生，深受俞的赏识，虽然在1903年的学潮中，他带30多名同学集体退学，进入上海爱国学社，还曾多次在报上抨击俞明震，俞读了只是置之一笑。我觉得，此次章士钊未列入黑名单的另一个因素，是他只用笔名发表文章，外界不一定知道他的大名。

俞明震此时被两江总督魏光焘派为"查办大员"到了上海。其实，这个抓人差事还是他自己要来的，目的就在于怕这差事让其他官员来处理，就无法保护章太炎、吴稚晖（后改名吴敬恒）等人了。此外，俞明震很可能知道自己的儿子俞大纯和一批进步人士有来往，万一其他办案官员查出他儿子有问题，那他必然也会受牵连。想想还是自己亲临上海坐镇，能够掌握主动权。

俞明震一到上海，即去拜访陈范，陈找了一个理由而不见。俞明震又让儿子俞大纯约见了爱国学社教员、《苏报》重要撰稿人吴稚晖。俞大纯到过日本，和吴稚晖熟识。这回他也在上海陪着父亲，于是写了一封信，叫人送给吴稚晖，约他到大兴里7号见面。当晚吴稚晖和一个朋友同去，结果只见到了俞明震。俞将两江总督魏光焘的札饬（注：旧时官府上级对下级的训示、公文）挡住一半让吴稚晖过目。上面写着："逆犯蔡元培、吴敬恒（注：即吴稚晖），倡言革命，煽乱谋逆，着俞道会同上海道密拿，即行审实正法。"吴一看，后背一阵发凉，试探性地说："请先生照公事而行可矣。"俞明震微笑道："哪里哪里，笑话了。我想你最好多到外国去留学，将来可帮国家革新。"吴稚晖绝对接"翎子"，于是赶紧出逃去了法国。

而蔡元培因在半月前去了青岛则未受《苏报》案牵连。

6月27日起，《苏报》连续两天发表文章悼念一个多月前跳海自杀的留日学生陈海鲲。6月29日，《苏报》又在头版显著位置刊出章太炎《康有为与觉罗君之关系》（节选自《驳康有为论革命书》），以极富感染力的文采赞美革命："然则公理之未明，即以革命明之；旧俗之俱在，即以革命去之。革命非天雄大黄之猛剂，而实补泻兼备之良药矣。"甚至直呼光绪皇帝之名："载湉小丑，未辨菽麦。"说他与慈禧没有区别，都是"汉族的公仇"。

6月29日，经过多次密谋，在清政府的再三要求下，租界工部局终于发出对钱允生、程吉甫、陈叔畴、章太炎、邹容、龙积之、陈范等7人的拘票。其实，在这份名单上应该为6人，因为陈叔畴就是陈范。程吉甫是账房先生、钱允生不是《苏报》职员，与报馆刊发激烈言论毫无关系。龙积之则与唐才常自立军有关。（注：唐才常是自立军起义的主要领导人。戊戌变法失败后，他逃亡日本。1899年，唐得到康有为的2万元捐款启程回国，临行前孙中山、梁启超为他饯行。唐才常于这年的年末在上海公共租界成立了正气会，次年春，改名为"自立会"。自立军起义失败，清军破获自立军设在汉口的总机关，唐才常被捕，张之洞下令押至武昌天府庙杀害，时年33岁）。

要说这张拘票也来之不易。当时上海道台袁树勋知道要去捉拿的人都住在租界里，他比催他办此事的清驻沪商约大臣吕海寰清楚，清政府是不能直接派人进租界抓人的，所以一直拖着。吕海寰以为自己"叫不动"袁树勋，便向江苏巡抚恩寿求助，恩寿是袁树勋的顶头上师，立马给他下令，照会各国领事网开一面，允许他们进租界抓要犯。

此前，袁树勋还接到了两江总督魏光焘的指令，让他以清政府的名义向上海会审公廨控告《苏报》。袁树勋会见英国和美国驻沪领事，美驻沪领事会同各国领事商议后同意清政府派员进租界捕人，彼此都在协议上签字,也就有了这张拘票。

3. 章太炎、邹容"自投罗网"?

工部局在同意协拿的同时,关照袁树勋,抓人可以,但被抓的人必须在租界的会审公廨审判。(注:专门审理租界内的华人案件与无领事代表国家程件的审理机构,上海道台委派一人为理事,外国陪审官由英美驻沪领事担任)。假如事发租界之外,则与工部局无关。

一声"好的"之后,就有了震惊中外的《苏报》案的发生。

1903年6月29日下午,工部局巡捕房与上海道台派出的巡捕、警探一起进入《苏报》馆抓人,程吉甫先被捕。他们问:"陈范在吗?"在场的陈范心里纳闷,因报馆离巡捕房不远,那几个巡捕好像认识他,为何还要明知故问?陈范似乎明白了什么,便立即叫人说他不在,来者也未深究。傍晚,陈范让儿子到爱国学社转告章太炎"报馆出事了",章太炎只说知道了,并未离开。

* 叶瀚

第二天一早，章太炎与邹容在爱国学社刚起床，叶瀚就来报信，说他们的名字已经上了黑名单，劝他们赶紧外出避避风头。(注：叶瀚，1861年—1936，字浩吾，余杭人，1895年，在上海与汪康年创办《蒙学报》；1900年，在上海参加保皇活动；1902年，与蔡元培、章太炎等发起成立中国教育会) 章太炎谢过叶瀚之后，说自己不怕，叶瀚便走了。

当叶瀚刚走不久，捕探们就来到了爱国学社。当时章太炎和邹容都在里屋，听到外面的喧哗声，章太炎走出来看发生了什么事，一名巡捕亮出拘票："我们奉命来缉拿章太炎！"这个举动说明来者并不认识章太炎，倘若当时章太炎只要说一句："他不在。"兴许就能蒙混过关。可是，章太炎偏偏大声说自己就是，屋里没有别人了。在里屋的邹容闻听此言，也十分接"翎子"，迅即从后门溜之大吉。而章太炎却让巡捕给带走了。不久，钱允生和不在名单上的陈范之子陈仲彝在《女学报》馆被捕。而此刻陈范与女儿陈撷芬、陈信芳和姨太太一同去了日本。他原本以为儿子并不在黑名单之列，用不着躲避，岂料竟成了替罪羊。

邹容逃走后，由张继安排，将他藏在虹口的一位英国传教士家里。章太炎在巡捕房写信叫他和龙积之投案，龙积之当晚去巡捕房自首，邹容是

* 邹容

次日（7月1日）去租界四马路巡捕房投案的。因19岁的邹容个子不高，在巡捕房门口被当作小孩拦住。当邹容说："我就是你们要抓的写《革命军》的邹容"，连巡捕也愣住了。

邹容就这样从从容容地"进去"了。至此，除陈范外，名列拘票的其余5人全部被捕。

我的作家朋友、《档案春秋》副主编陆其国兄对章太炎让邹容去投案之举颇有微词。他在《畸形的繁荣——租界时期的上海》一书中是这样写的："章太炎素有'疯子'之称，他的刚直不阿，不事权贵，崇仰正义，保持独立人格的精神无疑是让人钦佩的，但他要邹容自首，我觉得真乃'疯子'之举，毫无道理。对此，章太炎是这样解释的'学社之争，仆与慰丹（即邹容）发之，《革命军》为慰丹所著，仆实序之，事相牵系，不比不行。仆即入狱，非有慰丹为之证明，则《革命军》之罪案，将并于我。是故以大义相招，期与分任，而慰丹亦以大义来赴。使慰丹不为仆事，亦岂愿自入陷阱者？'"

其国兄话锋一转，又写道，"这就有点让人匪夷所思，当巡捕冲入爱国学社抓人时，章太炎没有让邹容'大义来赴'共进捕房，可是当邹容一旦脱离魔爪，却又要他'自首'，而且这样做的目的又是那样站不住脚，仅仅出于'为之证明'两人'事相牵系'。我揣测，章太炎后来肯定也意识到他要邹容自首有欠明智，所以他又以这样一条理由来辩解'且租界警察网密难漏，假令匿而被捕，罪或加重，乃又彰其怯懦之名。为慰丹计，亦无算矣。'章太炎此言差矣，名为'为慰丹计'，实为你章太炎自己'算矣'！'算'你出了如此馊主意，日后不要为人落下口实。否则你即出此言，当初巡捕到爱国学社抓人时，你又何必暗示邹容逃走呢！勇于献身固然可敬，劝告邹容自首难辞其过。"

"苏报案"发生后，中外舆论震惊。7月1日，与《苏报》在革命还是改良问题上有着尖锐分歧的《中外日报》发表社论《近事概言》，抗议当局"与言者为难"。7月2日，上海英文《字林西报》发表社论，反对查禁《苏报》。

7月6日，湖广总督端方察觉有漏网之鱼，遂致电袁树勋、俞明震将吴稚晖缉捕归案，但此时吴稚晖已远走高飞。就在同一天，端方还密电两江总督魏光焘，通报俞明震的儿子俞大纯在日本留学期间，曾剪辫入革命军，要魏对俞明震不可不防，并转告袁树勋对俞明震多加留心。俞明震在7月15日"苏报案"第一次开庭当晚就离开上海，不再参与此案，之后也没有再做官。

俞明震对倡言革命的知识分子不无同情，是他透露了要抓人的信号。鲁迅先生在《朝花夕拾》中称赞他"是一个新党"，《鲁迅日记》中也多次提到他。现在看来，拘捕名单上没有吴稚晖、章士钊，并写了陈范的两个不同名号，似乎是有意的安排，如果章太炎与邹容想跑也是有机会的。

在章士钊主持下，《苏报》又继续出版了一星期，不仅刊出了《密拿新党连志》的消息，7月6日，还发表章太炎《狱中答新闻报记者书》。当时《新闻报》刊载该报记者所写的文章，其中不乏冷嘲热讽，章太炎在狱中看到报纸后，当即写下《狱中答新闻报记者书》。章太炎在文中坦然表示："吾辈书生，未有寸刃尺匕足与抗衡，相延入狱，志在流血，性分所定，上可以质皇天后土，下可以对四万万人矣。"他对新闻报记者说，"天命方新，来复不远，请看五十年后，铜像巍巍，立于云表者，为我还是为你，坐以待之"。

章士钊在两个月后回忆称："太炎此文送出监门时，是闰五月十一日，《苏报》犹作垂死挣扎，未被封禁。吾亲将该文揭之首栏，与《新闻报》对垒，恍惚为革命党消灾解毒，弥形得意。"

7月7日下午，《苏报》终于被查封。这一天的《苏报》已出版，《申报》

事先以《发封苏报》为题报道租界当局查封的经过。7月9日起，英文《上海泰晤士报》连续两天发表社论，反对"未断案而先封馆"，

上海道台袁树勋分别与英美驻沪领事商议，称《苏报》**"悍谬横肆，为患非小"**，要求立即封闭该报馆。《苏报》出版共7年零11天时被查封，最后一期报纸的连续发行号是2513。

章士钊在《苏报》被封仅一个月，就创办了《国民日日报》。

4. 中西新闻观以及司法的首次较量

从章太炎、邹容等被捕后，清政府就为引渡他们而与租界当局展开了一场马拉松式的艰难交涉。虽说清政府对章太炎、邹容两位积极宣传资产阶级民主革命思想的反清志士恨之入骨，欲置之死地而后快，但他们对租界内的人还不能为所欲为。因此清政府在"苏报案"一发生，便想将章太炎、邹容两人引渡到自己控制的范围内，为此派出了大批人员前来游说。

* 章太炎

慈禧太后对此案专门下过口谕，要求一定要将"苏报案"犯押到南京，凌迟处死。所以主办案件的官员一再要求引渡人犯，但租界当局为了维护自己在租界内的司法权益，没有同意。两江总督魏光焘关照江苏候补道台俞明霞，让他转告租界当局，只要同意引渡章太炎和邹容，清政府除送给巡捕房的酬劳费之外再加银子10万两。

魏光焘以为租界当局是他们清政府的官员了，只要行贿，啥事都能摆平，结果令他大失所望。他在肚里骂道："工部局的人脑子是不是出毛病了，白花花的大洋也解决不了问题？"那么，再给你一块肥肉——英美可以拥有沪宁铁路的特权，以换取引渡《苏报》案的要犯。

美国公使康格、总领事古纳等人秘密策划"移交中国官府惩办"，这样做又不损自己半根汗毛，以此一个"顺水人情"，还能从清政府那里换取更多的特权。但英国参赞认为，章太炎等人不应交与华官，以前上海道台既然与各国领事立有约章，现在就应照约办理；日本公使也认为不必拘人。只有俄、法两国同意将章太炎、邹容交于华官。

但是，租界当局为顾及自己的面子，又怕引渡章太炎、邹容之后会引火烧身，只得表示："租界事，应当在租界处理。"拒绝了清政府要求引渡章太炎、邹容的要求。清政府则退而求其次，要求审判章太炎与邹容等人。经过多次交涉，最终达成了协议，由租界会审公廨对章太炎与邹容等人进行审判。

"苏报案"于7月15日在租界会审公廨第一次开庭。上海租界当局将章太炎、邹容、程吉甫、钱允生、陈仲彝、龙积之提往浙江北路191号的会审公廨（注：1899年落成，第三次迁址于此）的额外公堂审讯。

在信奉绝对权力的清政府眼中，《苏报》激烈的革命言论，条条都是死罪。然而，在租界当局看来，发表文章、举行集会、批评政府都在言论自由的范围内，是公民的权利。即使有证据证明章太炎他们是有罪，按国际惯例对嫌犯也应该保护。英文《字林西报》刊发评论说："*外人在租界一日即有一日应得之权利，中国人在租界一日即有一日应受外人保护之权利，而华官固不得过问也。*"正因如此，工部局不仅拒绝了清政府的重金诱惑，还挫败了武力劫持的企图。

据称，上海道台袁树勋派了数百名清兵，准备见机将章太炎与邹等劫走。工部局巡捕房似乎觉察到不正常现象，当即作了严密防范。从福州路巡捕房押解章太炎等人到浙江北路的会审公廨乘的是马车，将被审判的人每人身边都有英国巡捕陪坐。前面有马车开道，马车上坐着佩剑的巡捕，后面也有护卫。在街巷隘口，都布置了巡捕站岗。如此严密的防范措施，让袁树勋不敢轻易下手，只好作罢。

那天，章太炎长发披肩，穿的衣服酷似僧人的袈裟；而邹容则剪掉了辫子，穿着西装，其他四人均着长衫出现在被告席上。

审判员由公廨谳员（注：审判定案）孙建臣、上海知县汪懋琨以及英国副领事迪比南共同组成，但实际上是迪比南说了算，其他两人只不过是个陪衬而已。

由于当时中国还没有自己的律师，原告方聘请了英国的古柏、哈华托作为自己一方的辩护律师，由哈同出资，革命党人为章太炎与邹容请了外国的博易、琼司为辩方律师。这与清朝在衙门内判案有所不同，县衙门判案时，县太爷等人在公堂内端坐于断案桌前，两边站立着手持水火棍的衙役，县太爷一拍惊堂木，抽出令牌往地上一扔，就能定被审判人的生死。西方法庭审理案子，原告与被告都有辩护律师，除审判员外，还设有公使团（即陪审团）与合议庭。可以这么说，"苏报案"不仅是中外新闻自由观的首次碰撞，也是中外司法的一次较量。

审判一开始，古柏宣读诉状，指控邹容的罪名是作《革命军》，极力鼓吹推翻当今国家政权，图谋不轨；指控章太炎的罪名是为邹容的《革命军》作序,而且自己又写了《驳康有为论革命书》,诋毁当今圣上,呼为小丑,犯上作乱。

作为主审官的孙建臣紧锁眉头,欲言又止。因为照大清法律,在庭审过程中,主审官如果允许谋反言词被当众重述,那么,他也要被治以重罪。所以在古柏读完诉状后,孙当即对章太炎等人说:"本官与尔等素无冤仇,切毋重复昔日逆乱之言!"也算是给自己打一下"预防针"。他的话引来旁听席上一片笑声,主审官不得不重复:"禁止喧哗,禁止喧哗!"

章太炎对于他的指控,解释说:"我之所以直呼皇帝名字,参照的是西律。而'载湉小丑'四字触犯清帝圣讳一语,我只知清帝乃满人,不知所谓圣讳,'小丑'两字本作'类'字或作'小孩子'解。苏报论说,与我无涉。"

孙建臣国学功底没章太炎深厚,被章太炎说得一时语塞,转而去逼问邹容,可邹容除了承认《革命军》是自己所著外,其余不置一词。另外4名被告未被问及一句,成了"陪审"。

7月21日午后,"苏报案"进入了第二次会审。代表清政府的古柏律师当庭提出请求:"朝廷正与租界当局交涉,在此项事宜尚未达成之前,不方便继续审理。"

博易当即质问:"古律师所请改期会讯,堂上不能允从。若云交涉事机,究与何人交涉,不妨指明。况《公共租界章程》,界内之事,应归公堂审理。现在原告究系何人?其为政府耶?抑江苏巡抚耶?上海道台耶?"

一瞬间场上静得出奇。博易又说:"请古律师回答这个问题。"

十几秒钟后古柏抛出一句:"我代表清政府!"

孙建臣一看这情形,马上出来解围:"古律师是奉清政府的指令担任原告律师的。章太炎与邹容是江苏巡抚奉上谕饬令拘拿的,我作为分府只有遵奉上宪札谕来行事。"说着当堂出示了清政府的札文。

博易律师不紧不慢地说："政府律师如不能指出章、邹等人所犯何罪，又不能指明交涉之事，视法律如儿戏，使本案失去了立案的前提，应请将此案立即注销。"

博易的搭档哈华托马上表示反对，说："仍俟政府将交涉事机议妥，然后择期会讯"。孙建臣及英总领事等人纷纷附和道："对对对，择期再审。"

于是章太炎与邹容等人又被押回了巡捕房。照例是每人身边坐着一名英国巡捕，前面有马车开道，后面有马车护卫，街上有不少路人站立等候一睹英雄的面容。章太炎等人哪像犯人，俨然是哪国元首来访的阵容。

那么，古柏所说的"朝廷正与租界当局交涉"是交涉什么呢？原来，在第一次开庭后，清政府便感到，若是这样审理的话，对章太炎和邹容的

"凌迟处死"肯定难以实现，于是请福开森出面周旋，再次与英美等国驻沪领事商议引渡事宜。

7月31日，"沈荩案"爆发，身陷铁窗的章太炎曾与沈荩有过交往，听到反清志士，也是新闻记者的沈荩被慈禧下令杖毙，他悲愤交集，写下了《狱中闻沈禹希见杀》："不见沈生久，江湖知隐沦。萧萧悲壮士，今在易京门。魑魅羞争焰，文章总断魂。中阴当待我，南北几新坟。"鲁迅先生在《关于太炎先生二三事》一文中，专门引用了章太炎的这首小诗。

8月23日，上海的爱国志士为沈荩举行了追悼大会，章太炎虽然因身陷囹圄而不能亲赴会场，但他秘密撰写了《祭沈禹希文》，托人带到会场，由章士钊在大会上宣读："不有死者，谁申民气？不有生者，谁复九州？"

5. 中国新闻史上第一位殉职的记者

由于沈荩之死直接影响到了"苏报案"，我在此应该对"沈荩案"稍作展开。

沈荩生于1872年，湖南善化（今长沙市）人，字愚溪，原名克诚，戊戌变法时，与谭嗣同、唐才常等人相交，认为湖南要实行革新，非有一番破坏不能奏效。变法失败后，他东渡日本留学。1900年春，沈荩回到上海，与唐才常等人共同组织革命组织"正气会"，随后又更名为"自立会"，任自立会干事。自立会总部设在汉口。为谋求"新造自立之国"，自立会还建立了以会党群众和清朝下层士兵为骨干的"自立军"，沈荩为右军统领。这一年的7月24日，沈荩决定在8月15日举行起义。不料，7月27日传来汉口起义失败、唐才常等主要领导人殉难的消息，他立即决定提前举行起义。28日晚，右军的新堤卫队营偷袭清军水师营，但起义最终还是失败。沈荩先辗转来到上海，随即又去了北京、天津等地。在天津，他受聘为"报馆访事"（注：即记者），同还时兼任一家日本报纸的通讯员，开始以记者的公开身份为掩护，继续从事反清活动。

当时的北京正处于八国联军的控制，由于沈荩擅长交际，很快便与八国联军的一些将士混熟了。北京各界名流听说沈荩认识许多外国人，纷纷前来与他交朋友。沈荩为了能从这些贵族口里探听到自己所要的消息，也尽量和他们打得火热。

1903年，沙俄背信弃义，不但拒不履行1902年《交收东三省条约》中分期撤兵的约定，还提出新的"七条"要求，强迫清政府接受。慈禧太后丧权辱国，欲与沙俄缔结《中俄密约》。沈荩从贵族口中得知中俄两国要签订密约的消息后，为阻止清政府的卖国行为，决心在签约之前把密约内容昭示天下。经过一番努力，沈荩最终通过政务处大臣王文韶之子搞到了《中俄密约》草稿的原文。他迅即将这份"草稿"寄给天津英文版的《新闻西报》。《新闻西报》收到后当即原文刊登，国内外各大报刊纷纷转载。

《中俄密约》的内容公诸于众后，国内外舆论一片哗然。日本一家报纸还出了专刊，引发了在东京的中国留学生对清政府的反抗情绪。而全国各地斥责清政府卖国行径声浪此起彼伏，清政府陷入了非常难堪的境地，在国内外强大舆论的压力下，不得不放弃签订《中俄密约》的计划。

《中俄密约》计划虽然搁浅，但清政府全力追查密约泄密原因的行动一刻也没停止。而此时的沈荩要"乘胜追击"，他找到旗人庆宽，说他想联络李莲英，干掉慈禧太后。并让庆宽请前翰林吴士钊次日晚上到他家共同商议此事。

难道沈荩不怕对方出卖自己？

其实，沈荩是有自己想法的。因为透露了《中俄密约》，他成了危险人物，庆宽与吴士钊哪敢公开承认同他有往来？顶多这件犯上的事办不成罢了，大不了再逃到上海去。岂料，庆宽找到吴士钊，把沈荩将要去做的干掉慈禧太后之事一说，两人立刻觉得此事非同小可，弄不好会引来杀身之祸，思前想后，最终决定联合向慈禧太后告发。

7月19日晚上，沈荩在北京寓所里还盼望着与庆宽和吴士钊"共谋大事"呢，结果等来的却是清兵的抓捕。

7月21日《大公报》刊出了沈荩被捕的消息，之后又连续刊发了7篇报道。

这个月是农历的六月，因光绪皇帝出生在此月，故六月被称为"万寿月"，刑部不行刑，再加上当时清政府正在操办慈禧太后的生辰庆典，所以刑部也显得较为清闲。可是，慈禧太后对沈荩恨得咬牙切齿，也不顾行刑会影响自己的"庆典"，气急败坏地下令："即日立杖毙。"

7月31日（农历六月初八），刑部大堂8名狱卒手拿特制的大木棍，准备行刑。沈荩面对狱卒，大声说道："快些了事！"于是，8名狱卒轮流捶打他的四肢和背部二百余下。沈荩被打得血肉横飞，"骨已如粉"，但他始终"未出一声"。这时，堂司以为沈荩已死，下令停止捶打。不想这时沈荩用微弱的声音说道："何以还不死？速用绳绞我……"见沈荩还没有死，堂司又下令"以绳勒其颈，而始气绝"。那年沈荩31岁，他也成了中国新闻史上第一位因揭露政府丑恶行径而遇害的记者。

对于沈荩残忍之死，8月4日的《大公报》是这样报道的："拿来刑部之沈荩，于初八日被刑，已志本报。兹闻是日入奏，请斩立决。因本月系万寿月，向不杀人。奉慈禧皇太后懿旨，改为立杖毙下。惟刑部因不行杖，此次特造一大木板。而行杖之法，又素不谙习。故打至二百余下，血肉飞裂，犹未至死。后不得已，始用绳紧系其颈，勒之而死。"

9月16日，《大公报》再发消息："当杖毙时，骨已如粉，未出一声。及至打毕，堂司以为毙矣。不意沈于阶下发声曰：何以还不死？速用绳绞我……"

清政府以极其残忍的酷刑处死沈荩后，《中国日报》发表唁文："沈君之死，鬼神为之号泣，志士为之饮血，各国公使为之震动，中西报纸为之传扬。是君虽死之日，犹生之年！"

据当年的《大公报》披露："探闻政府自杖毙沈荩后，各国公使夫人觐见皇太后时，谈及沈之冤抑，皇太后亦颇有悔意。已面谕廷臣，会党要严拿，万不可株连良善，致离人心，等语。近日政府十分和平，绝无不合公理之举。盖恐驻京各国公使啧有烦言也。"

也就在这个时候，英美政府明确电令其驻华公使，决不能满足清政府引渡"苏报案"政治犯的要求，理由是清政府严重践踏人权。原本想将章太炎、邹容"一日逮上海，二日发苏州，三日解南京，四日处极刑"的清政府，在9月10日不得不放弃引渡"苏报案"人犯的努力，只能希望通过西方法律来制裁章太炎与邹容等人了。

6.《苏报》案最终判决之后

1903年12月3日，旷日持久的"苏报案"第三次开庭。为避免再次出现会审时民众哄笑的尴尬场面，会审公廨特意设立了额外公堂，如此一来，社会人员就不能参加旁听了。而此时的主审官不再是孙建成，换成了上海县令汪懋琨。

以我看来，孙建成是名正言顺派到会审公廨的审判员，而汪懋琨为上海县令，也就是政府官员。诚然首次开庭时他就是与孙建成和英国副领事迪比南共同担任审判员，如今由他取代孙建成，唯一能解释的理由就是清政府对"苏报案"久久未能作出判决而着急了，让汪懋琨当主审官，一是级别提高了，二是不用再七转八拐，速战速决。

律师还是那四位，一边两位分别为自己的当事人辩护。原告律师古柏似乎老调重弹，指控章太炎与邹容"登报著书，扰乱人心"。被告律师要对方拿出"人心被扰乱"的真凭实据。双方唇枪舌剑，原告也拿不出新的证据，庭审又草草收场。

12月5日，"苏报案"第四次开庭。清政府的律师古柏首先开腔："章等扰乱人心之处，请阅之，其意欲将满人驱逐。此种重大之事，如华人尽听其语，天下岂不大乱？应严惩。"

汪懋琨补充道："应照华例究办。"

被告律师博易再作无罪辩护："章邹二人，系年轻学生，出于爱国之忧，并无谋反之意！"上海知县汪懋琨显得有些不耐烦："只要写今上一字，罪名足矣"。

控辩双方就有罪还是无罪的问题展开了激烈论战，最终仍无结论。

12月7日，失去耐心的汪懋琨单方面拟定判决：判章太炎、邹容终身监禁。结果被观审的英国副领事当庭否决。

此时，全国各地都在关注着这场特殊的官司进展过程。经过多次的法庭会审，案子迟迟没有宣判，这是清政府的代理人多次与额外公堂、英国领事疏通交涉的结果。

12月24日，在增加了一些罪证后，上海知县汪懋琨在额外公堂上宣布："章炳麟（太炎）作《訄书》并《〈革命军〉序》，又有《驳康有为》之一书，诬蔑朝廷，行同悖逆；邹容作《革命军》一书，谋为不轨，更为大逆不道。照律治罪，皆当出决。今逢万寿开科，广布皇仁，援照拟减，定为永远监禁，以杜乱萌，而靖人心。"

这个审判结果一出，自然引起了舆论的大哗，外界纷纷谴责，要求撤销"永远监禁"的判决。领事团也对此发生异议，各派意见不统一，因而相持不决。可公使团仍然认为证据不足，判决无效。当时有报载："捕头遂命将章、邹二犯送入提篮桥畔西狱收禁。"

转眼到了1904年2月，公使团方面表示，如果"苏报案"再不结案，那就要将在押嫌犯释放。汪懋琨一再表示："会抓紧的。"

其实，汪懋琨这个人还是不错的。他在1900年任上海知县时正逢京、津等地义和团运动兴起，八国联军入侵中国，上海华洋各商十分恐慌。汪懋琨与苏松太兵备道（简称上海道）余联沅会商，派员昼夜巡行。日俄战争时，俄军舰载大量溃兵至上海，在街上酗酒滋事，虽多方交涉，不能制止。汪懋琨毅然登舰，与俄将领据理力争。俄将领最终答应按中立国监护办法，缴枪纳械，约束部下，泊船黄浦江东岸，社会秩序始安定。

1904年5月21日，会审公廨对"苏报案"最后一次开庭，由上海县知事汪懋琨、谳员黄煊英、英国副领事德为门会同审问。当庭作出终审判决：钱允生、程吉甫无条件释放；陈仲彝被判"姑准交保寻父到案"也予释放；龙积之为"亦应省释"，他是取保后暂时释放，似乎留了一条"尾巴"，但龙积之暂释以后也没再"进去"。

　　"苏报案"的真正主角：章太炎被判监禁三年、邹容被判监禁二年，罚做苦工，刑期自上年到案之日起算，限满释放，驱逐出租界。历时将近一年的"苏报案"终于画上了句号。

　　审判宣布后，章太炎与邹容被转到了会审公廨的提篮桥监牢里。

　　狱中的狱吏大都是印度巡捕，他们头上缠着红布，满脸的络腮胡子，远远望去像黑炭，上海人便管他们叫"红头黑炭"。因上海话"黑炭"与"阿三"十分相似，久而久之，众人就将印度巡捕称作"红头阿三"了。

　　"红头阿三"对待囚犯十分残暴，可以随意殴打。你章太炎名气再响，"红头阿三"又弄不清楚，所以章太炎自然也被"吃过生活"，为此绝食了7天，以示反抗。章太炎被罚做裁缝活，工作之余，他想看看书，于是向狱吏提出要购买书，狱吏批准了。之后朋友来探监时便将《因明人正理论》、

《瑜珈师地论》、《成维识论》等佛教典籍带给章太炎,他在利用早晨与晚上的空闲,阅读和研究。

这些佛教典籍都是唐玄奘法师游学印度十余年后带回长安,并由玄奘译成汉字的。《瑜珈师地论》是瑜伽行派的根本论,把大小乘的教理行果全说清楚了,是佛教修行的集大成者。瑜伽行派的其它的论著可以说都是为学习这个根本论而作的简介和准备,玄奘法师当年西行取经,主要就是为了取得这部百卷《瑜珈师地论》。

《章炳麟自定年谱》中是这样记载的:"光绪三十年(1904年),三十七岁。入外人所置狱中。狱吏课以裁缝役作。友人或求纳致古籍,狱吏许之。始余尝观《因明入正理论》,在日本购得《瑜珈师地论》,烦扰未卒读,羁时友人来致;及是,并致金陵所刻《成唯识论》。役毕,晨夜研诵,乃悟大乘法义。威丹(注:邹容的字)不能读,年少剽急,卒以致病。"

邹容年少气盛,在狱中不堪忍受牢狱的折磨,终于病倒了。章太炎闻讯,多次向狱方提出让邹容保外就医。直到邹容病危之时,监狱当局才同意这个要求,可是为时已晚。1905年4月2日,也就是保外就医的头一天晚上,邹容服了工部局医生开的药之后,半夜里口吐鲜血而死亡,这离他结束监禁的日子只差70多天。章太炎抚摸着邹容的遗体,泪如泉涌,竟说不出一句话。

邹容死得有些蹊跷,引起了外界极大的关注。甚至有人怀疑邹容是被清政府勾结租界当局毒死的,上海舆论界把矛头直指租界当局,提出必须保障章太炎的人身安全。

租界当局也担心章太炎万一有个三长两短,事情就会变得更加复杂,于是相对改善了章太炎的待遇,被罚作裁缝的章太炎改派去为犯人分配饭食。章太炎得令跑得快,在狱中谁都知道这是一个美差。平日里,囚犯的伙食有着严格定量,但在厨房里的人可以近水楼台"揩揩油"。后来章太炎在《与篁溪书狱中事》中提及此事:"威丹既殁,白人稍善视余,使任执爨(注:烧火煮饭)之役,因得恣意啖食。余之生,威之死为之也。"

1906 年6 月29日,三年监禁刑期满了,章太炎终于重获自由。按惯例,他被送到了工部局的巡捕房,限令在 3 天内离开租界。当章太炎一跨出工部局的大门,蔡元培、叶瀚等十余人已在门外迎候,路人闻讯,纷纷驻足一睹英雄风采,倏然掌声四起。章太炎与孙中山从东京派来专程接他的人,当晚就乘日本邮船,第三次东渡扶桑。

章太炎一到日本后不久,7月15日,留日学生2 000余人在东京神田区锦辉馆为他举行了盛大的欢迎会。不久,章太炎就在同盟会会员孙毓筠的介绍下,加入了同盟会,并被委任为同盟会的机关报《民报》的主编。1909年,日本政府与清政府串通一气,禁止《民报》的出版,章太炎还曾被日本当局拘留过。

7. 章太炎、陈范的归宿与民国《暂行报律》

1912年元月,中华民国成立。此时,章太炎被张謇拉拢而脱离了同盟会,自立门户,组建了共和党,并担任总裁。他又发挥办报纸的功力,1月4日,在上海创办了共和党的机关报《大共和日报》,并担任主编。章太炎提出"报刊之天职为:倡言时弊,指责政府,评论约法。"

3月4日,南京临时政府内务部宣布废除清政府颁发的《大清报律》,在民国报律未颁布之前,先定《暂行报律》三章,通令各家报馆执行。此三章的内容为:1. 新闻、杂志出版要注册登记,否则不准发行;2. 流言煽惑,对于共和国体有破坏弊害着,除停止其出版外,其发行人、编辑人并坐以应得之罪、3. 报刊如"调查失事、污毁个人名誉",被污毁人可以要求更正,否则可以向法院起诉,得酌量科罚。

当《暂行报律》三章一公布,上海的中国报界俱进会立即致电孙中山,称"报界全体万难承认"。3月6日,上海各大报联名发表函电,认为《暂行报律》是牵制舆论枷锁。3月7日,章太炎在《大共和日报》上发表评说,逐一批驳《暂行报律》三章,对内务部所订的报律绝不承认。这篇《却还内务部所订报律议》还在《申报》、《新闻报》、同盟会的《民立报》上同时全文刊出,一时间,反对《暂行报律》的舆论哗然。

3月9日,孙中山通知内务部取消《暂行报律》。孙中山在命令中称:"言论自由,各国宪法所重。从善改恶,古人以为常师。该部所布暂行报律,即为经参议院议决,自无法律效力,不得以'暂行'两字谓可从权办理。"

由于此时袁世凯已当选为临时大总统,孙中山也向参政院提出辞呈。为了用法律形式约束袁世凯,孙中山在权力移交之前,还颁布了由参议院通过的《中华民国临时约法》,其中就有"人民有言论、著作、刊行及集会、结社之自由"。但袁世凯登上总统宝座后,根本就不按《临时约法》行事。

章太炎被袁世凯任命为总统府顾问。袁世凯当然知道章太炎的这张嘴厉害,便想了个法子让他不发声音。袁世凯对章太炎说:"由总统府拨款设立考文苑,这办学堂的事请你操办。"

章太炎一听非常高兴,立刻去筹备。可当他要经费时,却未得一文钱,也没有人搭理他。章太炎火冒三丈,当即去总统府找袁世凯问个究竟。章太炎手持一把团扇,扇子下面系着勋章,脚上穿着一双破的官靴,大摇大摆地来到总统府门前。

在我看来,章太炎使用这些"道具"自有他的目的。当他大呼小叫地要见袁世凯时,被看门的拦住,章太炎岂能买账?他在"苏报案"中的一条罪名就是骂光绪皇帝是小丑,你老袁算什么东西?照骂不误。袁世凯在高墙深院中是听不见章太炎开骂的，可大门外这番热闹惊动了不少人，这便是史上有名的"府门骂袁"。当时《申报》刊发的消息中称章太炎是"疯言疯语，大闹不休"。

要说袁世凯也是一个"打太极"的高手，你章太炎骂归骂，反正我老袁也没听见。把章软禁在钱粮胡同一大宅子里，好吃好喝待着，亲友和弟子也可前来探望，但就是不给他出门的自由，这就叫做"只进不出"。

那时，袁世凯为鼓吹帝制，北京的各大报纸（除日本人办的《顺天时报》给予冷嘲热讽外）都一致表示赞同。但是，上海的各大报纸（除御用的《亚细亚报》外）均表示反对。由于上海的报纸全都在租界出版，袁世凯十分关注。他平时要看这些报纸时，都由他的长子袁克定和总统府秘书长梁士诒先过目，经挑选后再呈于老袁阅读。倘若把现在刊登反对袁世凯帝制的上海报纸给袁世凯看，老袁兴许会对自己的行为"再三掂量"。他的长子与梁士诒想出一招，并立即赋予实施。

也亏梁士诒与袁克定想得出的，他俩每天把上海出版的《时报》反对帝制的电文改成"拥戴"，重新制版印刷后再一本正经地呈于袁世凯阅读。老袁每每阅读报纸，总是心花怒放。但有一天，老袁为《时报》竟"龙颜大怒"。何故？原来那日，袁世凯的朋友赵尔巽觐见，袁正在怀仁堂阅报，赵入楼寒暄片刻，随手将桌上的《时报》拿起来浏览。可谓不看不知道，一看吓一跳，他脱口而出，问此报与他家中订阅的《时报》内容怎么不一样？袁世凯闻听此言，大惑不解，当即叫人去赵家去拿《时报》来。

当赵尔巽家的《时报》取来时，袁世凯迫不及待地对着看起来。他当然也是不看不知道，一看吓一跳，他这里的《时报》果然与赵尔巽府上同一期的《时报》截然不同。袁世凯勃然大怒，立即找来长子袁克定责问，袁克定心慌不已，唯唯诺诺，答非所问。袁世凯立刻明白，儿子的这番举动业已证实自己所看的《时报》是假冒的。想想儿子和秘书长梁士诒也是为了取悦自己,真是用心良苦。此事于是便不了了之。

说过史上有名的假《时报》案后,让我们再回到章太炎这里。袁世凯对章太炎还真是宽容之极。章太炎连骂三年,每天大书"袁贼"二字。他喜欢用油炸花生米下酒,吃花生米时总要喊:"杀了'袁皇帝'的头。"在住所的门窗上桌上写满了"袁贼"。似乎还不过瘾,他又从后花园里挖树根,修理成人形,写上"袁世凯",再点火焚烧后埋进土里,随后手舞足蹈,大喊:"袁贼烧死啦!袁贼烧死啦!"

袁世凯真的死后,章太炎才结束软禁生活。1917年,章太炎参加了护法运动,(注:1917至1918年,以孙中山为首的资产阶级革命党人为维护临时约法、恢复国会,联合西南军阀共同进行了反对北洋军阀独裁统治的斗争,又称护法战争),任护法军政府秘书长;"五四"运动后,"既离民众,渐入颓唐"(鲁迅语),发对新文化运动。

到了1923年,章太炎又在上海创办了《华国》月刊,翌年与孙中山唱对台戏,反对"联俄、联共、扶助农工"三大政策和国共合作。他宣扬尊孔读经。有学者认为,当年章太炎因"苏报案"被监禁三年,在狱中读的佛教典籍影响了他的后半生。1936 年6 月14 日,章太炎在苏州寓所因病去世,终年69 岁。

《苏报》被封后。报馆馆主陈范侥幸逃脱,他带着女儿陈撷芬、陈信芳和两位姨太太逃往日本,但没有生活来源,日子过得非常清苦。在日本住了一段日子,陈范去了香港,他的两位姨太太改嫁,长子又出走,不知所终,可谓家破人亡、妻离子散。陈范曾作过这样的诗句:"坐对风烟殊旦暮,似闻歌哭满江湖"。

1905年夏天,陈范回到久别的上海。但清政府一直没忘记他,陈范被捕入狱。关押了一年多之后,1906年秋天才被保释出狱。出狱后的陈范先去浙江温州,之后去了湖南醴陵,住在该县知事、他的妹夫汪文溥那里。

直到辛亥革命后，结束了颠沛流离生活的陈范才回到上海，被聘为《太平洋报》主笔。他又在北京办《民主报》，自称"重操旧业"。那时，民国新建，不少人以功臣、元勋、志士自居，陈范却甘愿做一个默默无闻的共和国民，绝口不提自己当年倡言革命的辉煌历史和惨痛遭遇，更不想谋求一官半职。所以在1914年，柳亚子为陈范写传，其中有一段话是这么说的："时南都兴建，昔之亡人逋客，方济济庆弹冠，而先生布袍幅巾，萧然物外，绝口不道前事。"

这时在临时政府担任教育总长的蔡元培，回想起自己当年在上海创办爱国学社，并与陈范所办的《苏报》订约，由他与章太炎几名学社成员轮流撰稿的往事，感慨万千。《苏报》宛成了爱国学社的机关报刊，如果没有陈范，会有这样的结果吗？而如今，陈范妻离子散，晚景凄凉。每每想到此，蔡元培心情难以平静，为此，他曾多次要求民国政府发还被清政府没收的《苏报》和《女学报》的财产，以此来抚恤陈范和他在常州的寡媳孤孙。

蔡元培是尽心了，然而，他所提的要求却一直没有下文。陈范闻听之后，十分平静地说："请谢诸君，勿以我为念，养老之资现犹勉能，笔耕砚耨，聊免饥寒。吾辈正谊明道，非以计功利，岂容贪天之功为己力。"

章士钊对陈范曾有评语："苏报案"后，他亡命十年，困踬以终，不闻有何怨言。潮流中之长厚君子。"查清末革命史中，内地报纸以放言革命自甘灭亡者，《苏报》实为孤证。此既属前此所无，后此亦不能再有。"

陈范晚年孤身一人，在上海贫病交加，幼孙病故，两个女儿不在身边，1913年1月病故于沪上，年仅54岁。

行笔至此，我对陈范崇敬之情油然而生，眼前猛地浮现出当年汉口路上那间用玻璃隔成前后两间的苏报馆，陈范从胡璋手里买下《苏报》后苦心经营。他与儿子陈仲彝面对面坐在写字桌前侃侃而谈，他的女儿陈撷芬爽朗的笑声仍在屋内回荡，要不是她向父亲建议，请爱国学社成员来为《苏报》撰稿，日后也就不会有"苏报案"了，但前提是必须在陈范点头的之下。《苏报》形成了一个大舞台，让蔡元培、章太炎、邹容、章士钊等一批反清志士有了用武之地。可是，陈范的大名被章太炎和邹容显赫的名声盖住，抑或说是淹没了。我又反过来忖度：假如没有陈范，海派报业的发展进程会咋样呢？然而，没有这样的"假如"，历史业已给了陈范的定格，他在百年报业史上占着极其重要的位置。

诚如章士钊所言：《苏报》之名垂史册与陈范的追求是分不开的，他在百年报业史上自有其地位。

8. 哈同与福开森对待《苏报》案

在《苏报》案中，有两个外国人是不能忽视的，一个是当年沪上"地皮大王"哈同，另一个是买下《新闻报》的福开森。

犹太人欧司·爱伦·哈同1849年出生巴格达，幼年随父母在印度生活，他靠拾破烂、拣煤块为生。在上海开埠30年后的1873年，只身来到上海，那年他24岁，衣袋里只剩下6块光洋和一封舅舅写给沙逊洋行管事、同乡摩·亨利的信。他从黄浦江边孤零零的一幢三层楼木结构的洋房通过了检查后上了岸，那座洋房就是江海关。

哈同找到了犹太老乡开办的沙逊洋行，在摩·亨利的引荐下当了一名看门人。（注：沙逊洋行由英籍犹太人大卫·沙逊在1832年创办于印度孟买。他的长子阿拉伯特·沙逊继承父业，产业多置于印度，在上海也设有沙逊洋行，被称为老沙逊洋行；而他的次子伊利亚斯·沙逊自立门户，于1872年在孟买开设了新沙逊洋行，并于1877年在上海开设了新

＊ 清末江海关

沙逊洋行, 原址在仁记路, 今滇池路5 号）。哈同去的是老沙逊洋行。当时, 鸦片贸易是沙逊洋行的"大头", 但为改善洋行的形象, 沙逊洋行也开始做一些棉花和布匹生意。不到一年, 坐在门房间里的哈同已经听得懂上海话了, 并能说结结巴巴的上海话。这是他利用一切机会向洋行里的华人同事天天学习的结果, 他很为自己攻克了语言关而兴奋。

　　哈同常常看见门房外等候的客人坐立不安, 若离开一会惟恐轮到自己时自己不在, 那就得重新排队。哈同决定采取登记的办法, 他让客人在登记簿上先登记, 犹如现在银行发号码, 哈同根据登记簿上排队的客人, 由他指挥依次进入。有些客人为了赶在别人之前抢一笔生意, 会悄悄地塞一块洋钱给哈同, 目的就是想插队。当哈同第一次收到这种钱时还未搞懂是怎么回事, 之后, 他竟心安理得地笑纳。

* 哈同

那些宁肯多等些时间也不愿掏"插队"费的客人会与哈同聊天，哈同一方面练习语言，另一方面学习生意经。一次有位客户拿着房契要作抵押，换成银票去进货，等赚了钱再将房契赎回。哈同好奇地问这问那，他总算弄明白了，被抵押的房子至少值5 000银两，现在只换成500两银票，如果到期客户还不上，对不起，你的房子就归放贷者。当然，一般借款的人都能到期来还钱，但利息不少。等到哈同积累了一定数目的银两后，他也时常做起放贷生意，收取高额利息。

不过，哈同懂得必须以本职工作为主。他认为沙逊洋行可以做做这种生意，当他把这种想法告诉摩·亨利时，亨利很为自己的小同乡感到高兴。于是，亨利又向洋行的大班建议，沙逊洋行在这项业务上赚了一大笔。在摩·亨利的竭力推荐下，哈同于1874年底被破格提升为业务管事，成了摩·亨利的助手，并与他同坐一间写字间。

由于平时省吃俭用，加上外快，哈同很快就积攒了一笔财富，他用这些钱购买了一些零散的土地，并在这年的年末，花了400两银子，在外白渡桥虹口一侧附近买下一幢半旧的房子，至此，他离开了6人同住的那间棚屋。

哈同真正掘到的第一桶金是他得知跑马厅将迁址扩建的消息之后。当时公共租界到泥城路（今西藏中路为止），但工部局打擦边球——越界筑路。哈同在今天的人民广场附近事先低价收进不少房产，等到跑马厅扩建时，他的房子要被收购，类似如今的动迁，他获得的"动迁款"是他收进这些房产的N倍。他还坐着东洋车（**注：从日本引进的人力车，因车身漆成黄色，也被称作黄包车**），在静安寺附近买入大量的"危房旧屋"，当时有人觉得他脑子有问题，这些荒郊野地之处的房子白送给城里人都不要，你哈同竟然掏钱买下来？事后，那些曾嘲笑过哈同的人都后悔莫及，租界的越界筑路让静安寺也变得闹猛起来，哈同再将房产出售，他自己都无法算清究竟赚了多少银两。

1883年，讲着一口流利上海话的哈同在英驻沪领事馆办理手续，正式成为英国公民。第二年，中法战争爆发，中国军队接连挫败法军的攻势。上海的洋人卖了房子纷纷逃离，上海的房价因此暴跌。哈同却认为这是千载难逢的好机会，在联络了周围的一批犹太人低价收房的同时，他还建议沙逊洋行的大班不要撤离，而是抓住机会低价收购房产。他的想法最终勉强被接受，事实证明，哈同赢了。

那时清政府虽然在军事上取得了胜利，却为了"求太平"，竟与法国签订《中法和约》。洋人们又纷纷回到上海，这些人为了居住，不得不再重新买房。向谁买？当然是向沙逊洋行和哈同买。沙逊洋行在"一进一出"中赚了500万两银子，只奖励了哈同1000两，而他的职位仍原地踏步。不过，哈同在心里骂老沙逊的吝啬外，也有他的喜悦，因为他购买的房产就是今天的南京东路一带，后来逐渐发展为上海的商业金融中心，在数年间地价上涨千倍以上。

新沙逊洋行许诺给哈同高出老沙逊洋行一倍的薪水聘请哈同担任他们洋行的大班协办，并称大班即将调任香港，这个大班位子就是哈同的。哈同在1886年跳槽，去了新沙逊。也是在这一年，哈同在虹口的四卡子路（今鸭绿江路）附近遇到了一位卖花姑娘。当时在四卡子路上开着几家妓院，专门接待今东大名路沿黄浦江停泊的船上水手。这些被成为"咸水妹"的妓女常用买鲜花作掩护，她们每每问及外国水手"买花"吗？那些水手自然懂得"买花"的真正含义。

哈同遇到的买花女就是后来成为他太太的罗迦陵（注：原名罗俪蕤，现在的名字是她婚后的佛号）。当时罗迦陵问哈同"买花"吗？哈同只以为是买花女向他推销鲜花。后来买花女把哈同带回自己家，坐了许久的哈同只是直愣愣地看着买花女，而这个买花女也安分守己地坐着陪哈同聊天。35岁的哈同由此决定要娶罗迦陵。婚后，罗迦陵告诉哈同，那天第一次见面，她就认为眼前这个男人是她可以终生托付的。

遇到罗迦陵后不久，哈同便在自来水桥靠虹口一边买下的地皮上建造了一间公寓，并在1887年与罗迦陵结婚。（注：横跨苏州河的自来水桥为英商自来水公司建在今江西中路、江西北路之间，因桥侧架设自来水管而得名。原名为二摆渡桥，在1942年拆除）。同年，哈同被聘请为"公共租界工部局董事"，这是当时租界最高的荣誉职务。

之后哈同成立了自己的洋行，由于哈同在今河南路口到西藏路一带买了不少房地产，因交通不便的缘故，房价都滞涨。1898年，哈同告诉工部局，他将出60万两银子，要在一段近千米长的南京路铺上铁藜木！并于一个月后就开工，当400万块用沥青浸过的铁藜木"砖头"从印度运到上海，由数百名工人在南京路上开始铺设铁藜木时，《申报》、《新闻报》

等所有的报纸都进行跟踪报道,哈同成了家喻户晓的新闻人物。当时就有一首歌谣:"哈同,哈同,与众不同。看守门户,省吃俭用;攒钱铺路,造福大众。筑路,筑路,财源亨通。"马路修好以后,这一带的房价猛涨了10倍多。

　　1901年,罗迦陵结识了著名僧人黄宗仰(1865—1921,江苏常熟人,一名中央,别号乌目山僧,1884年出家为僧)。黄宗仰在罗迦陵住处讲授佛经,并被邀请为哈同与她设计一座带花园的别墅。1902年春,愤于清政府腐败的黄宗仰与章太炎、蔡元培等人成为朋友,当时蔡元培是上海南洋公学(上海交通大学的前身)的教授。美国人福开森是南洋公学的监院(校长)。

福开森1866年出生于加拿大，自幼随家移居美国；1886年毕业于波士顿大学，获文学学士学位后旋结婚；1888年来中国传教，曾任皇家亚洲会中国分会秘书和该会一本杂志的编辑；1897年辞去教会职务，与中国洋务派官员关系密切，是盛宣怀、端方的顾问；1899年购得《新闻报》股权，控制该报达30年。上海法租界曾有一条马路以他的名字命名为福开森路（今武康路）。

1902年，南洋公学的一个班级不满老师大骂学生而捉弄了这名老师，此人为福开森的亲信，福开森下令将全班学生统统记大过，并称要严查，一定要开除领头闹事的学生。蔡元培未等福开森开除学生，率领学生自行离开了学校。为此，他找到章太炎、吴稚晖等创办了爱国学社，准备让这批学生继续深造。但是这需要一大笔开支，这时已是哈同夫妇家座上宾的黄宗仰闻听此事，即找到哈同，并从哈同那里拿来5 000两银票，送给蔡元培，爱国学社得以开办。那些从南洋公学退学的学生转入到了那里。

黄宗仰为哈同夫妇设计的花园别墅，当时占地只有50多亩，1904年在涌泉路（今南京西路，现在的上海展览中心就是建在该花园别墅原址上）落成建成，取名为爱俪园。不过，人们习惯称它哈同花园。（该园在

1910年后扩建时又增加了100多亩地。经黄宗仰疏通,孙中山、蔡元培到过爱俪园,章太炎的婚礼也是在园中举行的。)

"苏报"案未发生前,清政府给上海道台打电报,要求查封《苏报》,并将章太炎和邹容抓捕凌迟处死。清政府还与福开森直接联系,通过他向工部局传话。与此同时,作为工部局董事的哈同表示发对,然而福开森为此积极奔走,哈同的反对未起作用,工部局还是下发了拘票。

当会审公廨将开庭审判章太炎、邹容等人时,又是哈同出资,由革命党人为章太炎等人聘请了两名律师进行辩护。福开森却让他买下的《新闻报》刊登羞辱章太炎的文章,这就有了章太炎的《狱中答新闻报记者书》一文。

应该说,哈同用不着与清政府作对,可他却明里暗里帮助革命党人。章太炎被判刑三年,邹容被判刑两年;平心而论,这与清政府要他们凌迟处死比起来,还算幸运的。在章太炎与邹容入狱后,经哈同的"打招呼",他们并未吃到大苦头。黄宗仰还带着《因明入正理论》、《成唯识论》等佛教典籍去狱中探望章太炎。

从1910年开始,哈同创立免费的哈同大学,美术大师徐悲鸿就是其中一名学生。此外,哈同还发起"工人识字运动"。1910年和1917年,江苏、河南等地发生水灾,他组建了"义赈会",半个多月就筹集了500多万元捐款。

作为中国通的福开森是北京博物院唯一外籍委员,被清政府赐了二品顶戴。福开森对中国文化兴趣浓烈,能说一口流利的南京话,特别热衷鉴别与收藏中国古董字画。移居北京后,他专门研究中国文化,还著书立说,专论中国艺术品和古代文物。他一生收藏了许多中国文物珍品,部分收藏品陈列于纽约大都会博物馆。(也有另一种说法,福开森廉价购买中国珍贵文物偷运出境,高价售给纽约博物院),1943年被日本人遣送回美国,1945年在波士顿去世。

同样都是外国人,哈同与福开森毕竟不是一路人。

第八章

《申报》进入史量才时代

1. 史量才曾任《时报》主笔

《时务报》开创了政治家办报的先河，接踵而至的是《苏报》，结果闹出了惊天动地的"苏报案"。史量才盘下《申报》后，明确宣告报纸的宗旨是："无党无偏、言论自由、为民喉舌"。他不接受任何政治势力的津贴，让报纸在经济上独立，政治上的自主，不听命于任何一个政治集团，不受官方或军阀操纵。

* 史量才

史量才，原名家修，字量才，1880年生于江苏江宁，后移居松江县泗泾镇（今上海市松江区），1901年考入杭州蚕学馆，毕业后在育才学堂、江南制造局兵工学堂、务本女校、南洋中学等校任教。1904年，史量才在上海创办女子蚕桑学堂，这是我国女子教育的第一所学堂。同时，他还到苏州等地开拓蚕桑事业。1908年，史量才开始涉足报业，他在《时报》做过兼职和专职主笔，也就是打那时起接触了近代报业。

《时报》创刊于1904年，创办者为江苏溧阳人狄葆贤。狄葆贤又名狄子平，最终改名为狄楚青。他早年中举人，之后到日本留学，是康有为的弟子。1904年夏，康有为和梁启超集资，在上海创办了《时报》。梁启超不便于出面，就以日本人名义为发行人。梁启超久居海外，1904年春秘密回沪，直接参与《时报》的筹办，还写了发刊词。《时报》便成了康有为与

* 当年在福州路、山东路口的《时报》馆

梁启超在国内的言论"窗口"。

当时《时报》的狄楚青在报馆辟出一个房间,作为报馆同仁和教育界、学术界等各界人士开展讨论、交流的平台。史量才积极参与,认为兴教育、办报纸、开民智是救国救民的重要途径。1908年后,狄楚青同康有为和梁启超关系疏远,转向江浙立宪派张謇等人。

张謇(1853—1926)字季直,号啬庵,江苏海门人,祖籍常熟。1904年,清政府授予他三品官衔。1912年南京政府成立,他任实业总长,1912年任北洋政府农商总长兼全国水利总长,后因目睹列强入侵,国事日非,毅然弃官,走上实业教育救国之路。

张謇曾受张之洞、李鸿章的赏识,请他如幕。但几十年的科举生涯使张謇对官场十分厌倦,他明确表示:"南不拜张,北不投李。"决定走经商之路。在张之洞的支持下,他在南通设立商务局,并创办了大生纱厂。张謇见家乡父老都跑到上海干苦力,而自己的纱厂又需要大量的棉花,于是在海门开办通海垦牧公司,租赁三万亩沙田,召回乡民开垦为棉田。纱厂在他的主持下迅速发展壮大。他一生创办了20多个企业,370多所学校,是中国近代著名的实业家、教育家。被称为"状元实业家"。

史量才当时叫史家修,颇受张謇赏识。包天笑在《追忆史量才》中写道:*史量才办事有决断,各方咸器重,张謇尤为倚重。史量才有今日,固由其才气志气之足以自展,张謇之功不可磨灭。一次,在有"民国助产婆"之誉的赵竹君家议事时,曾有人问张謇为何如此器重史量才?张答曰:"我是量才录用"。此后,史家修易名为"史量才"。*

辛亥革命爆发后,史量才参加江苏独立运动和南北议和会议等重要政治活动,曾被委任主持上海海关清理处处长及松江盐务局局长(四品官衔)。无论是海关清理处,还是后者,都能让人"迅速致富"。然而,史量才却对营私舞弊者疾恶如仇,常常拍着桌子训斥来疏通关系的人。一次,商界闻人虞洽卿等人在海关清理处，瞧见史量才拍着桌子，大声数落一名看上去蛮有身份的中年男子，便问身旁随从，拍桌子的是何人？随从摇头称不知。由于史量才心直口快，以致得罪了不少人；看到政界的黑暗，遂退出仕途而进入报界。

据史量才的内侄孙女庞荣棣所著的《申报魂》介绍：与史量才结婚6年的妻子庞明德在1911年4月生下一个漂亮的大胖儿子。同年，史量才又得佳人沈秋水，可谓"双喜临门"。

沈秋水原名沈慧芝，与大姐灵芝、二姐采芝并称四马路青楼上三朵花。三人中数慧芝最聪慧伶俐，琴技棋艺高超，堪称色艺双佳。曾被初遇恩客陶保骏相中，许下诺言：等北上军事行动结束后就来重金赎娶。陶走后，遇泗泾人钱有石和他的同乡史量才。钱家有良田三千，米店若干家，他十分迷恋慧芝，也许下重金赎娶诺言。可慧芝既不爱权也不爱财，偏偏对棋盘对手、琴上知音的史量才心生爱意，只是一直未表白。一日，来了一京城贝勒，也对慧芝这样的江南艺妓一见钟情，就把她赎走了。谁知，贝勒不久得病身亡，慧芝忍受不了王府福晋、格格们的辱骂，在一个月黑风高的夜晚逃离京城，回到四马路迎春坊。

不久，陶保骏北伐回来，应上海都督陈其美之邀，他不知是计，前去赴宴，行前将带来巨款军饷交慧芝收藏，不料，他的马车刚驶入上海都督府的小东门海防厅大院，就遭枪击，人被当场击毙。慧芝得知噩耗，惊恐不已。一日，史量才前往她那边，慧芝便将陶托藏巨款军饷事全盘托出，史量才对慧芝说："若有人来问，你就把钱交出去，没人问，就不要声张。你的安全，我会保护你。"就这样，慧芝连同巨款均委身于史量才。史量才纳娶慧芝后，给她易名沈秋水，租赁打铁浜的房子另住。后来，沈秋水入住史府，称为太太，主持家政，出面应酬一切；原配夫人庞明德被称为南京太太。儿子史咏赓呼生母庞明德为好妈，喊沈秋水为亲妈。一家人和睦相处，从未发生过口舌磨擦。史量才可谓人财两旺，令人艳羡。

《时报》有着自己的特色。尤其是1911年狄楚青独资经营以后，《时报》当然也要同《申报》别苗头。它在报界首先创出了"时评"专栏，这种时评是有针对性的，即对当天的重要新闻发短论，有时以"编者按"的形式，有时则以"编后语"的形式，大多为独立的短论。接着又开设了"北京特约通讯"，请北京的"独立撰稿人"为《时报》写京城的通讯，黄远生是第一个为《时报》写新闻通讯的人。

黄远生是江西九江人，出生于1885年，1902年中秀才，两年后为进士。黄远生选择了去日本留学，在早稻田大学法政系攻读法律。除了学会了日语之外，他还学习英语，并对时事政治颇感兴趣。1909年，作为海归的黄远生担任过邮传部员外郎、（注：清代管理交通邮电事务的机构，1906年设置）编译局纂修和法政讲习所讲员等职。1912年，黄远生创办与主编了《少年中国》周报，参与编辑《庸言》杂志。就在此前，他成为《时报》驻京特派记者，首创"北京特约通讯"体。

已经担任了《时报》主笔的史量才记住了黄远生。在他买下《申报》后将黄远生"挖"来，成了《申报》的驻京特派记者。史量才在《申报》上开设了深受读者欢迎的《远生通讯》专栏。黄远生不忘旧情，每月也给《时报》发一两篇通讯。

黄远生对新闻的理念是：叙述新闻事实务必恰如其分，应该客观报道。他认为记者应该做到能想、能跑、能听、能写。黄远生也的确"能写"，他擅长写作新闻通讯，四年间，写了40多万字的新闻作品。

说来也奇怪，黄远生曾建议袁世凯对新闻要加以控制，舆论要统一，但对袁世凯筹备称帝表示不满。当袁世凯任命他为《亚细亚报》上海版总撰述时，自己虽然十二万个不愿意，但也不敢违抗。袁世凯派人告诉他，如能为老袁撰写赞成帝制的文章，将酬谢10万元和一个部长的席位。

黄远生一开始想办法拖着，袁世凯却再三催逼，黄远生只得动笔，写了一篇"不痛不痒"的敷衍文章。袁世岂于是派人逼他重写。黄远生坚决不干，并在1915年秋逃出北京，准备到美国去。就在临行前，他做了一个令人惊叹的举动：在上海各报刊发《黄远生反对帝制并辞去袁系报纸聘约启事》，宣布自己与曾担任的《申报》驻京通讯员及上海《亚细亚报》总撰述，一概脱离关系。《申报》则把他的启事放在第一版报头左侧，以大字刊出，连续刊登了9天。

但《亚细亚报》在出版广告中仍将黄远生列为总撰述。黄远生只得于9月14日至20 日，继续在《申报》广告栏声明与《亚细亚报》划清界限。1915年10月24日，黄远生为躲避袁党的追逼，干脆乘日本邮轮离沪去了美国，孰料，这一去竟成了他的不归路。由于当时信息传递的速度慢，黄远生在上海各报刊发启事还未传到美国，或者说，即使已经传到了美国，知道的人也不多。因黄远生担任过《亚细亚报》上海版的总撰述，人们以为他是袁世凯的死党，12月25日，他在旧金山遭暗杀，年仅30岁。

1916年初，黄远生的遗骸安放在一具小型棺材内，外面裹着一层蓝色丝绒，由当时我国驻美公使顾维钧运回上海，并在上海开了十分隆重的追悼会。会后，亲属将黄远生的骨灰运回九江，安葬在庐山区莲花乡桂家垅之殷家坳山。他生前好友林志钧费尽心血搜集、整理、编辑了《远生遗著》一书，成为中国历史上最早的报刊通讯集。

2. 驻京记者邵飘萍与徐凌霄

皆因黄远生的英年早逝，"北京特约通讯"名存实亡。为补救这一大缺憾，邵飘萍和徐凌霄又先后被史量才聘为《申报》驻京记者。

这种驻京记者的方式是将本埠新闻向外省市延伸，虽不是史量才首创，却是史量才将其发扬光大的。其中成为《申报》驻京特派记者的邵飘萍是一位重量级的人物。

生于1886年的邵飘萍系浙江东阳人，原名邵振青，笔名飘萍、阿平，之后笔名名声为人稔知，索性就叫现在这个名字了。

邵飘萍12岁中秀才，1902年从家乡赶往杭州考入浙江高等学堂就读，与邵元冲、陈布雷等同窗。在这个时期，他与秋瑾和徐锡麟就有往来，并与秋瑾常常保持通信。1908年回到家乡，在金华中学任教，也就是在这个时候，邵飘萍经常向上海的《申报》投稿，被《申报》聘为特约通讯员。这是邵飘萍接触报纸的开始。

1911年中国爆发了反帝反封建的资产阶级民主革命。因该年以干支计为辛亥年，故称辛亥革命。它是在清王朝日益腐朽、帝国主义侵略进一步加深、中国民族资本主义初步成长的基础上发生的。其目的是推翻清朝的封建专制统治。领导这次革命的是中国资产阶级的政党同盟会及其领袖孙中山。这一年，邵飘萍在杭州与杭心斋合办《汉民日报》，他任

＊邵飘萍

主编。

邵飘萍近水楼台先得月，他在《汉民日报》上刊登自己所写抨击袁世凯独裁专制的檄文，因此遭被捕，在大牢里关了9个月。1914年，又因揭露袁世凯篡权阴谋，《汉民日报》被查封，邵飘萍逃亡日本避难。在日本，他利用这个"空档"，进入东京政法学校攻读法律。学习之余，邵飘萍与友人组成东京通讯社，向国内报纸发稿，其中就有《申报》。

1915年1月18日，刚从东京回任的日本驻华公使在拜见袁世凯时，突然抛出日本政府的对华二十一条要求，主要内容是：要求中国承认日本继承德国在山东的一切权益；山东省不得让与或租给他国；准许日本修建自烟台连接胶济路的铁路；山东各主要城市开放为商埠。要求中国承认日本在南满和内蒙古东部的特殊权利，日本人有居住往来和经营路矿产等项特权，不许其他国家介入；旅顺、大连的租借期限及南满、安奉两铁路期限均延长至99年。要求所有中国沿海港湾、岛屿概不租借或让给他国。要求中国政府聘用日本人为政治、军事、财政等顾问；中日合办警政和兵工厂，中国向日本采购一半以上的军械；武昌至南昌、南昌至杭州、南昌至潮州之间的铁路建筑权让与日本；日本在福建省有开矿、建筑海港、船厂及筑路的优先权；日本人在中国有传教之权，日本人经营的医院、寺庙及学校，在内地有土地所有权等……

邵飘萍获悉日本政府向袁世凯提出的"二十一条"内容后，立即向国内报纸发稿，《申报》随即全文刊登。尽管邵飘萍与袁世凯是冤家对头，但他也未曾想到，自己却帮了老袁的忙。

原来，袁世凯通过各种渠道了解到的信息显示，"二十一条"并没有经过日本御前会议（注：如果要动用武力必须经过御前会议），而是大隈重信内阁擅自采取的秘密行为。由此，袁世凯便有步骤地通过报纸及外交渠道将"二十一条"的内容透露出去，立刻成为纽约及伦敦媒体的头条新闻,让日本试图尽快结束同中国的秘密谈判没了秘密。

美国国务卿随即照会中日两国,声明美国对于中日两国所缔结的条约如果有违门户开放政策的话,将一概不予承认。国内民众在得知"二十一条"的消息后更是义愤填膺,国内外各界要求政府对日抗战的电报如雪片飞来,给当时谈判的双方代表都带来了极大的压力。日本在各方压力下自行取消了"所有中国沿海港湾、岛屿概不租借或让给他国"的一些条文,最后签订的实际上只有"十二条"。

1915年年底,邵飘萍回到上海,主持《时事新报》笔政,与此同时还为《申报》写稿。次年,袁世凯病逝,邵飘萍被史量才聘为《申报》驻京特派记者,开始撰写和刊发北京的通讯,两年间写了200多篇脍炙人口的"北京特约通讯",成为黄远生之后最负盛名的记者。

然而,邵飘萍的性格决定了他不愿"寄人篱下"。1918年夏,他在北京创办了新闻编译社,这是中国人在北京创办最早的通讯社。到了秋天,邵飘萍索性自己创办了《京报》。在《京报》馆,他自书"铁肩辣手"悬挂办公室中,以明己志。他主张新闻记者要"尽自己的天职、平社会之不平"。"铁肩担道义,辣手著文章"也成了他的座右铭。

1919年"五四"运动时,他在《京报》上揭露曹汝霖、陆宗舆、章宗祥的卖国罪行,触怒了段祺瑞政府,报纸因而被封,他本人被迫再次流亡日本。

1920年下半年,段祺瑞政府倒台,邵飘萍回到北京,恢复《京报》,并与徐宝璜一起在北大校长蔡元培的支持下,成立了"北大新闻学研究会",并开讲新闻采访课。毛泽东等共产党早期领导人均曾在"研究会"受教于他。后来毛泽东是这样评价他的:"特别是邵飘萍,对我帮助很大。他是新闻学会的讲师,是一个自由主义者,一个具有热烈理想和优良品质的人。1926年,他被张作霖杀害了。"

1925年，邵飘萍经李大钊、罗章龙的介绍秘密加入中国共产党。次年的4月26日凌晨，年仅40岁的《京报》创办人邵飘萍，被奉系军阀以"勾结赤俄，宣传赤化"罪名逮捕后杀害于北京天桥。有资料记载，称邵飘萍临刑时回头向监刑官拱拱手说："诸位免送！"然后仰天哈哈大笑。我认为是有这种可能的。

《申报》与邵飘萍这样一位有骨气的著名记者有着如此的特殊关系，也为海派报业留下了辉煌的一页！

另一位《申报》的驻京记者徐凌霄是在黄远生遇害后被史量才选中的。

徐凌霄为江苏宜兴人。其伯父徐致靖是康有为、梁启超维新变法的追行者，影响了他的人生观。1916年，徐凌霄担任了《申报》的驻京记者，他的文笔甚好，加上对一些政界要员的经历颇为熟悉，所以在撰写通讯时时不时地来点鲜为人知的"内幕新闻"，让读者交口称赞。正因为此，徐凌霄成了当时最出名的记者之一。

由于同为《申报》驻京记者，徐凌霄与邵飘萍相识，当邵飘萍创办《京报》时，他应邀担任了《京报》副刊的主编。徐凌霄于1961年在北京逝世。

3. 史量才吃了冤枉官司

史量才接办《申报》后，原来的老人马全被留用。与此同时，史量才将他"女子蚕校"的老员工王尧钦请来担任广告部主任、黄炎卿为庶务部主任，另聘冯子培为会计部主任，许灿庭为发行部主任。总主笔便是在《时报》首创"时评"体裁的陈景韩。

留日回来的陈景韩西装革履的,平日少言寡语,除喜欢写写小说外,空闲时还搞搞摄影。自称"视新闻为第二生命"的陈景韩对搓麻将情有独钟,天天乐此不疲。为聘请他,史量才还与《时报》的老板狄葆贤闹得不可开交。前面说过,史量才曾是该报的主笔,他的"新闻之路"就是从《时报》起步的。而此时陈景韩刚丧妻,平日就住在《时报》馆内,总主笔不在时,许多事都由他代劳。史量才愿以高出《时报》一倍的薪水,聘请陈景韩为《申报》总主笔,陈自然看得中第一大报的高位与高薪,于是欢欢喜喜地到《申报》走马上任去了。

狄葆贤得知自己的智囊被挖走后心中老大不快,立马去找史量才,一见面就骂他过河拆桥,还差点儿挥拳头。史量才赶忙赔不是,称自己刚接办《申报》,尚无办报经验,正缺行家里手,《时报》人才济济,走一个也无关紧要。在众人劝解下,据称是佛教徒的狄葆贤没再勉强陈景韩,陈的位子由包天笑顶上。(注:1919年,包天笑离去,狄葆贤再聘任陈景韩兼《时报》的总主笔)。

过了一段时日,史量才发现席子佩的经营管理能力已无法驾驭《申报》这艘巨轮了,便聘请圣约翰大学毕业的张竹平为经理。人与人到底是不一样的,尤其是能人。张竹平一上任,就设立了一个广告科。他规定广告科外勤人员不能坐在报馆守株待兔,而是要放下大报的架子,主动出击,到一家家洋行、商店、公司去洽谈广告。内勤则为客户撰写广告文字说明、设计图案,直到客户满意为止。

先有《申报》,后又《新闻报》,这是不争的事实。在市民口中,说到这两份报纸,自然会说"申新两报"。平心而论,《新闻报》虽说比《申报》晚出生21年,奋起直追的拼劲让它能与《申报》平起平坐了。因此,有时候市民也会说"新申两报"。对市民而言,"申新"也好,"新申"也罢,他们都没觉得什么,可是《新闻报》的总经理汪汉溪却十分看重"申新"、"新申"二字前后地位排列。此时,后来者居上的《新闻报》发行量已超过《申报》,因此,汪汉溪认为销量第一就应该是第一大报,两家报馆的地位排列必须是"新申"。如果客户不肯按此顺序排列,就宁可不登广告。

那些被《新闻报》拒之门外的广告客户就跑进对马路的《申报》馆。他们嘟嘟囔囔,从他们的言语中,张竹平听出了个大概,于是便热情备至地接待这些原《新闻报》的客户。当影院、剧团、游艺场客户埋怨《新闻报》天天把他们的广告放在角落里时,张竹平当场表示,可以根据他们的需要,将广告安排在醒目之处。

《申报》的广告迅速增长,也带动了报纸销量的扶摇直上。张竹平见广告科旗开得胜,便又决定成立"递送公司"与《新闻报》争抢送报的速

* 汉口路上的《新闻报》馆

度。为此，他买来了许多脚踏车，培训了一批报贩学骑脚踏车送报，其目的就是让订户一清早就能看到《申报》。可一段时间下来，张竹平觉得成本太高，就想和《新闻报》馆联合。这种理念绝对是先进的，假如报贩再送《新闻报》或其他什么报纸，他们的收入自然就增加了。孰料，汪汉溪非但不愿配合，反而打电话给"捷音派报公司"，称《申报》在跟他们公司抢饭碗，企图借外力搞一下《申报》，但未奏效。

张竹平也只能作罢，但为了节省成本，他在铅字上动起了脑筋。原先报纸正文用的是5号与6号字印刷的，张竹平搞出了介于5至6号字之间的新5号字模体，用新5号字印刷，能使每百字多排30字！试想，1 000字能"平白无故"增加300个字，同样一张报纸可以"多"登几条广告？在未添加成本的基础上，反而增加了收入，如此"一进一出"，成本不是降低了吗？这种"新5号字"的做法很快就被其他报馆仿效。自1913年冬，《申报》经理改聘张竹平后，产业在短期内迅猛发展。

1914年的一天，史量才接到公共租界会审公廨发来的一张传票。原来是被辞退的席子佩心生嫉恨，他找到《申报》的劲敌《新闻报》门上，向总经理汪汉溪倒苦水。因为之前的"申新"、"新申"的排名，以及被《申报》"弄走"一批广告客户，汪汉溪正心中郁闷，闻听席子佩的一番言语，便问席，当时有否卖出了《申报》的招牌？席子佩也是个聪明人，一经汪汉溪的提醒，顿时豁然开朗，于是就有了这张传票。

汪汉溪随后找到自己报馆的常年律师冯炳南，将事情经过一说，冯炳南想起前几年与商界闻人虞洽卿等人在海关清理处，自己曾被史量才拍桌子斥责过的情景，一直怀恨在心。于是，他代为延聘意籍名律师穆安素为席子佩的代理人。

1915年，席子佩向公审公廨提出起诉，说他卖出的是《申报》报馆产业，"申报"这两个字商标并未卖于史量才，因此史量才不得以"申报"名称出版报纸。官司打下来，结果史量才败诉。老史为了能继续出版《申报》，不得不又拿出24.5万两银付给席子佩，作为承购商标的费用。

席子佩以胜诉所获得的这笔钱，于1916年冬另行创办了一张《新申报》，王钝根被请来担任《新申报》副刊《小申报》的主编。王也是鸳鸯蝴蝶派的作家，但作品不多。由于席子佩对《新申报》的经营不善，办了一年多而停刊。晚年，席子佩回到朱家角，开办了阜丰碾米厂，最终在朱家角驾鹤西归。

其实，在官司还未开庭之前，史量才已经吃过一回苦头了。

那是史量才接到传票后，看看上面没有原告，也没有诉讼的缘由，甚感蹊跷，他立刻把陈景韩、张竹平找来商量对策。三人认为是席子佩在捣鬼，便决定不予理睬；同时，火速找一家洋商注册登记，把《申报》挂外国人的牌子，这样，会审公廨应该会客气些。这件事正操办中，会审公廨又发出了第二张传票，以拒传不到庭为由，欲拘捕史量才。

史量才在家避风头，呆了一日就有些坐不住了，便要外出去理发。他关照妻子沈秋水，除陈景韩、张竹平和叶养吾之外，不要将他的去向告诉其他人，随后坐上自家的黄包车，朝八仙桥青年会理发店而去。

冯炳南让家里的娘姨（保姆）用她嗲声嗲气的苏州话，冒充叶养吾的姨太太打电话给沈秋水，问询史量才的去向，沈秋水以为是叶养吾的姨太太，便如实相告。岂料，过后不久，自家的黄包车夫飞奔回来，说老爷理好发出来，就被两个巡捕带进警车开走了。沈秋水闻听此言，当场昏了过去。

徐静仁与史量才当年各主两淮盐政、松江盐政时的同业，素有深厚交情，闻讯后，冒着将自己两爿纱厂作抵押的风险，才将史量才赎出狱。

当史量才被罚赔24.5万银两的消息在望平街传开后，不少人为他鸣不平。史量才自然对如此不公的判决不服，决定申诉。黄公续之子黄伯惠向他推荐了英籍大律师麦克劳爵士，在麦克劳爵士的申辩下，史量才赢了官司，可最后只返回了一个零头4万银两。

1915年2月17日，《申报》馆发布了一则声明："本馆自接受后以及以前所有期票等现已完全收回以后，本馆银钱出入均由经理人签字，若只有本馆图章而未经经理人签字者，不能作凭。"这也意味着原先参股者业已全部退出，《申报》成了史量才独资所有。

4. 抓管理、建大楼、添设备

上海自有报纸以来，一直是账房间领导主笔房，用现在的话来说，即经理部领导编辑部。一开始，"主笔房"没有专门的记者，新闻来源大都靠访事人。这些所谓的访事人遍布各行各业，他们每天奔走于大街小巷，睁大着眼睛，拉长了耳朵，眼观六路，耳听八方。哪里发生火灾了，他们迅速记录下来送到报馆，消息一经刊出，他们就能获取稿酬。这些人也被称作"包打听"。类似现今的新闻报料人，不过与如今的报料人不同的是，他们必须自己写稿。

另一种新闻是"案子新闻"，即现今的"政法新闻"。消息来源租界的会审公廨、巡捕房、县衙门，即有访事人去这些地方"包打听"，也有这些地方的人士"送货上门"，无论是前者，还是后者，他们共同要做的事情就是抄案件，因此也被称为"抄案"。对报馆而言，访事人与"抄案"全都是供稿者，或者说是投稿者，仅此而已。

各家报馆一律由账房间说了算。账房间大权独揽，直接处理报馆的来往信件、广告、印报、发行。史量才买下《申报》之前的《申报》也摆脱不了这种办报模式。

当史量才接手《申报》后，他首先打破了这种模式。当然，这并非一蹴而就，也是经过一段时日才逐渐形成的。让我们来看史量才是如何完善业务管理机构的。

首先，在账房间与主笔房上面加一顶帽子，叫做"总管理处"。如此一来，账房间与主笔房平起平坐，不存在谁领导谁的问题，两边统统由"总管理处"来管理。在我看来，这个"总管理处"犹如现在报社的总编办公室。《申报》的"总管理处"只管下面四大块：一、把原先的账房间改为总务处，下设文牍处、稽核处、会计处，（在会计处下面设收款科与付款科）、庶务处与收发处；二、编辑部下设社评科、电讯科（附收电译电）、本埠科、国内科、国外科、教育科（附体育消息）、经济科（附商船消息）、副刊科、翻译科、采访科（附摄影）、校对科、图画特刊科、周刊科、图书参考科；三、营业部下设广告处、发行处、印刷处、月刊社、年鉴社、特种发行科（发行月刊、年鉴），以及新闻函授学校。

用现在的话来说，史量才狠抓"软件"建设。与此同时，他又抓"硬件"建设。为此他向日本购得单式轮转印刷机，这种印刷机每小时可印五六千份报纸。

经历了这番折腾，《申报》归了史量才个人所有。《申报》馆也成为史量才独家经营的企业。他自任总经理，并进一步向外扩展。申报馆房屋原本是一幢砖木结构的二层楼，位于上海公共租界中区望平街与汉口路的西南转角。（如今的门牌号码是汉口路309号，该楼已被列为上海市优秀近代建筑保护单位。现由解放日报社使用）报纸的迅速发展使得这幢"二层楼"显得跟不上《申报》的发展步伐，于是史量才下决心要盖一幢新大楼。

史量才重金聘请沪上著名设计师，设计一幢新的《申报》馆大楼，设计师根据平望街的地形，数易其稿，最终，一幢带有新古典主义装饰风格的近代欧式建筑的设计图便跃然纸上。史量才慢慢筹措资金，在拆除原有2层砖木结构老楼的基础上，从1916年下半年始至1918年完工，共耗资70余万银两，建起这幢带有新古典主义装饰风格的近代欧建筑。大楼是五层钢筋混凝土结构，共有100多个房间，占地面积736平方米，建筑面积3680平方米，外墙檐口下部和壁柱均有花纹。二层挑出阳台，栏杆美观，阳台座下也有装饰性的图案。报馆的底层是印刷厂，有排字房、铸字房、纸版房、铅板房及铜锌版制造工场等。二楼是营业厅。三楼是经理室、董事会、餐厅和会客厅。四五层有图书馆、校对室、照相间。编辑室则二、三、四层皆有。楼内还设有搬运货品的大型电梯，据称，这在当时的亚洲地区还不多见。这幢申报大楼为《申报》迈向现代化奠定了基础。它也成为中国近代报业发展史上的一个缩影。

1918年10月10日，《申报》馆举行隆重盛大的新大楼落成、乔迁典礼。望平街上锣鼓齐鸣，鞭炮震天，报馆大门口张灯结彩，望平街汉口路上站满了路人，无不啧啧称奇。在凿石刻出的"申报馆"三字的大门进入，就见营业大厅气派不凡，尤其是拱弧形平顶刻有精美的石膏榻花，美轮美奂。从大堂到五楼，所有楼梯两侧都摆放着一盆盆菊花，屋顶花园还有千姿百态的鲜花。

史量才还让张竹平事先印发了大量《申报馆纪念册》，纪念册上印着大楼从里到外的照片，并在这些照片上注上中、英文。即使未进《申报》馆的人，也有身临其境之感。那天，《申报》还特意加印了两大张用道林纸并套红的增刊。增刊上登满了各方赞美的祝词、贺诗，更少不了总主笔陈景韩的美文："漫拾级以叩扉兮，知群英之萃聚。凭朱栏而望全宇兮，忽念苌弘之碧血，一时不觉灯火为之失明，天地为之顿窄……"

当时站在屋顶花园可看到黄浦江。俯视对面汉口路则是外国坟山

（注：此坟山在1966年前后才被改建为黄浦体育馆），不知是哪位来宾脱口吟出"望洋兴叹，与鬼为邻"的句子，引来众人击掌称妙。

这里有一段小插曲。

还在申报大楼建造中的1917年，有一天，报馆的一名印刷工遇见史量才，告诉他"对马路的新闻报出事了。"

史量才不紧不慢地问："出了什么事？"

印刷工回答道："《新闻报》馆的一台旧的立式轮转印刷机出毛病了，请来德国和日本铜匠（注：当时一种对修机器的技师称呼）修了老半天，仍旧开不动。"

史量才："那又怎样呢？"

印刷工说："假使再修不好，他们报纸来不及印，说不定会请我们代印。"

史量才微微点头，赞许道："嗯，你虽说只是一位印刷工，却十分有经营头脑。"

史量才并未等到《新闻报》馆有人来请《申报》馆帮忙代印报纸，却闻听他们的印刷机让一名叫章锦林的中国铜匠给修好了。

印书报自然离不开印刷机，乘此机会，简略讲讲海派报业发展过程中的印刷业吧。

章锦林（1883—1962）浙江鄞县人，家境贫寒，18岁来上海学艺，曾在李涌昌机器厂、江南制造总局、商务印书馆等处做钳工、机修工。在商务印书馆时，他钻研进口印刷机构造技术，并萌发了自己制造印刷机的意向。1916年，他离开商务印书馆，自筹资金，创办了明精机器厂（**为解放后上海第二机床厂的前身**），带着几个徒弟，靠几台简陋设备，承接印刷机械修理业务。让《新闻报》馆几乎判了"死刑"的立式轮转印刷机起死回生，立刻成为当时一大轰动新闻。从此，章锦林和他的明精机器厂在上海滩名声大振。他借这股东风，不久便由维修改为制造，并陆续向市场推出四开、对开印刷机。其中落石架印刷机在1918年还出口到日本300余台，开创了中国印刷机出口的先例。

明精机器厂制造的印刷机械都很简单，但品种却不少，铅印机有手扳架铅印机、自来墨印机、半张纸手摇印版机、脚踏架印机及对开印版机等，彩印机品种有落铅皮打样机和小落石架印刷机等。此外，还生产一些手摇铸字机、三面切书机、裁纸机、铁丝订书机、脚踏打洞机、烫金字机、刨铅字机和名片机等20余种。

前面提到章锦林曾在李涌昌机器厂干过，说明李涌昌机器厂的出生年月要比章锦林创办厂子早。这是1895年，英商煤气公司安装工头李长根在上海创办的国内第一家从事印刷机械修理的工厂。1900年，该厂仿制成功国内第一台半张平面铅印机。到1912年，上海相继出现了公义昌、曹兴昌、协大、姚兴昌、姚金记和华荣泰等6家印刷机修配厂，开始仿制半张平面铅印机及脚踏架、石印架印刷机等简单的印刷机。到1931年，上海开办的印刷机修造厂已有34家，约占当时上海民族机器工厂总数的7%。

这是19世纪末，西方传教士的进入，以及受"提倡新学，兴办报刊"维新潮流的影响，使得上海民族印刷造纸机械工业迅速发展。

再来说史量才。他望着按报纸工作流程建造的新大楼，决定将从美国进口的最新式的何氏32卷筒轮转机安装在大楼底层。这种印报机分上下三层，同时可以印48页，轮转机转动时两边出报，并附有切纸机和折叠机，这种印报机每小时可以印报近5万份。

由于使用了当时最新式的轮转机印报，所用的纸张必须是新闻纸，当时全靠进口，因《申报》以及《新闻报》的用纸量巨大，我国也开始生产起新闻纸了。这种纸的特点是纸质松轻，且富有弹性，吸墨性能好，并且要有一定的强度。它不像普通的书写纸，书写纸有脆性，一拉就会断裂，而新闻纸能经得起轮转机在高速运转时的拉力。在印报时必须用印报油墨,之后,上海又诞生了专门生产油墨的工厂。是否可以这么认为,海派报业的发展也带动了中国民族工业的发展?

5. 美国总统发来贺电盛赞《申报》

史量才的《申报》面对的首先是袁世凯,这是一个新与旧、专制与共和对立、共存、交锋的大时代,《申报》必然要表明自己的立场。1914年,袁世凯为了钳制舆论而颁布《报纸条例》,该条例一出台即遭到各报的强烈反对。《申报》刊发时评,称"报纸天职有闻必录,取缔过严非尊重舆论之道,故应取宽大主义。"并陆续报道了北京新闻界反对该条例的消息。5月27日,《申报》再发表时评《自由平等与法律》,指出"权势之辈以蹂躏自由,严分等级为法律,是法律与自由平等不相容也。"

1915年7月,袁世凯授意的帝制闹剧愈演愈烈,《申报》连续发表时评批评复辟。自称"臣记者"的薛大可(注:在民国元年跟随杨度创办《亚细亚报》,该报被人称为"元勋报"。袁世凯登基,各团体上表称贺,薛大可在贺表中称自己为"臣记者"成了日后的笑柄。)携15万巨款来上海,找到《申报》,想谈合作事宜。史量才知道"臣记者"的底细,也十分清楚薛大可此行的目的,无非就是要让《申报》同流合污,因此断然予以拒绝。

为将这个信息"捅出去",9月3日,《申报》以答读者问方式刊出《本馆启事》:"按本馆同人,自民国二年十月二十日接受后,以至今日,所有股东,除盈余外,所有馆中办事人员及主笔等,除薪水分红外,从未受过他种机关或个人分文津贴及分文运动。此次有人携款十五万来沪运动报界,主张变更国体者,本馆亦必终守此志。再本报宗旨,以维持多数人当时切实之幸福为主,不事理论,不尚新奇,故每遇一事发生,必察真正人民之利害，秉良心以立论，始终如一，虽少急激之谈，并无反覆之调。此次筹安会之变更国体论，值此外患无已之时，国乱稍定之日，共和政体之下，无端自扰，有共和一日，是难赞同一日，特此布闻。申报经理部、主笔房同启。"

8月20日，梁启超反对帝制的《异哉所谓国体问题者》率先在《大中华》杂志第一卷第八期发表，立即轰动南北。9月9日，《申报》以大字标题、大块篇幅刊登介绍这一期《大中华》杂志的广告："国体问题发生，全国人应研究，本报梁任公主凡三篇，洋洋万言，切中今日情势，为关心时局者不可不读。"并附载三篇论文题目。第二天，《申报》连续两日全文转载了《异哉所谓国体问题者》一文，还加了编者按，称"筹安会中人闻之曾特至天津阻其发表"。

袁世凯在他长子袁克定等人的推波助澜下，甩掉了窃取来的大总统冠冕，换上了"洪宪皇帝"的顶戴。但1916年元旦，《申报》与上海各报仍用中华民国纪元，不用"洪宪元年"，直到1月12日，在当局强权命令下，才改用西历公元。《申报》在报头左边发了改用启事，广告天下。可到3月25日又改回"中华民国五年，西历公元1916年"，始终未用"洪宪元年"。幸好袁世凯仅做了83天皇帝，他还没来得及惩治不听话的报界，就一命呜呼了。史量才也算是逃过一劫。

1919年5月4日下午，北京大学、高等师范学校等13所学校的3 000多名学生，冲破军警的阻挠到天安门前集会演讲，后举行游行示威，提出"外争主权、内除国贼"、"取消二十一条"、"拒绝和约签字"等口号，同时要求惩办亲日派曹汝霖、章宗祥、陆宗舆。游行队伍向东交民巷进发，遭到使馆巡捕的阻拦，转而来到赵家楼胡同曹汝霖的住宅。学生冲入曹宅，曹汝霖急忙躲藏起来，正在该处的章宗祥受到学生痛打，曹宅也被焚烧，军警当场逮捕了30多名学生。北京学生实行罢课，通电全国表示抗议。这就是著名的"五四"运动。

当时在上海的孙中山对这场运动表示同情和支持。北京政府被迫于5月7日释放被捕学生，但又下达镇压学生运动的命令。6月3日北京各校学生分组出发到街头演讲；6月4日出动更多的学生进行宣传活动，两天内竟有近千学生遭逮捕，从而激起了全国人民更大的愤慨。上海人民首先起来，学生罢课，工人罢工，商人罢市，大力声援北京学生。特别是上海工人，从6月5日起发动了有六七万人参加的政治大罢工；南京、天津、杭州、济南、武汉、九江、芜湖等地工人，也都先后举行罢工和示威游行。北京政府为之震惊，不得不于6月6日释放全部被捕学生。10日宣布批准曹、章、陆三人辞职。28日，中国代表团拒绝在对德和约上签字。"五四"爱国运动胜利告一段落。

　　史量才站在申报大楼里关注着北京的这场声势浩大的"五四"运动。

* 声势浩大的"五四"运动

他关照总主笔陈景韩，《申报》上要连续刊发报道。陈景韩向来主张以新闻要有独立不偏的立场，他曾归纳采写新闻务必"确"、"速"、"博"，这个"三字方针"已经成为《申报》馆记者与编辑的守则，也为上海其他报馆所效仿。

由于史量才的一声令下，《申报》接连发表时评赞扬学生的爱国热情，反对当局镇压手无寸铁的学生。6月11日，陈独秀被捕。17日，《申报》发表杂评《北京之文字狱》，抨击北洋当局。6月13日，北京《晨报》、《北京日报》率先报道了陈独秀被捕的消息，全国舆论一片哗然。14日，上海《民国日报》全文发表陈独秀的《北京市民宣言》；15日发表《北京军警逮捕陈独秀黑暗势力猖獗》的述评："当此风潮初定，人心浮动之时，政府苟有悔过之诚心，不应对于国内最负盛名之新派学者，加以摧残，而惹起不幸之纠葛也。"同日，《时报》刊出《陈独秀被捕》时评。17日，《申报》刊载《北京之文字狱》杂评，尖锐指出"陈独秀之被捕，益世报之封禁，皆北京最近之文字狱也。"

值得一提的还有吴炳湘其人，7月25日，《申报》报道："尚幸警察总监吴炳湘，脑筋较为新颖，虽被军阀派多方威胁，及守旧派暗中怂恿，然其对于陈氏始终毫无苛待（当陈氏初被捕时，步军统领王怀庆即与吴争执权限，斯时陈最危险，盖一入彼之势力圈，即无生还之望，幸吴警监坚执不肯让步，故仍得留置警厅）。"

皆因史量才接办《申报》后的贡献，1919年10月，他在世界报业大会上当选为副会长。1921年，史量才在接待美国密苏里新闻学院院长、世界报界大会会长威廉博士和美国新闻家、万国报界联合会新闻调查委员会委员长格拉士一行的招待会上说："虽七年来政潮澎湃，《申报》的宗旨从未改变。孟子所谓：'贫贱不能移，富贵不能淫，威武不能屈'和格拉士所说的'报馆应有独立之精神'与本报宗旨正好符合。本报誓守此志，办报一年,即实行此志一年也。"

同年,大半生从事新闻事业的美国总统哈定发来贺电祝贺《申报》,称它"乃中国报纸之从最新新闻学进行者。"(注:哈定总统总是和蔼可亲且悠闲自在,具备一种吸引人的神秘魅力。他外形俊朗,性情随和,年轻时曾经组织过乐队并在全国大赛中取得优秀成绩。成人后与一位富商的女儿结婚,并在妻子的大力支持下,成为一名富豪。哈定的性格和外表为他的总统竞选加分不少,当时美国妇女刚刚被确认拥有选举全,于是这位外貌英俊的共和党成员获得了许多妇女的选票。他执政期间没有什么值得称道的建树,平庸的才能让后人对他颇为不屑,被称做"最平庸的美国人")。

11月,英国《泰晤士报》、《每日邮报》创办人北岩爵士到《申报》馆参观。北岩在《申报》馆的各个楼层缓步而行,当他看到一间一间十分气派的办公室,那些当时算是顶级设备的照相铜锌版车间,宽敞明亮的排字房、浇字房,还有藏书室、会议室、会客室时,已经感到了史量才的出手不凡;当他又看到员工餐厅以及带抽水马桶的卫生间、浴室、理发室和员工宿舍……更令他眼睛一亮的是弹子房,一张就是我们现在看到丁俊晖打斯诺克那种桌球台稳稳地立在房间中央。报馆内除了有载人的电梯外,还有直达地下室的专门货梯。印刷车间里是从美国进口的最新式的何氏32卷筒轮转机,报馆外还有专门运报的汽车,车身上"申报"二字格外醒目……看到这一切,北岩发出一番由衷的感叹:"世界幸福之所赖,莫如有完全独立之报馆,如贵报馆……"

1922年,世界报业泰斗北岩爵士去世,史量才悲痛无比,想起前不久北岩爵士还莅临《申报》馆,一席话语仍在耳畔回响。如今斯人已去,音容笑貌却挥之不去,史量才下定决心,要以北岩为楷模,把《申报》办得更出色。

6. 组建资料室,编撰书籍与年鉴

　　还在史量才刚接手《申报》不久,他就竭尽全力搜集前40年的《申报》。这可是一件麻烦事,当时的《申报》残缺不齐,就是席子佩买下《申报》后,也没重视报纸的收集,更不用说对新闻资料的收集。史量才一边在报馆内组建图书资料室,一边让特别支持收集和积累新闻资料的陈景韩在报上开设一个《老申报》副刊,请李嵩生来摘编选登一些早期的国内外旧闻,李嵩生格外起劲,他立即在报馆里寻找相关资料,但翻遍留存的《申报》后就感到失望,他甚至连《申报》是不是上海开埠以来最早的中文报刊也没法弄清楚。

　　于是史量才决定,在纪念《申报》创刊40周年之际,开展征集过去的旧《申报》活动。1913年3月17日,《申报》刊出《重金收买全份申报》广告:"**本馆现在有人托购自开办日至民国元年一日为止之《申报》一份,如有完备者或所缺不多者,请来本馆接洽,自有相当价值为酬,特此布告。**"

　　这则广告陆续刊登了21天,三周后,一位年过花甲的读者到《申报》馆,称自己从《申报》创刊第一天就开始收藏,至今40年来从未间断。这位读者叫张仲照,当时他看到《申报》上的广告,一天两天他没动静,一周两周后他有了想法,他认为《申报》馆能有这样的决心征集以往的报纸,说明报馆的馆主不同凡响,于是将自己自所珍藏的全套《申报》言明不要分文,慷慨赠送。

　　史量才喜出望外,他让运报车将这些宝贝快快运到《申报》馆来。之后,史量才专门到住在南市的张仲照先生家道谢。郑逸梅在《书报话旧》中写道:民国初年的《申报》存世无几,有一位张仲照先生,慨然将其所藏(创刊至辛亥年)《申报》义赠报馆,并题辞曰:"是报记载详备,立说纯正,日月无尽报亦无尽,吾老矣! 不幸一旦淹忽,儿孙辈安必持之恒而藏之慎，与其遗放散失，贻他日忧，孰若举而归之，俾与此报同永。"报馆"悬格访求"，几乎收齐了全部《申报》。

正是这套长达40年的旧《申报》，奠定了申报图书馆的根基，它连同此后图书馆每天收藏的《申报》，直至1949年5月停刊，历时77年。后来全套《申报》转到上海图书馆收藏。20世纪80年代还以它为基础出版了全套影印本。

1922年是《申报》创刊五十周年，也是史量才买下该报的第十个春秋，他决定《申报》馆借此机会，以回顾过去五十年的形式，编纂一部《最近之五十年》的大型纪念册，以补报纸记载之不足。史量才委托黄炎培担当此重任。

历经一年，由黄炎培主编的《最近之五十年》终于完成。全书数百万字，分成三编：第一编为"五十年来之世界"，内容涉及世界的科学、工业、农业、军事、宗教、哲学、卫生、交通等，作者有胡适、李大钊、马寅初、江亢虎、徐则陵等知名学者；第二编为 "五十年来之中国"，内容涉及中国的政治、军事、外交、经济、科学、贸易、法制、教育、文化、体育等各个方面，作者有梁启超、胡适、蔡元培、孙中山、江庸、张准、杨铨、廖世承等知名学者和人士；第三编为 "五十年来之新闻事业"，内容有世界新闻事业、世界报纸进化小史、西洋新闻纸杂谈、世界报界名人来华、申报馆之言论与感想、中国报纸进化小史、北方报纸事略、新闻纸之内外观、新闻事业与上海、新闻纸与广告、论报纸之生命以及申报五十年的沿革、编辑记者的回顾、馆役自述、对《申报》以往的观察和对将来之希望、《申报》五十周年纪念赠言及编辑余谈等，作者有谢福生、秦理斋、伍特公、熊少豪、周瘦鹃、黄协埙、陈景韩（陈冷）、吴鼎昌、邹恩润、丁文江等新闻界人士。

史量才与张謇、章太炎还为这部鸿篇巨制作序。这不仅是对《申报》十年来的一次总结，而且也是对中国、世界各方面历史的回顾。更重要的是保存了较为完整的史料,为后人留下真实、可信的社会记录。

值得一提的是,这部《最近之五十年》的首页上,在《申报》创始人美查夫妇像下,还印上了张仲照老先生的照片和他在捐赠全套《申报》时的留言。以示"俾与此报同永"。可见,史量才对《申报》创办人与资料保存者的敬重是同等的。

正因为史量才搜集并保存历史资料的大动作,为报馆以后编撰《申报年鉴》创造了不可替代的信息库。也就是那时起,《申报》组建了图书资料室,并指派了专人剪报,开始建立剪报资料库。当时采用的办法是先把报纸上所载材料分篇剪下,粘贴在同样大小的白纸上,然后按照内容分类,同一内容的资料告一段落或积得相当多了,就将其装订成册,加上封面,以便于长期保存和查阅。最初聘定的资料剪报人员中,就有戈公振荐引的周巍峙在内。

1932年为纪念《申报》创刊六十周年,史量才在《申报六十周年革新计划宣言》中宣布了12项革新计划,其中第11项是编辑出版《申报年鉴》。称"年鉴综集一年来我国内政治经济以至社会的主要事实,加以系统的叙述,附以各种重要的统计。每年出一巨册,即不啻为我国国情逐年的信使。"

编纂《申报年鉴》的工作从1932年7月开始,1933年4月首卷与读者见面。至1937年,共出版了四卷。每卷都有180多万字,史量才也当仁不让地为之写序。从现存的《申报年鉴》来看,内容有:国内纪事、本国土地、人口、党务、行政、立法、司法、考试、监察、国防、工业、农业、财政经济、水利、交通、教育、文化、学术、出版、新闻、科技、外交、宗教、海外侨情、都市现状、社会情形等,洋洋洒洒,可谓"集各种参考材料于一册"。

我特别留意第四卷介绍上海新闻事业的内容,其中有:上海之报纸。内分华文日报、华文晚报、儿童报纸、日文日报、英文日报、法文日报、德文日报、俄文日报等8类。上海各报销数表,包括1936年各报每日平均销数表和申新二报近十年销数比较表、上海各报附属的定期刊物表、上海小报一览表。除此之外,还有外埠报纸驻沪分馆表、上海的中外通讯社。在介绍上海报纸时,包括创刊时间、地点、沿革、主要负责人,甚至报社部门的负责人、发行量、副刊、附属刊物等都一一纳入其中。

《申报年鉴》除详细介绍上海新闻事业情况外,还介绍了全国的新闻事业以及与新闻事业相关的内容。其中有:各省市新闻纸及杂志历年登记数表、国内七市十二省篇幅在对开新闻纸一张以上之日报、豫鲁冀晋陕察绥各省之大张日报、香港及海外各地华侨日报调查、全国外人刊行各主要日报表、全国各省市新闻纸之登记及注销统计表、各省市地方登记新闻纸及杂志统计表、内政部办理出版品审查与著作物注册之经过、图书杂志审查办法等。

《中国新闻事业通史》称《申报年鉴》"是我国编制的最早的年鉴之一","年鉴所收入的各种资料今天成了珍贵的历史记录。一家私营报馆不惜耗费资金和人力,编制社会年鉴,实属有远见的文化建设。"

7. 戈公振与周巍峙在《申报》

戈公振是周巍峙的舅舅,名绍发,字春霆,1890生于江苏东台台城一"世代书香"之家,幼年聪慧,好学上进,1912年在陈星南主办的《东台日报》担任图画编辑,开始从事新闻工作。他1913年冬到上海,进入上海有正书局图画部当学徒,第二年由夏寅官介绍到《时报》馆工作,初任校对、助理编辑,后升任为总编辑,在《时报》前后工作了15年。1920年,他首创《图画时报》,使中国画报由石印跃入铜版印刷,揭开了中国画报史上

* 戈公振

崭新的一页。

　　1921 年 11 月，戈公振与曹谷冰、潘公展、严谔声、周孝庵等人发起成立了上海新闻记者联欢会，并担任了第一届会长。1924 年 7 月，顾维钧任北洋政府代总理期间，聘戈公振为国务院咨询。从 1925 年起，他先后在上海国民大学、南方大学、大夏大学、复旦大学的报学系或新闻学系，讲授新闻学和中国报学史，并联合这些高等学府的报学科学生，成立了上海报学社，从事新闻学术研究，为我国培养了一批新闻人才。他所著的《新闻学》、《中国报学史》等书，是中国最早的一批新闻学著作，为新闻学这门新兴学科在中国的发展，做了大量的开拓性的工作。而《中国报学史》代表了旧中国报刊史学术研究的最高水平，自 1927 年初版后，曾多次重印，并被译成日文在日本出版，是国内外公认的中国新闻史研究的奠基之作，至今还为这一领域的研究者所推崇。

　　从上述简单文字描写中，我们已经看到了戈公振"使中国画报由石印跃入铜版印刷"、"发起成立了上海新闻记者联欢会，并担任了第一届会长"、"成立上海报学社，从事新闻学术研究"的三个"第一"。

　　1927 年元月，戈公振自费出国考察欧美新闻业，在将近两年的时间里,他跑了英国、美国、法国、德国、瑞士、意大利和日本等国。1927年8月,戈公振应邀参加在瑞士举行的国际新闻专家会议,并在会上作了题为《新闻电费率与新闻检查法》的发言,引起了国际同行的热议。

戈公振于1928年年底回到上海,这位中国新闻史研究的开拓者和我国早期的新闻教育家被史量才聘为《申报》总经理助理。1930年5月,他"重操旧业",创办了《申报画刊周刊》,并担任主编。史量才聘请戈公振的另一个目的,就是想让他建立《申报》馆完备的管理制度。1931年,戈公振又担任了报馆总管理处设计处副主任。

"九一八"以后,抗日救亡运动兴起,当时,邹韬奋、杜重远、李公朴、毕云程等人筹办《生活日报》,约请他参加,后因国民党百般阻挠,报纸终未办成。打那时起,他便积极参加抗日救亡运动。

1932年,国际联盟派李顿调查团来我国东北和上海调查日本侵略中国真相,戈公振以记者身份随代表团去东北,冒死深入沈阳北大营,了解日军侵华情况,发回了大量通讯和文章;之后又随调查团去日内瓦参加国际联盟召开的日本侵略中国的特别大会。

1933年3月,戈公振向史量才道别。他辞去了《申报》馆的一切职务,以中央通讯社特派记者的身份,随中国首任驻苏大使颜惠庆去莫斯科访问,为国内报刊写了大量的通讯报道。当然,他难忘老东家,在发稿时对《申报》似乎格外照顾。后来他决定留在苏联,又为国内报刊写了不少当地的通讯。

1935年夏,戈公振接到邹韬奋发去的两次电报,邀他回国重新筹办《生活日报》,他即启程回沪。岂料,回沪不久便因阑尾炎住院,这种病要是放在现在也没啥大不了的,即使在当时,苏联的医疗水平对阑尾炎治疗也是绰绰有余。哪想到,戈公振竟然一病不起,邹韬奋闻讯立即赶到医院探视,戈公振让邹韬奋转告仍在苏联的侄子戈宝权,让他把《报学史》改成白话文，并把赴苏考察记接着写下去。10月22日，戈公振在沪病逝，年仅45岁。

周巍峙生于1916年，江苏东台人，音乐家、文艺理论家、编辑家、艺术教育家，曾任中国歌曲作者协会常务理事、八路军驻临汾办事处秘书、西北战地服务团主任、晋察冀边区音协主席等；解放战争期间，任华北联合大学文工团团长、中共张家口市委文委书记、晋察冀边区宣传部及华北人民政府文委委员；新中国成立后，历任文化部代部长、中国文联主席和名誉主席。那首"雄赳赳，气昂昂，跨过鸭绿江"的《中国人民志愿军战歌》，就是他谱的曲。上世纪30年代，因舅舅戈公振的关系，他去了《申报》馆。

2007年11月7日，《楚天都市报》记者周洁采访了当时为中国文联名誉主席的周巍峙。91岁的周巍峙谈兴甚浓，其中谈到了他当年在《申报》的往事。现摘录如下：

问：我看到您的简历上有个在《申报》做记者的经历，是我们的前辈。

* 周巍峙

周巍峙:(以下称"周")我在《申报》做过编辑、练习生、秘书。到《申报》我去过两次。一次是被开除,一次是因为裁员。

问:什么原因?

周:1931年,被《申报》开除是因我写文章。我家里非常穷,在《申报》馆当学徒,10块钱一个月,但是我要养四口人,父母和妹妹,不够用。那时就写点文章挣稿费,5毛钱一千字。大报登不了,我就投小报。报社老板以为小报都是下三烂,他在小报看到我写的文章,训斥道:"你在《申报》这个大报馆,怎么给小报写文章。算了,你走吧。"我掉头就走。因为我没偷人抢人的,有什么罪,掉头就走了。

问:那怎么又回去了呢?

周:我的舅舅戈公振在《申报》馆,他是真正的名记者,中国报业创始人之一。他在《申报》搞改革,出国考察回国后,知道我被开除了,当年又把我吸收进去,在《申报》图画周刊部当秘书。老板史量才当时思想有些进步,但作为一个资本家,还是很克扣的。所以我们一部分小职员就签名要求年底发双薪。名单送到史量才那里,双薪是发了,他却记恨在心,到"八一三"淞沪抗战,他借口打仗裁员,把我辞退了。

问:辞退的理由呢?

周:理由是说我"这么年轻,还穿西装(笑)。"史先生从来不穿西装。我在上海穷的时候,穿的都是旧西装,到冬天,没有棉袍棉袄,里面穿个西装,外面穿长衫过冬。

问:烽火岁月,记者都会有好多笔名。您取过多少个笔名?

周:笔名有骏伯、何立山、歼夷、惕然、志静,包括周巍峙。

问:您那个"歼夷",有什么讲究?

周:1931年"九一八",日本侵占中国东三省,取名"歼夷",意为打倒日本帝国主义。当时,世界列强为了争夺在东三省的利益,故作姿态,于

1932年春组成"国际联盟调查团"去东北"视察"。我随戈公振在该团中国代表处工作,任宣传干事,负责接待和组织报刊记者采访工作,想随团去东北采访日军罪行。后来,日本限制中国代表处只去5个人,我这个小萝卜头怎上得去。因在东北私自密查日军暴行,戈公振被捕了。那时候很乱的,做记者要不怕险。

问:不怕险的精神也贯穿了您的革命生涯?

周:是的。在上海做抗日救亡工作时,要深入工人、店员、学生中,做宣传教育活动,还要参加游行等等,常常有被捕的可能。有时出外做传达工作时,组织上会派二人远远地跟着,了解是否被捕或遇到其他危险。1938年,我奉命率团开抵处于扼敌咽喉的模范抗日根据地晋察冀边区,在炮火中战斗了5年半。危险是常常遇到的,要是怕,就无法工作,也没法生存。

问:想必"巍峙"这个名字也有讲究?

周:毛泽东还开过玩笑。那是1963年1月,我们组织了一场用民族民间形式演唱革命内容的音乐会,我陪同他看音乐会。从休息室出来,毛主席对我说:"哦,巍峙、巍峙,你的名字还有点个人英雄主义的味道啊。"当时的文化部副部长夏衍很紧张,连忙解释:"他是与旧社会对峙,不是和新社会对峙。"

问:您当时不紧张?

周:不紧张。我又没做错事,主席是开玩笑嘛(笑)。

8. 收购《新闻报》股权引发风波

如今,人们对"收购、兼并"、"报业集团"之类的词语早已耳熟能详,

* 当年的史公馆

可在上世纪二三十年代,史量才就做过这种尝试。不过,有的是他主动出击,有的则是他被动进行的。

史量才的住宅位于哈同路9号(今铜仁路257号),沿马路的大门上镶嵌着"SLZ"的铜字,这是史量才姓名英文的第一个字母。带花园的史公馆建筑面积2 494平方米,园地面积2 276平方米,公馆四周有一圈高高的院墙,住宅高三层,二层有粗大的立克壁柱,廊厅很宽敞,整幢房子的廊厅地面和楼梯及扶手都采用米色花纹的大理石。庭院显得小巧玲珑,种植了各种花草树木,其中两棵槐树是史量才亲手种的。在院内还布置了假山和喷泉。史公馆既有西方建筑的柱式、壁炉、装饰等,又在门前布置了雄伟的石狮。在住宅旁还有一座中式建筑的小红楼，这是史家的经堂和存放祖先牌位的地方。

1928年初，创刊于1926年6月的天津《庸报》创办人董显光匆匆赶到上海史公馆，他恳求史量才向他伸援手。史量才知道，毕业于美国哥伦比亚大学的董显光，曾用笔名向上海英文《米勒氏评论报》写通讯和时评，《庸报》是他受吴佩孚之命创办的。

董显光告诉史量才，在北方有《益士报》、《大公报》、《庸报》和《商报》四大日报。《庸报》一直徘徊在三四位，报纸办了两年多，现在已到了撑不下去的局面，他直截了当地请史量才出资担任董事长。史量才马上想起了去年张竹平买下《时事新报》的事。

《时事新报》创刊于1911年5月18日，前身为1907年12月5日在上海创刊的《时事报》和1908年2月创刊的《舆论日报》。两报于1909年合并，定名为《舆论时事报》。1911年5月18日改名《时事新报》，由汪诒年任经理。

1918年3月4日，《时事新报》创办了副刊《学灯》，先后担任编辑的有张东荪、匡僧、俞颂华、郭虞裳、宗白华、李石岑、郑振铎、柯一岑、朱隐青、潘光旦、钱沧硕等人。在这年的年底，第一次译载外国文学作品，1919年4月始发表新文学作品，同年 6月起辟"社会问题"、"妇女问题"、"劳动问题"等专栏，成为"五四"时期新文艺创作的重要阵地之一。

郭沫若首先就是在《学灯》上发表诗作《抱和儿浴博多湾中》、《鹭鹚》、《死的诱惑》的。他在《创造十年》一文中说："从而得到了一个诗的创作爆发期。"沈雁冰也是在《学灯》上发表他的第一篇白话翻译小说契诃夫的《在家里》。

在《学灯》上发表著译的作者先后有：周作人、康白情、张闻天、沈雁冰、宗白华、叶圣陶、郭沫若、沈泽民、成仿吾、田汉、胡怀琛、胡适、鲁迅、郑振铎、王独清、刘延陵、许地山、王统照、郁达夫、冰心、谢六逸、俞平伯、胡梦华、徐志摩、顾仲起、施蛰存等。

《时事新报》在新闻业务上也有自己的闪光点。它首创了报纸新的分栏，将每版改为8栏和12栏，这种分栏做法为其它报纸效仿，也影响到了外埠的一些报纸。1920年，该报首先设立了本埠专职记者，从而一改过去新闻被雇佣的访员所垄断的尴尬局面。尤其是创设专版的模式，在1913年前后，《时事新报》把分散在各版的教育新闻集中到一起，编为《教育界》专版。之后也就有了《学灯》副刊。

1927年8月，《时事新报》由于经费拮据，卖给了合记公司，这个公司是由《申报》经理张竹平自己开设的。在更早的1924年，张竹平创办了自己的申时电讯社，这个电讯社就设在《申报》馆内。史量才觉得张竹平的申时电讯社也能为《申报》发稿，加上要留住张竹平，也就同意了它的存在。

当时陈景韩与张竹平是史量才的左右臂膀，陈景韩管编辑部，张竹平负责经营。这回张竹平盘下了《时事新报》，似乎给出了一个他想自己独立的信号。

史量才对《庸报》的创办人董显光说出那个"行"字时，其实心中已经有了"谱"。不久，史量才不仅向天津的《庸报》拨给巨款（用现在话说，叫注资），还从上海运去新的印报机。1928年的8月1日，天津的《庸报》成为上海《申报》馆附属报纸，由史量才任董事长，董显光任总经理、张竹平任副董事长兼副总经理。

张竹平对史量才的宽宏大量十分感激，他不辱使命，将《申报》的一套做法移植到《庸报》，在报上首创体育版，受到大批体育爱好者的喜爱。总之，《庸报》起死回生了。

对史量才来说，1928年注定是热闹的一年。这不，《新闻报》新大楼在《申报》馆对面的汉口路落成，噼噼啪啪的鞭炮声在望平街口上炸响，这些年来，他一直为与自己的对手竞争呕心沥血。

当年买下《新闻报》的美国人福开森聘请汪汉溪为总经理，汪汉溪把《新闻报》办成了商业经济报，发行量超过了《申报》。由于福开森后来被清政府授予"二品顶戴"，又是之后北洋政府和民国政府的行政院的顾问等，他的中心点已转向北京。

可以这么讲，《新闻报》的大小事务都由汪汉溪操办的，甚至让毕业于圣约翰大学的长子汪伯奇辞职，到《新闻报》来当总协理，帮助他一起办报。1923年，汪汉溪大病不起，他又让在铁路公司干得好好的次子汪仲韦辞职，到《新闻报》来协助哥哥。并再三嘱咐两个儿子，要永远服务于福开森老板，并称没有福开森，就没有他的今天。

虽说福开森这个老板对自己的报纸实在不用操什么心，但报馆新大楼落成启用这样的大事,他是一定要来的。当他从北京来到上海出席《新闻报》馆大楼落成典礼时,发现上海建起了国民党市党部的新闻检查所,对各大报纸在未刊登新闻之前就要予以检查,若碰到政府认为不合时宜的稿子一律不许刊登,即使已经上了版面的,也要拉下来。像《申报》遇到已上版面的稿件被新闻检查所扣押,史量才索性就让报纸开"天窗"。

当福开森一旦知道"新闻检查所"后,当即决定将《新闻报》的股权抛掉。他自然想到了汪汉溪一家两代人为《新闻报》耗尽心血,于是决定以最低价40万元,将股权售给汪氏兄弟。可是当他将这项决定告诉汪伯奇和汪仲韦时,汪氏兄弟俩表示要遵循父亲的遗愿,绝不会买下《新闻报》的股权,他们要"终生服务于福老"。

作为一个西方人,福开森无法理解东方人知恩图报的决心。他一再表示,友情归友情,生意归生意,这并不矛盾。然而,他无论怎样说,汪氏兄弟就是不肯买下《新闻报》的股权,在这种情形下,福开森决定将手上的股权卖给其他人。

就在此时,董显光听说了这一消息,立即告诉了史量才。史量才以为自己听错了,当确认后,他让董显光立即回天津,再去北京找福开森洽谈。史量才千叮咛,万嘱咐,要董显光注意保密,万一让他人知道了,《申报》馆就有可能得不到《新闻报》的股权了。

董显光得令,马上动身先到天津,随后前往北京,找到福开森。当他将来意一说,福开森知道史量才的《申报》,当即表示同意。接下来就是谈价钱,也没经几轮回合,最终以70万元成交。董显光将此消息电告史量才,史量才让董显光就以这个价与福开森签订协议。

1929年1月初,福开森前来上海,同史量才办理了交割手续。至此,史量才买下了《新闻报》65%的股权,岂料竟引发了一场震动新闻界的股权风波。

作为《新闻报》的老板，福开森在卖出报馆65%的股权后，自然要向汪伯奇和汪仲韦通报。汪氏兄弟闻听如此重大之事，也没法怪罪福开森，因为福老板的这杯酒是先敬他们的。然而，现在生米已经煮成熟饭，在后悔之余只能召开最后一次股东大会，向股东们通报。福开森在股东会上将事情的经过一说，股东们怒气冲天，七嘴八舌，在大骂史量才的同时，也指桑骂槐。坐在会议桌前的福开森当然心知肚明，他先尽量解释，之后又默不作声，好不容易熬到股东会议结束，他立马乘火车回北京了。

《新闻报》馆新大楼内贴出了"反对秘密收买股权"、"防止阴谋兼并"等大字标语。1月14日，《新闻报》在头版显要位置刊出《本馆全体同人紧要宣言》，与其并排的位置同时刊登《上海特别市指委会致本报函》（指委会全称是：国民党市党部指挥委员会）："对该反动分子等反动分子不能容忍，特予警告。将于函到两星期内将该项落于反动分子手中之股票悉数收回，并将经过情形详细具复，若故意违抗，本会自有严厉处置。"史量才明白了，原本十分正常的股权收购，竟会掀起轩然大波，就是国民党市党部在插手。

还在1928年，蒋介石建立起了新闻检查制度，上海报界是全国的舆论中心，上海市党部指派淞沪警厅政治部主任挂帅，每天派专人把关，命令各大报馆每日必须将校样送新闻检查所审查，惟有新闻检查所加"准登放行证"，报馆才能开机印报。假如遇到已经编好的稿件未获新闻检查所检查通过，报纸原先准备刊登的稿件位置必须用相同篇幅的文字补上，否则就要"开天窗"。一些报纸为应付这种突如其来的"空白"，会事先做好各种尺寸的广告锌版"补白"。有时也会出现"天窗"大，而补上去的广告小，在版面上就会出现这条广告的两边或者四周留出老大的空白，十分不协调，明眼人一看便知这儿原是"天窗"的位置。

史量才遇到报馆稿件被新闻检查所扣押，他让《申报》就"开天窗"，以示无声的抗议。之后,新闻检查所又实施向各大报馆派员指导,《申报》拒绝。史量才说,《申报》从未拿过政府分文,何况言论自由,要你来干什么?结果史量才赢了,但与国民党市党部也结了仇。此次收买《新闻报》股权,正好给了冤家一次报仇的机会。史量才权衡利弊,考虑再三,决定退出《新闻报》15%的股权,也让将要成为他属下的《新闻报》同人有个台阶下。一场波及全国的反新闻托拉斯风波就此平息。

史量才把汪伯奇、汪仲韦和一些《新闻报》部分中层管理人员请到自己的家里,向他们宣布,董事长由他的学生吴蕴斋担任。他不干涉《新闻报》的行政、言论,报馆原有人马先前干什么的,现在还干什么,尤其是对汪氏兄弟表示:"我要仰仗二位的经验与能力,请你们帮我把报纸办好。"直到1934年史量才被暗杀,他都没有踏进《新闻报》馆的大门。

当时一位《新闻报》的员工代表有些担忧,他问:"此事有无军阀操纵?"史量才显得十分平静地回答说:"至于军阀问题,我想,国有国格,报有报格,人有人格,我史量才办报历来主张言论独立,岂能受军阀反动分子操纵?"

在我看来,因为史量才的办报宗旨与国民党当局新闻控制的政策相悖,一家《申报》就已让他们头痛不已,倘若让你史量才再掌控《新闻报》,使两张有着重要影响力的大报"合二为一",当局怎么会容忍史量才有更大的话语权?

9. 不得不说的几件大事

1930年5月,《申报》总主笔陈景韩向史量才递交辞呈,虽说史量才竭力挽留,陈景韩称自己厌倦了长达26年的报业生涯,去意已决。就这样,他离开了自己工作了18年的《申报》馆。(注：陈景韩离开《申报》的第二年，国民党当局邀请他担任中央党部宣传部长，被他谢绝。以后他担任了中兴煤矿公司的董事长。1945年，在离开《申报》15年后，他又回到了《申报》馆。翌年，《申报》成立新董事会，他任常务董事兼发行人，一直到1949年5月《申报》停刊。解放后，他曾任上海市政协委员)。

1930年的冬天，《申报》馆的另一员大将张竹平也辞职了，这位报馆经理为《申报》立下过汗马功劳，如今他要自立门户。其实，张竹平在三年前买下《时事新报》时，他想自己单干的愿望已经初露端倪。尽管史量才掌控天津的《庸报》后让张竹平担任副董事长，现在张竹平要走，史量才知道，这与陈景韩一样，你再挽留也无济于事。不过，史量才对张竹平把《申报》的经理协理汪英宾也一起带走，做了《时事新报》的经理而感到老大不快。

生于1897年的汪英宾在中学时代就显露了办报刊的才华。1914年至1917年，他在上海青年会中学和青年会附属中学上学，期间，他与朋友朱应鹏创办了晨光画社，并主编《晨光杂志》。中学毕业后考入上海圣约翰大学政治系，1920年毕业后进入《申报》馆，被史量才提拔为经理协理。

1921年，美国密苏里大学新闻学院院长、世界报界大会会长威廉博士到《申报》馆参观，汪英宾负责接待，由此萌生想去密苏里新闻学院深造的念头。史量才得知后，决定以报馆的名义，让汪英宾出国深造。后来，汪英宾在美国密苏里大学新闻学院的英文硕士毕业论文《中国本土报纸的兴起》，成了中国历史上第一本记述中国新闻史的专著。汪英宾在论文的扉页上写着："献给史量才先生"。我想，无论是过去还是当今，单位向跳槽者追回"培训费"是天经地义的，但史量才并没有这样做。(注：汪英宾于1935年离开《时事新报》，去政府交通部门工作，直至1947年才重返报界，任《大公报》设计委员；1950年担任圣约翰大学新闻系教授，1952

年院系调整时调入复旦大学新闻系任教,1971年病逝)。

张竹平虽说离开了《申报》,却没有离开望平街,他在报馆街上办自己的《时事新报》和申时电讯社。不久又与他人合作,接办了英文日报《大陆报》,两年后又创办了《大晚报》,这样,张竹平就有了"三报一社"。他聘请了上海滩大亨杜月笙做董事长,自己则担任各社的总经理,实行集资经营与联合办公,倒是一次报业走向集团化的尝试。1934年,张竹平以申时电讯社的名义,出版了《报学季刊》和《申时社十周年纪念》专刊。至此,张竹平雄心勃勃,在第二年准备实施他的在中国建立报业集团的计划。岂料,这个计划非但未能实现,张竹平的"三报一社"全部财产被孔祥熙所收买,他改任了联合广告公司的董事长,从此退出了报界。

言归正传。史量才面对自己的两个左臂右膀在一年内相继离开,他除了惊诧之余,就是要面对现实,《申报》这艘巨轮还得劈波斩浪朝前航行。于是他迅即重组班底,起用了年轻的马荫良为经理。聘陈彬龢为总主笔,(注:陈彬龢1897—1945,江苏吴县人。曾用名乐素素、昌蔚、松轩。1917年到上海,任仓圭明智大学附属小学教师,二十年代去北方担任中俄大学总务长、天津南开学校总务长等职;因参加1926年3月18日的反帝爱国运动遭段祺瑞政府通缉。1928年,他与日本驻沪总领事馆的岩井英一拉上关系,并在日本特务支持下编辑出版《日本研究》)。史量才还成立了《申报》总管理处,自任总经理兼总管处主任,马荫良兼副主任,陶行知任总管处顾问,由黄炎培任设计部主任、戈公振为副主任兼总经理助理。

常言道,好事变成坏事,坏事也能变成好事。长期主持《申报》言论,以稳健著称的陈景韩走后,史量才开始强调时评要指陈时弊,要尽报人天职,监督政府,启迪国民。这一时期《申报》连续发表了一些影响较大的时评。1931年9月1日,《申报六十周年纪念宣言》中明确表示:"肩荷此社会先驱,推进时代之重责"。

这年的9月18日，爆发了"九一八"事变第二天，《申报》就以醒目标题刊出《日军大举侵略东三省》等新闻，并以大量篇幅登载了80余条战地消息，其中一半是《申报》记者第一手采访所得，同时还发表时评《国人疾速猛醒奋起》。

11月29日，第三党领袖邓演达被蒋介石下令秘密杀害于南京麒麟门外沙子岗。12月19日，宋庆龄得知这一消息，起草了《国民党不再是一个革命集团》宣言，大骂蒋介石。当晚，史量才在上海日报社说："这是孙夫人亲自签名要求发表的，不是报纸造谣，我们没有不登的道理。"第二天，除《民国日报》外，《申报》和上海各大日报几乎都在显著位置刊登了这一宣言。蒋介石看后不知骂了多少个"娘希匹"。

* 邓演达

邓演达（1895—1931），广东惠州客家人，早年加入中国同盟会，1919年毕业于保定陆军军官学校。第一次国共合作期间，他拥护孙中山三大政策，是著名国民党左派，1925年任黄埔军校教育长，1926年1月当选为国民党"二大"候补中央执行委员，同年7月任国民革命军总政治部主任、随军北伐，指挥攻克武昌。他曾被国民党二届三中全会选为中央执行委员、中央政治委员会委员、中央军委主席团成员和中央农民部部长。"四一二"反革命政变后，他力主东征讨蒋，1927年11月1日，与宋庆龄等在莫斯科发表《对中国及世界革命民众的宣言》，声明继承孙中山遗志，坚持反帝反封建。他1930年5月回国，8月，在上海格罗希路大福里（今延庆路29弄1—21号），将1927年成立的中华革命党改组为中国国民党临时行动委员会，任中央总干事，试图建立第三种政治势力；9月1日又创办和主编《革命行动》，主张在中国建立以农工为中心的平民政权，宣传反帝反封建反蒋；11月在上海成立黄埔革命同学会，联系黄埔各期同学，策动反蒋。1931年8月17日，邓演达在上海愚园路主持开办中国国民党临时行动委员会的干部训练班，以培训反蒋力量，因叛徒告密，被上海租界巡捕逮捕，次日解往上海龙华警备司令部。8月21日，蒋介石下令将他押解南京。

时隔两个多月，11月8日，蒋介石召集上海商界、银行界、报界、实业界、出版界、教育界的头面人物到南京，第二天的《申报》刊发如下报道："各界领袖昨晚应召入京、今晨谒蒋主席即晚返沪。蒋主席为征询民众对和平、外交、建设各项问题意见，特派黄仁霖来沪邀各界领袖赴京。闻被邀者计有商界王晓籁、虞洽卿，银行界李馥荪、徐新六、陈光甫、钱新之，教育界刘湛恩、欧元怀，报界史量才、汪伯奇、戈公振，以及穆藕初、刘鸿生、黄任之（注：即黄炎培）等20人。即于昨晚由路局特备专车附挂与京沪夜车驶京，定于今晨晋谒蒋主席后，当晚仍备车返。"

不久便传出枪杆子与笔杆子的对话。报人徐铸成在他的《报海旧闻》一书中曾提及此事："我曾听说，蒋对《申报》和史不满，已非一日。当时也在上海地方协会挂名的杜月笙曾拉史到南京见蒋，企图调和他们的'矛盾'，谈话并不融洽，蒋最后说：把我搞火了，我手下有一百万兵！史冷然回答说：我手下也有一百万读者。听说，不久就发生了沪杭公路这一血案。"

　　我注意到，徐铸成是"曾听说"。而当时一起参加"召见"的黄炎培所著的《八十年来》中记下了这段往事："有一天，蒋召史量才和我去南京，谈话甚洽。临别，史握蒋手慷慨地说：你手握几十万大军，我有申、新两报几十万读者，你我合作还有什么问题！蒋立即变了脸色。"

　　我认为，黄炎培是亲历者，他所记述的内容更接近实际情况，即使当时史量才说了这番话，蒋介石怎么会同他"一般见识"，顶多在心里骂几声"娘希匹，我认得侬！"也不会向笔杆子炫耀自己"我手下有一百万兵"。

　　不过，在那次"召见"时，老将与上海去的各界精英合影，倒是留下了无法抹去的场景。这张照片上前排站立7人，后排站立11人，总共18人，除了蒋介石外，正好是黄炎培日记所记述的"被邀到者连余凡十七人"。按理说，前排7人中老蒋应该站在中间，另外6人分成左右各站3个，然而，我们现在看到的照片，老蒋的位置站着的却是史量才，他站在老蒋的右边。不知老蒋是有意，还是无意这么站位的。

　　转眼到了1932年2月底，上海地下党通过交通员给瑞金的苏区中央局送去了上海出版的《时报》、《新闻报》、《申报》等报纸。毛泽东、周恩来、项英等人打开报纸一看，原来上面刊登着"伍豪等脱离共党启事"。伍豪是周恩来的代号，毛泽东笑了，他知道周恩来早在1931年底就从上海回到了中央苏区，怎么又出来了一个"伍豪"？显然是国民党当局在造谣。然而，广大读者并不知其中蹊跷。

苏区中央局决定以中华苏维埃临时中央政府主席毛泽东的名义，发布了中华苏维埃临时中央政府布告："上海《时事新报》、《时报》、《申报》等于1932年2月20日左右连日登载'伍豪等二百四十三人'的冒名启事，宣称脱离共产党，而事实上伍豪同志正在苏维埃中央政府担任军委会的职务，不但没有脱离共产党的事实，而且更不会发表那个启事里的荒谬反动的言论，这显然是屠杀工农兵士而出卖中国于帝国主义的国民党党徒的造谣污蔑。"

毛泽东、周恩来等人得知，还在上海的临时中央的陈云同志也在组织反击。此时，临时中央特科已查明，这则"启事"是国民党中央党部调查科（即"中统"）驻沪调查员黄凯与情报股总干事张冲合谋伪造的。他们派人将"启事"送到《申报》馆要求刊登，报馆广告处的律师看了"稿件"后说："启事说伍豪等243人脱党，但启事上只有伍豪一个名字，启事显然有漏洞，不能刊登。"但2月17日，《时报》与《新闻报》在收到大额广告费后，相继刊登了"伍豪等脱党启事"。

《申报》馆不想挣这笔广告费，但国民党当局派出上海新闻检查处官员督促刊登。《申报》也只好无奈地刊登了这则启事。之后，《时事新报》也接连刊登。在上海临时中央的领导下，陈云派人写了一则"伍豪启事"，去《申报》馆要求刊登。史量才和总管理处顾问陶行知自然知道"伍豪脱党启事"和"伍豪启事"的背景，他们商量后决定以广告处的名义，在报纸广告栏上发表。但国民党有关方面警告《申报》不应刊登，史量才断然拒绝："广告是营业性质，何况从法律观点来看，姓伍的被人冒名，是应该声明的。"

最终启事照登不误，大致内容为："伍豪先生鉴：承于本月十八日送来广告启事一则，因福昌床公司否认担保，手续不合，致未刊出。"

陈云觉得事情仍未讲清楚，于是又请《申报》馆的法律顾问、法国律师巴和刊登声明，说明真相。经许以重金，巴和律师即以周恩来别名周少山的名义在3月4日的《申报》上刊出《巴和律师代表周少山紧要启事》："兹据周少山君来所声称：渠撰投文稿曾用别名伍豪二字。近日报载伍豪等二百四十三人脱离共产党启事一则，辱劳国内外亲戚友好函电存问。惟渠伍豪之名除撰述文字外绝未用作对外活动，是该伍豪君字系另有其人，所谓二百四十三人同时脱离共党之事，实与渠无关。"

这就是所谓的"伍豪事件"。

1932年7月，《申报》披露了新任教育部长、原中大校长朱家骅挪用3万多元水灾捐款的丑闻。朱家骅找到升任为上海特别市党部执行委员的潘公展，两人立即分头行动，既写报告又写信，称"上海报阀史量才勾结一帮无聊文人，专做危害党国之事……"连同《申报》的时评剪报呈送蒋介石。老蒋得到报告后下令："《申报》禁止邮递。"

当时史量才对此一无所知，还是外埠订户一直收不到《申报》，纷纷写信到《申报》馆询问，才知到自己的报纸被禁止邮递了。史量才一边继续查询是何方神仙与己作对，一边让工人将每天出版的《申报》分别写上各地订户的地址，然后打包，作为包裹邮寄。如此一来，不仅费时，还增加了一大笔寄费。在史量才看来，为了订户，必须这么做。

不久，史量才收到一封邮局工人写来的匿名信，称邮局接到命令，不得邮寄《申报》。当报馆运报车白天将《申报》送到邮局后，他们就把报纸放入地下室，待晚上再偷运出去焚烧。后来史量才打听到，原来是蒋介石下的"禁邮"令。他马上打电话给《申报》驻南京的记者,那名记者设法找到了老蒋的行营秘书杨永泰,杨写了张条子,让记者去庐山见老蒋。当记者风尘仆仆赶到庐山,老蒋与夫人宋美龄下山准备去武汉,记者便跟着一同去了武汉。蒋介石提了三个条件:一是《申报》改变态度,陈彬龢必须离开;二是立即辞退黄炎培、陶行知等;三是国民党中宣部派员指导。

《申报》驻南京记者立即拍电报给史量才。权衡之下,史量才回电表示,前面两条可以接受,但拒绝第三条。并称:"《申报》从没拿过政府津贴,倘若定要派员指导,宁可停刊。"从7月16日到8月21日,停邮35天后,老蒋考虑到《申报》的影响,才同意解禁。我想,可能还有一个因素,即《申报》设在上海的租界里,蒋介石政府也没法直接去干涉它。

10.《申报·自由谈》: 30年代最有影响的报纸副刊

《申报·自由谈》专栏辟于1911年8月24日,历任的主编有王钝银、吴觉迷、姚鹓雏、陈蝶仙、周瘦鹃。(注:周瘦鹃,1895—1968,现代作家,鸳鸯蝴蝶派五虎将之一。在他主编期间,《自由谈》成为鸳鸯蝴蝶派的阵地,专讲些三角恋爱和奇闻轶事)。

1932年12月,由曾做过史量才家琴师的黄松引荐,28岁的黎烈文被史量才聘为《申报·自由谈》副刊主编。1904年出生的黎烈文是湖南湘潭人,又名六曾,笔名李维克、达五、达六等,1922年任商务印书馆编辑,1926年先后赴日本、法国学习,1931年获巴黎大学文学硕士学位。留学期间,他曾任《申报》特约撰述,1932年回国,任法国哈瓦斯通讯社上海分社编译。

当黎烈文被史量才起用后,他有着自己独到的思维方式,认为《自由谈》副刊既不迁就一般的低级趣味，也决不要大唱高调，或者宣传什么主义。由于黎烈文在国外近6年，他对作家圈子内的人不怎么熟悉，除了郁达夫、张资平、施蛰存等人可以约到稿子外，就是他在法国同校一起读了5年书的妻子严冰之。此时，他的妻子虽然身怀六甲，却每天帮着丈夫看稿和写稿。年底生下儿子不久便得了产褥热，在1933年1月初病逝。黎烈文悲痛欲绝，在《自由谈》刊发了他《写给另一个世界的人》，那个人就是他的亡妻。

黎烈文先约请了张资平（1893—1959，现代作家）写连载小说，张资平也实在是太会写了，写了个《时代与爱的歧路》在《自由谈》上连载了一年还没完。黎烈文觉得这部小说与他编的大部分文章太不协调，就想停掉，便以读者的口吻写了封信，讲《时代与爱的歧路》太长了，不好看，建议停掉。结果就是这个"借口"，《时代与爱的歧路》算是"刊完"了。

黎烈文喜欢篇幅不太长，且又要有思想性的文章，他通过郁达夫约了鲁迅，之后又约了茅盾、郭沫若等人，当然也包括郁达夫本人为报纸撰稿，《申报·自由谈》副刊的风格马上就发生了明显变化。

鲁迅一生中办了不少刊物，惟独就是没有办过报纸，海派报业"扯上"了他，完全是因为《申报》。在黎烈文接下《申报·自由谈》后，请郁达夫去约鲁迅写稿，鲁迅说自己一向不在名牌大报上写文章的，但当他听郁达夫说是受黎烈文所托来约稿时，鲁迅称自己在《自由谈》上读到过黎烈文写的《写给另一个世界的人》，很是感动，遂答应为《申报·自由谈》写稿。

由于鲁迅与茅盾的文章见报频率特高，一批左翼作家紧跟其后，在《自由谈》上发表文章较多的有陈望道、夏丏尊、叶圣陶、郑振铎、老舍、巴金、唐弢、陈子展、臧克家、田间、张天翼、靳以、柯灵、李辉英、郑伯奇等。瞿秋白在上海时，也曾借用鲁迅的笔名，在《自由谈》上发表了十余篇杂文。

一些在政界有影响的文人如柳亚子、章太炎、吴稚晖、林语堂，也先后在《自由谈》上发表过短文。青年作家叶紫、何谷天（周文）、草明等在《自由谈》上发表过速写和小说。蒲风、廖沫沙、胡风、曹聚仁、周扬等也写过文章。周扬后来在《自由谈》继续用"左企"等笔名介绍外国文学。任白戈、辛人、张香山、王任叔、梅雨、林林、立波等在《自由谈》上用短论形式对文艺问题作了较多阐述。一批文学新人如芦焚、欧阳山、姚雪垠、刘白羽、周而复、司马文森、黑丁、荒煤等都在上面发表过作品。

《自由谈》为他们提供了舞台。读者也对《申报》刮目相看了。也正因为有鲁迅和这么多的作家赐稿，《自由谈》在现代文化史、文学史、报刊史上才有它重要的地位。

这里着重说说鲁迅。原本讲自己"一向不在名牌大报写文章"的鲁迅，在一年多的时间里，竟然在《自由谈》上发表了143篇的杂文，结集的就有《伪自由书》、《准风月谈》、《花边文学》等。

众所周知，鲁迅的杂文犹如"投枪"与"匕首"，含沙射影，借古讽今，

* 鲁迅先生

《自由谈》副刊超过了国民党当局容忍的尺度，当局便向史量才施压，要求撤换黎烈文。史量才却硬顶着。有趣的是，鲁迅的《准风月谈》书名，就是因为黎烈文在受到警告后写了个启事而得名的。当时一些旧派文人攻击鲁迅等左翼作家包办《自由谈》，垄断文坛。黎烈文在1933年 5月25日的《自由谈》上刊出《编辑室启事》："编者谨掬一瓣心香，吁请海内文豪，从兹多谈风月，少发牢骚"。鲁迅在《准风月谈·前记》写道："同是涉及风月的'月黑杀人夜，风高放火天'呢。这不明明是一联古诗么？"

其实，鲁迅和茅盾先生换着笔名照旧给《自由谈》写文章，黎烈文怕失去读者，又特意写了个"告白"，希望读者不要因为作者的名字陌生而错过一篇好文章。而《花边文学》是因为黎烈文特意把鲁迅的文章镶上了花边，以示重要。鲁迅在出集子时索性就用了这个书名。

由此我想到了鲁迅的《且介亭杂文》集。当时鲁迅居住在上海北四川路，这是工部局越界筑路区域，即"半租界"。鲁迅将"租界"二字各取一半，成了"且介"，也意喻中国的主权只剩下一半了。"且介亭"则表明这些杂文是在上海半租界的亭子间里写的。鲁迅在该书中谈到《门外文谈》一文，称："是用了'华圉'的笔名，向《自由谈》投稿的，每天登一节。但不知道为什么，第一节被删去了末一行，第十节开头又被删去了二百余字，现仍补足，并用黑点为记。"

这里说一说"亭子间"。上海的旧弄堂一般是石库门建筑，它起源于太平天国起义时期，当时的战乱迫使江浙一带的富商、地主、官绅纷纷举家拥入租界寻求庇护，外国的房产商趁势大量修建住宅。这种住宅最典型的特征是中西合璧，多为砖木结构的二层楼房，坡型屋顶常带有老虎窗，红砖外墙，弄口有中国传统式牌楼。大门采用两扇实心黑漆木门，以木轴开转，并配有铁的门环，可当门铃之用。门楣做成传统砖雕青瓦顶门头，外墙细部采用西洋建筑的雕花刻图，故称"石库门"。朝北底楼是灶间、二楼就是亭子间，其楼上为晒台，总体布局采用了欧洲联排式风格。如今上海一些具有海派特色的石库门里弄被作为近代优秀建筑整组保存。

　　1933年6月18日，同盟总干事杨杏佛遭国民党特务暗杀，《申报》连续刊发谴责性的报道。副刊《自由谈》也予以配合，国民党当局又数次强烈要求史量才撤掉黎烈文，并向史量才推荐章衣萍来担任《自由谈》的主编。史量才对来人说了两个"绝不"："黎烈文绝不辞退，章衣萍绝不聘用"。然而胳膊拧不过大腿，为了不连累史量才，1934年5月9日，黎烈文在主持《自由谈》一年六个月零九天后主动辞职。这天的《申报》上刊登了他的一份启事："自即日起，关于本刊一切事项由张梓生先生主持。"（注：张梓生，1892—1967，字君朔，浙江绍兴人，编辑，1922年任商务印书馆《东方杂志》编辑，1932年入申报馆编辑《申报年鉴》。鲁迅生前曾有三箱书籍寄存在他家，这些书中有鲁迅在南京求学时期手抄的《开方》、《开方提要》、《几何学》、《八线》等。鲁迅在浙江师范学校任校长时，张是该校《礼记》、《经学》等古文课程的教师。解放之初，绍兴地方政府搜

* 花边文学封面

集鲁迅的遗物，此时住在绍兴县泉北乡洋滨村的张梓生，将这些书全部交给了当地政府）。

黎烈文刊登"辞职启事"那天，也是张梓生接任《申报·自由谈》之时。是日，黎烈文在南京路新雅酒楼设宴交接，聘请了鲁迅、茅盾等部分《自由谈》作者出席，一是感谢，二是请他们继续支持《自由谈》。宴席上自然少不了新主编张梓生，他与鲁迅、黎烈文本来就十分熟悉，再加上黎烈文的这般"上下交接"，他接编《自由谈》后简直就是又一个黎烈文。

黎烈文虽然离开了《自由谈》，但鲁迅力挺张梓生，仍继续给《自由谈》供稿，他在《花边文学·序言》中说："我常常写些短评，确是从投稿于《申报》的《自由谈》上开头的……后来编辑黎烈文先生真被挤轧得苦，但为了赌气，却还是改些作法，换些笔名，托人抄写了去投稿……"可见即使黎烈文离开了《自由谈》，鲁迅先生的继续支持是与黎烈文分不开的。

11.《申报》的最后岁月

蒋介石对《申报》，确切地说是针对史量才如鲠在喉，他要给史量才一点颜色看看。这个"颜色"终于在1934年的11月13日被史量才殷红的鲜血所染红。这一天，史量才遭军统暗杀。据称，戴笠原本打算在上海租界动手的，但一直没找到合适的机会。后来得知史量才10月6日要去杭州休憩，于是将暗杀地点定在了沪杭途中的海宁境内。

11月13日午后，史量才乘自备汽车，从杭州沿沪杭公路返回上海。与他同车的还有夫人沈秋水、内侄女、儿子史咏赓和搭车去上海玩的同学邓祖询，以及司机黄锦才共6人。下午3点钟左右，汽车来到了海宁附近的翁家埠。这时,车前突然出现一辆"京字72号"黑色轿车停在路中央。车下有两人似乎在修车,司机黄锦才摁着车喇叭,史咏赓将头伸出车窗叫他们让道。其实那两人就是杀手,他们在冲过来的同时开枪将车胎打爆了。

公路两边还埋伏着4名特务,一听到枪声,也立即朝史量才的车奔过来。司机及史咏赓的同学邓祖询被乱枪当场打死。坐在后排的史量才见势不妙,大喊"咏赓快跑!"他拉了沈秋水一把,迅速跳下车躲避。史夫人下车时跌伤,内侄女也在奔跑中被飞弹击中。只有史量才与咏赓仍继续奔逃,特务则在后面紧追不舍。

史量才让儿子朝另一个方向跑,他自己则逃入一间农舍,再由后门逃出,躲在一个干涸的小塘内,不料让公路上的特务发现,子弹立即朝他飞来,史量才被击中头部当场殒命,终年54岁。(注:在史量才大殓时,化妆师为他整容化妆,发现一颗子弹是由左耳射入,右耳飞出的)史咏赓还在竭力奔进树林,虽有3名特务追击,但仅击中他的一个小手指,最后子弹打光了才迅速离去,史咏赓才得以保命。

史咏赓看到翁家埠的小贩,大致说了事发经过,小贩让他坐在手推车上,径直赶往附近的航空学校报警。航空学校随即用车将史量才的遗体送往杭州西湖停云山庄。《申报》馆得到噩耗,经理马荫良和黄炎卿(原是史量才家中仆人,被史量才提携为《申报》庶务部主任)等人连夜赶赴杭州,请万国殡仪馆运尸车将做过防腐处理的史量才遗体运回上海。

11月14日,《申报》刊出"本报总理史量才噩耗,汽车夫及邓祖询君同时遭难"的消息和史量才的大幅遗像,举国震惊。

想要知道史量才追悼会的规格有多高,只需看看各方发来的悼文就可见一斑。这些悼词与悼文都编入了《史量才先生讣告》中。其中有:孔祥熙的"光荣于世",何应钦的"善人不禄",张学良的"通材达识",陈绍宽的"立言不朽"，王世杰的"事业不朽"，褚民谊的"德音无穷"，鲁涤平的"舆论同悲"，陈果夫的"功在社会"，曾仲鸣的"遗范千秋"，杨廷栋的"舆论权威"，俞佐廷的"万流景仰"，王晓籁的"顿失良友"，张耀曾的"身没名垂"，张道藩的"逋铎悲凉"，吴醒亚的"壮志未酬"，潘公展的"精神不死"，徐佩璜的"生荣死哀"，金里仁的"社会导师"，李登辉的"人群导师"，刘湛恩的"伟业千秋"，李铭的"人伦模范"，吴铁城的"大雅云止"，吴佩孚的"岁星再见"，段祺瑞的"国宝留型"，汪兆铭的"通识博闻"，林森的"惜此长材"，蒋介石（中正）的"哲人其萎"。此外，写悼文的还有：于右任、戴传贤、居正、章太炎、蔡元培、吴敬恒、张人杰、黄郛、宋子文、张群、徐永昌、邵力子、刘峙、杨虎城、陈立夫、王正廷、陈其采、刘维炽、顾维钧、叶恭绰、赵凤昌、沈恩孚、张一麐、狄葆贤、王培孙、徐静仁、张一鹏、朱庆澜、张孝若、陈陶遗、黄奕住、黄赞熙、许世英、虞和德、王震、黄金荣、杜镛、汤尔和、郑洪年、罗家伦、马占山、张之江、吕岴筹、翁文灏、丁文江、徐新六、周作民、唐寿民、林康侯、胡筠、荣宗敬、王云五、陆费逵、刘鸿生、项隆勋、汪伯奇、张竹平、及其弟子钱永铭、吴蕴斋、严独鹤等。苏联塔斯社发来的唁电为"中国文化界先进、舆论权威"……

1936年春，史量才的遗体下葬在杭州天马山、吉庆山麓。墓志铭由"苏报"案中的主角章太炎所写。花岗岩墓碑上的"史君量才之墓"为史量才老友沈恩孚所书。（注：沈恩孚生于1864年，字信卿，江苏吴县人，中国近、现代教育家，同济大学第四任校长，1949年4月病逝于上海）。

史量才遭暗杀，《申报·自由谈》失去了保护伞，相关的各项社会文化事业如出版《申报年鉴》、《申报丛书》、《中国分省地图》等，以及由李公朴和艾思奇等人主持举办的"申报流通图书馆"、"申报新闻函授学校"和"申报妇女补习学校"等，被迫中断或改弦更张。

张梓生也备受亲国民党小报的造谣、围攻，再加上政府不断找麻烦，

《自由谈》已变得不再自由，到了后期，张梓生索性将编务完全交给吴景崧负责。（注：吴景崧，江苏丹徒人，中学时代投入学生运动，复旦大学毕业后考进商务印书馆，任《东方杂志》编辑。1932年后，他任《申报·自由谈》编辑，《申报月刊》编辑。1939年10月1日张宗麟创办《上海周报》，聘他为总编辑。新中国成立后，他任上海市新闻出版处副处长，1951年调北京，在世界知识社任副总编辑，是全国政协第三、四届委员，"文革"中受迫害致死）。

1935年10月底，张梓生登出《自由谈》停刊启事，继黎烈文之后被迫辞去主编职务。《自由谈》自此一度中断，到1938年10月复刊后，虽经后来者努力，也未能再恢复黎烈文、张梓生主编时的高度。

1937年8月13日，日军占领上海。《申报》为抗议日军的新闻检查，将报纸迁到武汉出版，还创办了《申报》香港版，并在11月改组为申报馆股份有限公司。1938年10月10日，《申报》迁回上海，借美商招牌在沪港两地发行。

1941年12月7日，日本海空军突然袭击珍珠港，美国太平洋舰队遭重创。8日，美、英对日本宣战，太平洋战争爆发。而此时，日军进占了上海租界，《申报》被日军控制；1945年抗战胜利后被国民党蒋介石政府接收。而在1930年离开《申报》馆的陈景韩又被请了回来，担任《申报》报务委员会委员。1946年5月，《申报》成立了新董事会，还发行了股票。

股票上的公司名称为：申报馆股份有限公司、资本总额：国币壹佰伍拾万元、股份总数：壹万伍仟股、每股金额：国币壹佰元整一次缴足。股票上，从右至左依次并列的有：董事长杜月笙、常务副董事长史咏赓（史量才之子）、常务董事陈布雷、潘公展、陈景韩等人的亲笔签名和印章。

杜月笙是当时上海滩"三大亨"之一，抗战胜利后受蒋介石指派由重庆回沪，控制了上海市商会和上海参议会。《申报》馆也被他接收过去，自任董事长。

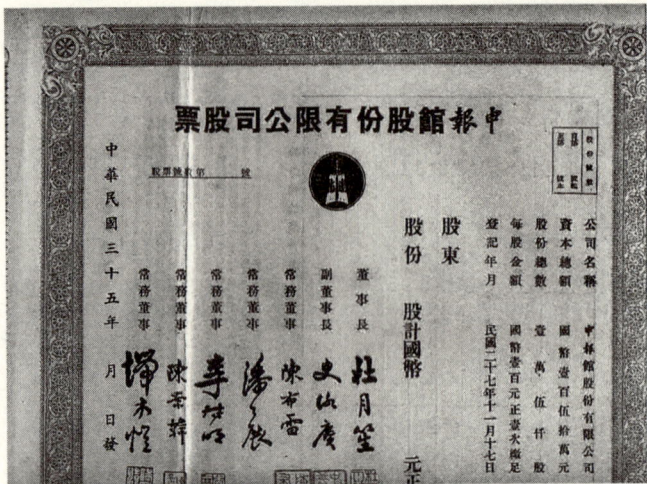

* 《申报》的股票

常务董事的陈布雷（1890—1948），原名陈训恩，号畏垒、布雷，字彦及，浙江慈溪人，1911年毕业于浙江高等学校（今浙江大学），同年在上海担任《天铎报》主笔，以自己的号"布雷"为笔名写评论，在报坛崭露头角。他1912年3月加入同盟会，1920年前在宁波师范学校等校任教，业余为《申报》写稿；1920年再赴上海，受聘于商务印书馆，担任韦氏大辞典编译。1921年元旦《商报》创刊，他任编辑主任；1928年，又任《时事新报》主笔，兼任复旦大学中国国文科新闻组（新闻系前身）教授。他曾任蒋介石私人秘书，历任南京国民政府教育次长、中央宣传部次长、蒋介石侍从室第二处主任等职，为蒋介石起草了大量文电，1948年11月13日在南京自杀。

常务董事潘公展（1895—1975），原名有猷，字干卿，号公展，浙江吴兴（今湖州市）人，早年就读于上海圣约翰大学外语系，曾先后兼任《时事新报》"学灯"副刊和《国民日报》"觉悟"副刊的特约撰稿人。1920年，他参加筹办《商报》，担任《商报》电讯编辑，撰写每日时评和每周大事述评，1927年任《申报》要闻编辑。他在上海还创办过《晨报》和《晨报晚刊》（后改名《新夜报》）、《儿童晨报》、《儿童画报》；从政后历任国民党中央政治会议上海临时分会委员、上海市社会局局长、上海市教育局局长、《中央日报》总主笔。国民党中央派他到《申报》馆为指导员兼总主笔，实际上也是董事长兼社长。1949年5月上海解放前夕，他去香港开办国际编辑社。年底去加拿大，次年5月又转赴美国，1951年5月独自办了《华美日报》，历时20余年。他著有《中国学生救国运动史》、《属性教育》、《罗素的哲学问题》、《日本必亡论》，1975年6月23日病死于美国。

常务董事的陈景韩，从1913年就任《申报》总主笔，1930年辞职，15年后又回到了《申报》馆。一直待到上海解放、《申报》停刊时。上海市人民政府成立后，陈景韩曾任市政协委员。

1949年5月27日上海全部解放，《申报》出版发行了它最后一期的报纸。在"终刊"号上刊登了沪杭甬全线打通的消息，以及进入上海的解放军战士宁可淋雨、不愿到居民家中休息的报道。所有的《申报》人都在报馆静静地坐着，他们已经接到了通知：上海市军事管制委员会任命恽逸群作为特派员，代表军管会对《申报》和《新闻报》馆实行军事管制。

其实，上述决定早在此前的4月底、5月初就定下来了。4月23日，中共中央华东局在江苏丹阳致电中共中央，请示上海、南京解放后，党的机关报的命名事宜，并建议可否命名为《解放日报》，或是《人民日报》上海版、南京版，并请毛泽东主席为两报题写报头。次日，中共中央就回电："上海党报决定命名为解放日报，南京党报决定命名为新华日报。"并告知"毛主席已允写报头，即可带来，在带来之前可暂沿用旧报头。"（注：1941年5月16日，作为中共中央的机关报《解放日报》在延安正式创刊，毛泽东题写报名并撰写发刊词）5月6日，中共中央华东局第一书记饶漱石在丹阳要求报纸编辑人员现在就预先编好半个月的报纸，只留新闻的位置，到时候再补上去。《解放日报》编辑部随即在丹阳市郊荆村桥成立，编辑部人员马上开始研究办报方针、内容、版式，还写好了发刊词。就在这一天，决定对《申报》实行军管，中国人民解放军一进入上海，在《申报》馆原址出版《解放日报》。

5月28日，《申报》停止出版，中共中央华东局和上海市委机关报《解放日报》在原《申报》馆内创刊。

从表象上看，《申报》似乎"晚节不保"，难道这是它心甘情愿的吗？

曾见证了《申报》在走过风风雨雨77年后将永远退出中国报纸舞台的宋军，在1949年5月27日，他和同事们随着解放军的队伍进入《申报》馆。（宋军后来任上海市委宣传部报刊处处长。为研究《申报》，他曾花了整整一年的时间翻阅《申报》所有的老报纸，上世纪90年代写出了一本《申报的兴衰》）他说："我们感谢《申报》报人，他们为我们保存了机器和完整的办公设备。在这个基础上，5月28日，我们才能顺利出版上海第一期《解放日报》。"

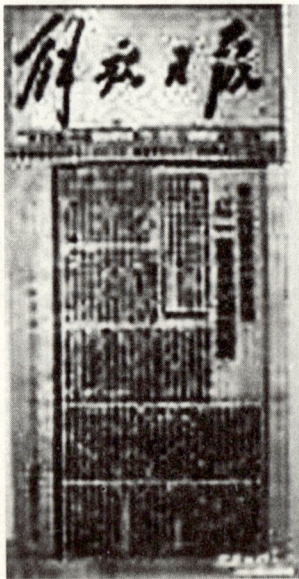

* 上海解放后出版的第1号《解放日报》

第九章

与《申报》PK的《新闻报》

1. 张园的主人投资《新闻报》

《新闻报》创刊于1893年2月17日（农历正月初一）。这是英国人丹福士与斐礼思和中国人张叔和合资兴办的，张叔和为主要出资者，由他们共同组建的公司来经营，丹福士为董事长，斐礼思为总经理。曾从《申报》跳槽后担任《字林沪报》主笔的蔡尔康参与了《新闻报》的筹办，并担任了第一任主编，因与董事会意见不合，半年后就拍屁股走人了。

我先将丹福士与斐礼思暂搁一旁，单来说说中国人张叔和。

1872年至1878年，英商和记洋行经理格农，先后向曹、徐等姓农户租下今南京西路之南、石门一路之西，泰兴路南端的20余亩农田，建造了自己的花园别墅。后来这块园地几经转手，于1882年由寓沪无锡富商张叔和购得。颇善经营又酷爱园林的张叔和接手格农别墅后，又在园西先后向多家邻居农户买下农田近40亩，将别墅区域拓展南至威海卫路（今威海路590弄），北达斜桥路（今吴江路），东西介于同孚路（今石门一路）和慕尔鸣路（今茂名北路）之间，使整个园区面积达到了60余亩，建起了当时沪上最大的私家园林。

园门柴扉上，题名"烟波小筑"；在园外古树上标以"味莼园"，这是张叔和取晋代高士张翰借思家乡莼鲈美味，辞官归故里的典故。外人可没那么多的学问，称它为"张家花园"，简称就是"张园"。

张叔和按照西洋园林的风格，雇人开沟挖渠，植树种花，设茶室戏台，构筑了"海天胜处"等楼房，又增添各种游艺设施，于1885年免费对外开放，游人可从中午一直玩到深夜。沪上很多时髦的玩意，包括过山车等都是先在此亮相，故张园被称为近代上海的时尚之源。

1892年，张叔和再出巨资在园内建造了一幢高大洋房，以英文Arcadia Hall命名其楼，意为世外桃源，中文名则取其谐音为"安恺第"。

＊张园

整幢高楼洋派大气,光是大厅就可容纳上千人聚会宴客。

《新闻报》的创刊筹备事项就是在张园进行的。经营纺织生意的丹福士露着羡慕的眼神,对张园赞不绝口。而总经理斐礼思想的却是如何让《新闻报》呱呱落地后能在上海滩立足。毕竟已有《申报》和《字林沪报》"两座大山"压在头顶,要想新创一张报纸与它们抗争,那是十分不容易的。

然而,毕竟他们都是商人,在商言商,董事会最终定下了"以经济新闻特别是商业新闻为重点,以工商业者为主要读者对象"的办报宗旨,并制定了低价销售策略。当时《申报》每份卖10文,《字林沪报》卖8文,《新闻报》就只定价7文。但是,上海的日报市场早就被《申报》和《字林沪报》占领,于是斐礼思便把目光投向了外埠市场。当时上海与苏州、无锡之间尚未通火车,发行到那里的报纸都是中午由小轮船递送,当地读者隔日才能看到报纸。斐礼思别出心裁，将每天凌晨印出的第一批报纸捆成两大包，雇一名挑夫挑到南翔镇，在那里有一艘预先雇好的小船，将报纸装入船内，午后便可送到苏州。如此一来，苏州读者就可以看到当天的报纸，因此《新闻报》立即销售一空；采用这种办法，无锡、常州、镇江等处也可在《申报》、《字林沪报》之前送到。因此，《新闻报》在苏、锡、常等地销路也非常好。使得《新闻报》初创时总共销量只有300份，一年后便猛增至3000份。

对于这样的成绩，似乎只有斐礼思感到自豪。由于张叔和的心思在自己的张园，大约在一年后，他转让了《新闻报》的股权，《新闻报》成为丹福士独资经营。1899年，丹福士因经商失败，他先是将报纸抵押给美国蒲克希斯特公司，后又由于自己所经营的浦东砖瓦厂破产，他便彻底放弃办报，在美国领事公堂将《新闻报》股权悉数卖给了福开森。

张叔和也算"玩过"了一回报纸，因此，他的大名也就与《新闻报》永远粘在了一起。1902年，蔡元培等人发起的"中国教育会"、"爱国学社"，每周都在张园进行演讲，举行反清爱国的活动等。1909年2月，自称打遍天下无敌手的洋大力士奥皮音似乎不可一世，上海武术界在张园摆擂台，邀请霍元甲与奥皮音一比高下，岂料洋大力士闻讯竟落荒而逃，顿时成为当时申城市民街头巷尾津津乐道的话题。1912年4月17日，上海各界在张园举行欢迎孙中山的活动，孙中山即席发表了重要演说。1918年之后，张园逐渐衰败，拍卖易主，之后改造成了大型里弄住宅。

由此看来，《新闻报》最终能与《申报》并驾齐驱，主要是在福开森买下《新闻报》之后。我在前面已经简单介绍过福开森了，他是上海南洋公学（上海交通大学的前身）的监院（校长），该校庶务汪汉溪被他相中，担任了《新闻报》总经理，汪汉溪与两个儿子两代人为《新闻报》呕心沥血。可以说，没有汪汉溪，《新闻报》就不会有日后如此高的地位。

《新闻报》虽然起步比《申报》晚了21年，但它在汪汉溪的运作下，成为沪上报纸的后起之秀，从而与《申报》平起平坐。为不占用过多的篇幅，我把《新闻报》与《申报》的共同之处略去，而着重介绍它们间的不同之处。

2. 当年《新闻报》两位总编的后裔

1985年，我在上海《市场艺术》杂志做记者，杂志社就设在九江路358号东海大楼内，不到20米就是山东中路。那时，我天天走在这条旧时的望平街，也就是"报馆街"，但我对此一点都不了解。这时的汉口路309号是解放日报社的一部分，那是原先的《申报》馆，而汉口路274号的老《新闻报》报馆也为解放日报社所有。

1985年的七八月，《市场艺术》杂志社的编委王淑兰要我准备好一个花篮，陪她去上海社科院。临行前，她告诉我："《新闻报》复刊，我们代表《市场艺术》杂志社去祝贺。"

那天，我去了才知道，1949年5月上海解放，5月27日，《新闻报》与《申报》同时被中国人民解放军上海市军事管制委员会接管，报纸停刊。6月，《新闻报》加了一个字，改成《新闻日报》出版，42岁的金仲华被委任该报临时管理委员会委员，并担任社长兼总编辑。

在海派报业中，金仲华的确是位特殊人物，我特将《上海新闻志》中关于他的介绍摘录如下：

金仲华（1907—1968）幼名翰如，笔名孟如，浙江桐乡人，1927年在杭州之江大学文科读书，毕业后被上海商务印书馆招聘录取，任《妇女杂志》助理编辑，后任主编。1932年夏，他进塔斯社上海分社担负编译工作，并

开始研究国际问题；次年秋，与胡愈之、钱俊瑞、钱亦石、沈志远、章乃器等中共地下组织的领导下，在上海组织了党的秘密外围组织"苏联之友社"。同年底，他到开明书店负责编辑《中学生》杂志，1934年9月，参与创办《世界知识》杂志，之后任生活书店编辑部主任，还参加邹韬奋主编的《大众生活》杂志的编辑工作。1935年12月，上海文化界救国会成立，金仲华是该会的倡议人之一，具体负责文字宣传；1938年赴香港，参加宋庆龄在香港创建的保卫中国同盟（1945年改名为中国福利基金会），任执行委员，并参与筹建和领导中国青年新闻记者协会香港分会和国际新闻社香港分社；同年底至翌年5月担任《星岛日报》总编辑。1941年皖南事变爆发，他不顾国民党当局的禁令，将周恩来在《新华日报》发表的亲笔题词："千古奇冤，江南一叶；同室操戈，相煎何急！"制成锌版，在《星岛日报》国内新闻版上刊出，使海内外读者通过报纸了解"皖南事变"的真相。1945年8月，金仲华陪同宋庆龄等会见从延安抵渝参加国共谈判的毛泽东、周恩来；1946年回上海参与主编《联合晚报》，直至翌年该报被查禁。1948年7月，金仲华再赴香港，主编新华社香港分社出版的对外宣传英文期刊《远东通讯》，同时任《新生晚报》"国际知识"副刊编辑，年底，任香港《文汇报》总主笔。

1949年5月上海解放后，他参加军管会工作。6月被任命《新闻日报》社长兼总编辑；不到一年，便去创办和主编新中国成立后第一张英文报纸《上海新闻》；1952年任英文《中国建设》杂志社首任社长、中国新闻社第一任社长，同年9月当选为上海市副市长；1958年3月任《文汇报》社社长。1968年4月23日在林彪、江青反革命集团诬陷迫害下含冤逝世。粉碎江青反革命集团后，1978年8月12日得到彻底平反昭雪，恢复名誉。

我之所以要如此引述有关金仲华的文字，一为表示对他的敬意；再者想让读者由另一个侧面，更多地了解海派报业的发展历史。而我的感受是，上海刚解放之时，懂办报的干部寥若晨星，金仲华被任命为《新闻日报》的社长兼总编辑，实属众望所归。

《新闻日报》就在汉口路274号原《新闻报》馆出报，1961年并给了《解放日报》。1985年恢复的《新闻报》报名前面又加了"经济"二字，成了《经济新闻报》。据说，这是因为原先的《新闻报》的所有财产都归了解放日报社，有关部门为避免不必要的麻烦，用"经济"来割断他们之间的关系。但《经济新闻报》中有近十位六七十岁的老者是解放前《新闻报》的记者编辑。大约过了三年，在汪道涵先生的过问下，报名才恢复为《新闻报》。在此之前，《新闻报》的副总编辑张习之要调我去他们报社，我因在《市场艺术》杂志社干得很舒心，就没去，张习之还让我在义乌小商品市场采访时，顺便为《新闻报》发稿。记得当时我写了一篇《十里摊位，八方来客——访义乌小商品市场》的小通讯，由于那时没有传真机，我只能打长途电话给张习之"读稿"，可是，电话里的声音模糊不清，总算听到张习之说给我一个《新闻报》社的电报挂号。后来，我将稿子改成消息，到当地邮局发电报给上海的《新闻报》。我记得是一分半钱一个字。

1988年8月，我从《市场艺术》调到新创办的《上海经济时报》国内新闻部做记者。次年，遇到了由《世界经济导报》引发的"六四风波"，《世界经济导报》停刊，而作为它的子报《新闻报》也于翌年年底同《上海经济时报》合并，报名仍保留为《新闻报》，并由解放日报社分管，我也就成为《新闻报》国内新闻部的记者。

国内新闻部主任严祖祐，当时"祐"的铅字没有，他就用了"佑"来代替，包括户口簿、身份证上都是"严祖佑"。后来我才知道，严祖佑是当年老《新闻报》创办"快活林"副刊的严独鹤公子。通过他，我渐渐晓得了一些解放前的《新闻报》馆里的陈年旧事。严祖佑后来在《新闻报》上搞了个"新快活林"，并用"小鹤"的笔名写稿、编稿。这是他继承了父亲的传统，要将过去《新闻报》的血脉与当今的《新闻报》接上，而要做这件事惟有他才有这个资格。我也从他那儿断断续续听到了他父亲严独鹤的故事，这回写本书倒也派上了用场。

1995年，我向时任《新闻报》的总编辑俞远明（系《解放日报》副总编辑兼任的）提出，长篇连载是老《新闻报》的特色，当年张恨水的《啼笑因缘》在《新闻报》上连载，一时《新闻报》成为洛阳纸贵，建议我们现在的《新闻报》应该恢复长篇连载。岂料一周后，他让副总编辑忻才良来找我，说是"经报社领导研究决定，恢复长篇连载，由我和史清禄（笔名布衣老史）负责。"我就这样做起了《新闻报》长篇连载的责任编辑，与史清禄每天各自发1 500字的稿子。

1997年初，我接待了海派报业中的一位重量级人物的孙女阮波女士，那年她年过七旬。阮波的祖父张继斋先生在1890年就到《申报》馆做记者，之后担任了《申报》与《新闻报》的主笔。又在家乡青浦创办了愿学

学堂。1995年青浦县政府（现为青浦区）恢复重建。愿学学堂内的花岗岩基座上有张继斋塑像，赵朴初先生题写了"百年正气"四个大字。

阮波于1990年从她创办的展望出版社社长之位退下后，就埋头于撰写祖父的传记，直到1996年完成初稿。她找到我后，将部分初稿留下，希望《新闻报》能刊登。我把稿子带回家，通宵达旦地全部看完，被张继斋那些惊心动魄的经历所震撼，于是决定撷取部分章节连载。1997年5月，我以《百年正气——张继斋先生传》为题，将这部稿子在《新闻报》上连载了近两个月。这也使我对过去的《申报》和《新闻报》有了进一步的了解。

1998年3月，阮波从北京赶到上海，要将《新闻报》上的连载，加上她补写的内容结集出书，并指定由文汇出版社出版。她提出的唯一要求是，该书必须由我来担任特约责任编辑。我用了二十余天,将书稿梳理了一遍后,陪她到文汇出版社,这便有了18万言的《百年正气——张继斋先生传》一书问世。

1927年5月7日出生在青浦的阮波原名张薇青,1942年深秋,由地下党介绍,通过敌人封锁线,到了苏北盐阜参加了新四军。把名字也改了。这是取"愿(阮)为忠诚的布(波)尔什维克"之意。

记得当时她让我查一下"陶菊隐"这个人。并说,陶先生与《新闻报》有着特殊的关系。但苦于那时信息的闭塞,资料的匮乏,我一直未找到"陶菊隐"。

2006年初,我终于买到一本中华书局出版的陶菊隐先生所著的《记者生活30年——亲历民国重大事件》。以下,我就严独鹤、张继斋、陶菊隐三人为重点,来叙述当年的《新闻报》以及其他一些上海报纸的发展轨迹。

3. 定位柜台报,触角伸全国

《新闻报》的创刊时早有了《申报》。汪汉溪看到上海已逐渐发展为全国的商业中心,他认为,上海从事工商业者人数众多,《新闻报》应当为工商界建立一个平台。于是《新闻报》又被称作"柜台报"。经过数年打拼,该报又向外埠发展。我想通过湖南长沙的陶菊隐被聘为《新闻报》馆外记者的事例,来解剖该报当时的一些做法。

陶菊隐(1898—1989),湖南长沙人,童年随父母到南京,1910年,12岁的他写了一篇500字的小说投寄给上海《时报》,结果被刊用了。这是陶菊隐生平第一次给报纸投稿,之后又写了几篇小说,再投《时报》,也被刊用。就在这一年,他又随父母举家迁回长沙。

1913年,陶菊隐在老家结识了一位《女权日报》记者的朋友,那人因有高就而推荐他去顶替,这是陶菊隐首次进入新闻界。但他在报馆干了三个月,便又回到学校念书。这年,上海的《时报》发行至长沙,每天500余份。老板狄葆贤真会动脑筋,他把报纸订阅分为"走报"和"订阅户"。所谓"走报",是订户在看完《时报》后,由报贩在当天下午,或者次日早晨来收回报纸,"走报"订户的报费减半。报贩将收回的《时报》再送往"订阅户",一份《时报》就变成了两个"订户"。

由于陶菊隐有过做记者的经历,他当上了《湖南新报》的总编辑,之后,该报改名为《湖南日报》,他与另外两位朋友轮流当总编辑。在编报之余,他将刊用过的,或没刊用过的稿子抄上一份寄给上海的《时报》。稿子虽然见报了,但没有报酬,或者极少稿酬,他倒不予计较,仍乐此不疲地寄稿,却由于缺乏采访经验,刊出的稿子难以抓读者眼球,后来也就作罢了。

倒是1918年以后,陶菊隐将目光转向了《新闻报》。当时,《新闻报》在长沙有一名访员(记者),但此人只会到官署、衙门抄告示。按现在的话来说,那是"转帖",而遭报馆的"拍砖"。1920年6月,陶菊隐看到《新闻报》上刊出招聘长沙访员的启事,他决定一试身手。根据《新闻报》招聘的要求,应聘者必须试稿三次。20岁的陶菊隐对新闻写作已轻车熟路。他知道上海是中国的文化事业中心,有朝一日能跳出长沙而跨进上海报纸的大门,是他的梦想。于是他采用自己使用过的述评笔调写了三篇稿子去应征,半个月后就收到《新闻报》的来信,称"稿件已采用,按月致酬二十四元"。

按照月致酬的做法,每月寄10篇稿子与20篇稿子是一个价,换言之,即使你寄了20篇稿子,报馆也不会增加你一分钱。陶菊隐总是每月寄给

《新闻报》20篇以上稿子，且篇篇字数都在1 500字以上。这种敬业精神自然颇受报馆称赞。陶菊隐从未提出过加薪的要求，可报馆却不断提高他的待遇，半年后，"按月致酬二十四元"增加到了一百元，而《新闻报》新进的员工每月也只有五六十元。作为新进的报馆外人员能得到如此待遇，是十分不易的。（注：当时《新闻报》、《申报》等在北京设有采访科，记者无论是上海派去的，还是从当地招聘的，均为报馆内人员，其他各地招聘的记者均属馆外人员）。

汪汉溪觉得邮寄稿子使新闻变成了旧闻，便决定让陶菊隐用电报的方式发稿，于是向陶菊隐寄去了"长沙新闻电执照"。陶用此照可在当地电报局发电报，若无此照是不能发新闻稿件电报的。

1918年，张敬尧被段祺瑞任命为湖南督军兼省长的。张原任苏、鲁、皖、豫四省边境剿匪督办，陶菊隐与他还发生过冲突。张敬尧是皖系第七师师长，曾奉命入川打护国军。这个师的第五团是由土匪改编的，他们一路上屠杀百姓。大军开到长沙后，又烧杀抢掠，被当地百姓称为"白天是兵，夜晚是匪"。

陶菊隐的家与一个亲戚家紧挨着，且都靠近兵营。那户亲戚躲到乡下去了，行前委托陶的父亲照看房子。有天夜里，第五团的一帮士兵撬开陶菊隐亲戚家的门，进去搜刮屋内的东西，陶的父亲听到动静出门查看，见状大声劝阻，竟被开枪打死。事后，陶菊隐愤愤写下要求缉查凶手的"请愿书"，送往第七师师部，张敬尧竟在批示中大骂陶菊隐是"信口雌黄，破坏国军名誉"。湖南善后协会闻讯，在上海各大报纸上刊登广告，把陶菊隐父亲的惨案列为张敬尧祸湘的十大罪状之一。1918年1月13日的《申报》刊出的巨幅广告是"湘民血泪"。

1919年爆发了"五四"运动，湖南也与全国一样抵制日货，张敬尧却大骂学生破坏中日邦交而下令禁止抵制日货运动。当地学生焚烧日货，张派其弟弟带兵镇压，激起北京学生联合会、各省进步团体的口诛笔伐。为此，湖南就有了"驱张"运动。1920年6月，湘军发动"驱张"战争获胜。

谭延闿由此担任湖南督军兼省长。（注：谭延闿生于1880年，长沙府茶陵人，与陈三立、谭嗣同并称当时"湖湘三公子"，这也填补了湖南在清代200余年无会元（贡士）的空白。他1909年被推为湖南咨议局议长，1912年加入国民党，1927年后，曾任南京国民政府主席、行政院院长。他的工书、蝇头小楷均极精妙。尤以颜体楷书誉满天下。中山陵半山腰碑亭内巨幅石碑上"中国国民党葬总理孙先生于此"两行巨大金字，即为他手书。1930年9月22日，他病逝于南京）。

当谭延闿由湘南回到长沙，立即召开各界联席会议，陶菊隐作为新闻界人士也被邀请列席。由于刚被《新闻报》聘为"长沙访员"，他决定抓住机会，好好写写长沙的大新闻。不过，他有一套自己的"采访经"。

陶菊隐通晓交友之道，那些达官贵人需要你记者时会滔滔不绝说新闻，当你去向他们"讨新闻"时，对方却会三缄其口。所以，陶菊隐与这帮

* 谭延闿所书手迹

人结识时，总是先交朋友，饭局上、麻将上总能见到他的身影。日子一久，彼此就混熟了，到那时，达官贵人对他无话不说。他更懂得，哪些可以发表，哪些是"见不得人"的话，他必给予保密；否则，自己以后就会被拒之门外，甚至引火烧身。其次，他把湖南省是知名人物的简历、包括家庭出身、学历、个性以及他们的政治活动等随时收集起来，作为自己的"资料库"，一旦需要，就能与所写新闻稿件中的人和事对上号，而迅即"调"出来。不仅如此，陶菊隐还运用"材料"加以研究和分析，把前因后果联系起来，因此，他所写的新闻通讯深受读者喜欢。

1920年9月13日，陶菊隐又一次出席谭延闿召集的湖南军政要人、各界代表和各报记者举行的联席会议，得知身为湖南督军、省长和湘军总司令的谭延闿宣布先废除湖南督军一职，暂留总司令管理军政，等到湖南省自治后有了省宪法，总司令一职也将废除，改由民选省长统辖军民两政。陶菊隐的"资料库"派上了大用场。他知道，谭延闿不懂军事，只能在督军、总司令外再设了一名总指挥员，以湘军第一师师长赵恒惕兼任。

两个月后，谭延闿被迫宣布废除督军，他只专任省长，并将总司令的位子让给了赵恒惕。而赵知道这个"总司令"不好当，于是拒不接受。11月23日，谭延闿召开紧急会议，让大家请赵恒惕接任湘军总司令。陶菊隐也出席了会议，先前两次会议他没写稿，这次根据自己的分析，断定"有戏"，于是他要出手了。

陶菊隐拿着《新闻报》长沙新闻电执照，特意请了电报局的译电员一同去会场，他在场内记会议内容，再加上"资料库"中相关背景资料，先拟成第一部分稿子，让译电员送电报局拍发给上海《新闻报》，并请译电员速去速回。等到译电员返回时，陶菊隐已将稿子的第二部分写完，译电员拿着稿子折回电报局。此时，会场里发生了状况，谭延闿连省长也不干了。湖南警务处处长、湘军第十一区司令林支宇被选为临时省长。陶菊隐笔下"刷刷"地写着，当译电员再次回来时，陶的稿子全部完成。等到会议结束，上海《新闻报》馆也已收到了陶菊隐的"长沙通讯"全文，第二天见报。住在上海的湘籍人士通过报纸了解到家乡的消息，无不交口称赞《新闻报》消息灵通，从而使上海与湖南的《新闻报》发行量剧增，之后很快就超过了《时报》在湖南的销路。

1921年秋，陶菊隐生平第一次来到了上海，住进了永安公司附设的大东旅馆，席不暇暖就赶往汉口路上的《新闻报》馆。这里的房子原是单间的石库门，1908年第一次翻造成三开间四层楼。接待他的是48岁的总经理汪汉溪，这让23岁的陶菊隐受宠若惊。其实，"长沙通讯"早已使他的大名为汪汉溪稔知。汪汉溪问了他住何处后，随即告知当晚在陶乐春川菜馆为他接风洗尘。

傍晚，汪汉溪坐着一辆半成新的轿车到大东旅馆去接陶菊隐，他们一起来到了开在爱多亚路（今延安东路）上的陶乐春川菜馆二楼。汪汉溪将已在那里等候的20几位《新闻报》馆的编辑一一介绍给陶菊隐。他们点了该店的招牌菜"京葱贵妃鸡"。

次日早上，汪汉溪又乘车前往大东旅馆请陶菊隐去城隍庙吃早点。吃完早点，汪汉溪领着陶菊隐在城隍庙的一些商铺兜了一大圈后，问他看到些什么，陶答，琳琅满目的商品和众多的人。

陶菊隐在《记者生活30年——亲历民国重大事件》一书中写道："他（指汪汉溪）知道我在上海并无亲友往来，便派该报发行科长石瑞清每天到旅馆，陪我逛公园，游览名胜，或者指引我到某些特种商店买'末事'（沪语为东西之意），并把那部旧汽车留下来供我使用。我谈及当天逛城隍庙的情形，石问我看见庙中商店柜台上摆了些什么，我才恍然大悟，原来各商店柜台上摆的清一色的《新闻报》，所以《新闻报》有'柜台报'之称。"

4. 建立一套《新闻报》特色的管理模式

当时，上海的《申报》、《新闻报》、《时事新报》、《时报》被报界称作"四大金刚"，并各自形成了自己的特点。《申报》为综合性报纸，政治新闻为重点；《新闻报》以经济新闻为主。《时事新报》以介绍学术见长，而《时报》则以体育为己任。

汪汉溪在《新闻报》上专门开辟工商专栏，"借鸡生蛋"是他的拿手好戏。为此，报馆除了少数自己的专职记者外，大多数是在各行业寻找一批业余访员，如同现在报社的通讯员。当时，《新闻报》的访员每月均能得到一笔报酬，他们对市场有着绝对的灵敏度，假如遇到市场发生变动，他们总会在第一时间向《新闻报》通风报信，这样一来，不管是棉纱交易，还是煤炭交易，只要是商品交易，《新闻报》的消息必然是最快见报的。不仅如此，报馆还在法院、巡捕房和救火会（现今的消防队）、医院等处招聘了一批访员，这样便有了坊间源源不断的社会新闻。

《新闻报》设立的三个科是很有自己的特色。先说编辑部的考核科（后改由稽核部领导），这个科的人员全由退居二线的或者退休主编、编辑部老资格的编辑，以及退休的驻京记者组成。这些老法师个个身经百战，经验丰富，把他们请回来的唯一目的就是监控。考核的范围以新闻为主，包括评论、副刊和版样等。

他们无需按时上下班，上班时，坐的办公室紧挨编辑部，他们的任务就是每天翻阅他人的所有报纸，看看本市与外埠的报纸上的新闻，而后与自己的报纸对比，如果是同一题材的稿子，看看别家报纸写得是否比本报好，若比本报好，好在什么地方，本报的稿子比别人差在何处，他们就要写下今后怎样改进的意见交给汪汉溪，由汪汉溪用"曹慎之"的名义告诉当事人。尤其是别家报纸有这条消息，本报却没有，那就作为漏稿，此种情况若发生多次，那就对不起了，当事人的薪水要被适当减去。反之，某人写的稿子为本报独家新闻，老法师们必然会发函鼓励，汪汉溪便根据记录，于年底给予奖金。如果某人常常写出独家新闻，此人在年终就会被评为优秀访员而提高待遇。

我现在供职的《新闻晨报》在数年前也在编辑部设立了一个监控部，这是他们到香港的报社取经回来后创建的，其功能与《新闻报》上述的做法如出一辙。其实，这在一百年前的海派报业中就有了！

《新闻报》的发行量之所以逐年增长，与报纸向外埠推销分不开。为此，汪汉溪在报馆的发行科之外又加了一个推广科。起先，我以为"推广科"是专门研究报纸如何增加发行量的，当我研究了大量资料后才发现并非如此。该科职员的工作是研究每天火车、轮船、飞机和长途车的时刻表，因为这个"时刻表"是经常变动的，报馆必须掌握它们的具体变动时间。例如，当某班轮船开走了，该科员工马上就要告诉邮局，《新闻报》将改由火车或者航空运送。目的就是能让报纸准时到达当地读者手中。

还有一个是准备科。这个科设在广告科之外，任务是每天要上版面的稿子定下之后，该科的职员马上要计算新闻与广告6:4的比例，根据这个比例来决定次日的印报数。假如广告少了，印报数就要减少，反之，就要增加印报数。

《新闻报》还建立了一套人事管理制度。即对管内员工论资排辈，根据进报馆的时间长短、每人的贡献大小，逐年提高薪水。初进报馆者月薪较低，你在报馆干得年限越久，薪水就越高。年终分配红利，这笔红利相当于5个月的薪水。退休的还有养老金，如不到退休年龄离开报馆者，就得不到退休金。如此一来，不少人就把《新闻报》作为自己终身服务的对象，从而减少了人才的外流。想想也是，某人在该报干的时间越长，积累的经验就越多，"十年媳妇熬成婆"，除非你要跳槽后去的地方薪水比《新闻报》高，否则谁也不会轻易离开。而当时的《新闻报》已经与《申报》平起平坐，就算你到《申报》去，一切又得从头开始。这样一比较，《新闻报》绝大多数的人怎会想走呢？

但《新闻报》也出现过你不走也得走的特例。

那是1927年7月8日，当时蒋介石已把中国共产党领导下的工人武装镇压了下去，东路军总指挥部政治部发起"庆祝蒋总司令就职周年纪念大会"，写好了新闻稿让上海各报刊登。《新闻报》刊登的大标题中的"蒋"字没了草字头，成了"奖总司令"。

此事非同小可。此前，已见报的一则新闻中，把"宴请全体中央委员"错成"兽请"。好在不是在标题上，"兽请"是新5号字排在文章里，粗看还难以看出，这回事体大了，把老蒋变成了"奖"，难道老蒋还用东路军总指挥部来嘉奖？

原来，该稿从排字校对到当班老总看完大样都没问题，就在排字工最后把已经拼好的版面，从四楼是排字房乘电梯准备送往底楼印刷车间时闯祸了。当时电梯猛地跳动了一下，版面上那个"蒋"字跳了出来，奇怪的是，无论那名排字工怎样寻找，就是找不到老"蒋"。此时报纸再不开印，就赶不上当日的火车、轮船送报了。

这名排字工双手搬着铅字版面，只得先去印刷车间，他向另一位排字工求助，请对方帮忙去取一个三号字的"蒋"字。那人绝对是一名熟练工，摸黑去了排字房，自以为技术过硬，也未开灯，顺手摸了个铅字，又匆匆赶回印刷车间，朝着版面上的一个字的空当，就把拿来的铅字插了进去，随后又压纸模浇版付印。

当报纸已经发出去后，报馆才知道大事不妙。于是立即派人带着原排的小样、大样和付印前签发的清样前往东路军总指挥部政治部和警备司令部说明情况。孰料，不说兴许还没事，这一说，国民革命总司令部驻沪特别军法处开出传票，要求租界巡捕房传唤两名《新闻报》馆的肇事者到军法处。

结果可想而知，那两名工人被拘捕，他们的家人哭哭啼啼地跑到《新闻报》馆来，吵着要报馆"赔人"。此时报馆已是汪汉溪病故后由其长子汪伯奇当家。汪总经理派人托了国民党上海市党部宣传部长兼《民国日报》主编的陈德征去疏通。陈德征同意由他出面保释，但必须答应他二个条件：一为由他推荐一些人到《新闻报》来；二是要在《新闻报》上开一个专门宣传国民党的副刊《学海》，稿子由市党部的宣传部来定。十分无奈的汪伯奇被迫同意了这些要求，两名排字工被释放，还能重返工作岗位吗？

《学海》副刊一直占领《新闻报》四年多，至"一二八"战事爆发才停刊。

当时的《新闻报》出了这等大事后，再次加强了把关意识。阮波的祖父张继斋曾任《新闻报》主笔，他于1917年在北京晨光街16号创立了该报北京办事处，并在那儿工作了10年。在此期间，曾因抨击曹锟贿选总统而被捕，被关押在德胜门外的宫德林监狱，新闻界哗然，公推邵飘萍到国务院质问。美国公使严诘之也去国务院照会，称《新闻报》是美国注册的报纸，张继斋是报馆的主笔，怎可随意捕人？必须即放人。张继斋在监狱呆了8个月后被释放，当天，福开森由上海专程到北京接张继斋回沪。张继斋表示自己继续留在北京办事处，他的儿子，即阮波的父亲张亚庸也在该办事处做记者。

1999年，我将自己担任特约责任编辑、阮波女士撰写、文汇出版社出版的《百年正气——张继斋先生传》一书赠与我的老领导张煦棠先生。不久，他告诉我，他正担任《上海新闻志》的副主编，并嘱我写一条张继斋先生的条目。我写好之后，正巧阮波女士来沪，我便登门拜访，并告诉原委，请她过目。她看得非常仔细，认为没问题，我才把原稿送往张煦棠家。

（张煦棠今年八十有三，他原是《文汇报》副总编辑，1994年离休后又担任了《新闻报》总编辑。去年我们十余位报社同仁祝贺他新闻从业五十周年，由我设计并印有我们姓名的艺术磁盘，让张煦棠先生笑逐颜开）现将《上海新闻志》中由我撰写的张继斋先生一节摘录如下：

张继斋（1869—1938）原名毓英，学名继斋，江苏青浦（今属上海市）人，1889年考中举人，翌年到上海，经章太炎推荐入《申报》馆当记者，1893年，《新闻报》创刊后，由严复引荐，他被该报馆聘为主笔。甲午战争失败后，他到天津采访了维新派首领康有为、梁启超，写成长篇采访记发表，后又进《申报》任主笔。1898年，他赴英国学习、考察，访问了英国剑桥大学新闻系，参观了牛津大学和《泰晤士报》的印刷厂；1901年回国后，创办了青浦城内第一所新颖学堂"愿学学堂"；1904年，与于右任合办《南方日报》，自任主笔5年。他注重新闻的编发，在上海报坛第一个建立了专用电话线联系海内外的通讯网，配设了速记人员，接收各地区传来的最新消息；1909年春去北京、天津两地创办《京津时报》，1914年重返《新闻报》任主笔，1917年被派任北京，担任《新闻报》北京采访科主任。他在任职期间锐意改革，增辟副刊《新园林》（后改为《快活林》），加强连载小说专栏，以及创设经济新闻的新栏目，报道金融、实业、股市和国际行情。1928年冬，因年近六旬，他退居二线，被授予《新闻报》稽核部主任一职。在"九一八"事变发生后，他不顾62岁高龄，代表《新闻报》，率领由上海各报22名记者组成的"慰问东北抗日义勇军代表团"（指马占山所部），深入东北，亲临战场采访，赢得了社会各界赞誉。他一生在报界达40年之久，其间三进《申报》，二进《新闻报》。被誉为"南于（右任）北张（继斋）两枝铁笔"。

在我看来，张继斋被调回上海担任稽核部主任，与《新闻报》"庆祝奖总司令就职周年纪念大会"不无关系。

5. 严独鹤促成了一部《啼笑因缘》

《新闻报》的副刊与《申报·自由谈》副刊大相径庭。《新闻报》的副刊着重于文学，并带动了报纸的发行，这与该报的严独鹤密不可分。《新闻报》与《申报》在当时并驾齐驱，合称"申新"两报，其各自的副刊《快活林》与《自由谈》在当时也最负盛名。报坛上有所谓"一鹃一鹤"之说，"鹃"指编《自由谈》的周瘦鹃，"鹤"就是编《快活林》的严独鹤。

严独鹤（1889—1968），名桢，字子材，别号知我、槟芳馆主，晚年常署老卒、晚晴，乌镇人，清季翰林严辰之侄孙。早年其元配夫人卢氏，产后得病不治，悲痛之余，自认不克双飞，孤如独鹤．即以独鹤为笔名。他14岁赴科举考试中秀才，次年进上海江南制造局所属之兵工学校，接受现代教育；后升入广方言馆，学法文、英文及数理化等科；19岁丧父，离校就业，赡养全家；1913年进中华书局任英文部编辑，并从事文艺创作。

前文说过，我曾与严独鹤的儿子严祖佑共事过，今年他已六十有八。当听闻我要写《海派报业》，他欣然命笔，给我写来他令尊的陈年往事，洋洋五千言，我只能挑出其中小部分，以飨读者。

* 严独鹤

"我父亲严独鹤,于1914年进入上海新闻报,历任该报副刊《快活林》(后改名《新园林》)编辑、主笔,后又兼任新闻报副总编辑,凡三十余年。《新闻报》是旧中国发行量最大的民办报纸,《快活林》及《新园林》亦为民国时代最受读者欢迎的副刊之一。

余生也晚,未能亲历父亲当年办报的种种情事。由于我是学中文专业的,父亲晚年常对我说起办报的诸多甘苦。据父亲说,办好一张副刊,需抓住三个要领:其一每期须有一篇好的短文(言论);其二是须有幅好的画;其三是须有一部好的连载。唯有如此,方能相得益彰,吸引读者。

在这三个"要领"中,父亲本人是中国最早一代以写短文为主的大家。他自主持《新闻报》副刊之时起,就开设《谈话》专栏,以"独鹤"笔名,每日撰写短文一篇。取材则上自时政大事,下至市井琐闻,皆为市民所切切关心者;其文字平易,雅俗共赏。因此每篇虽只有几百字,却深受读者欢迎,历之十余年而不衰。

由于父亲的文章能切中当时社会上的各种心态,且辗转入里,因此还曾为自己招来过一场无妄之灾。某日,父亲去报社上班,刚刚步入大门,即从旁窜出一男子,拔刀向父亲猛刺,幸父亲闪避及时,仅伤及颈部皮肉,此人旋被报社门房扭获至警署审问。彼坦承与父亲素不相识,亦无瓜葛,唯因父亲所写文章,每每触及自己内心最深处的种种不为人知的隐秘,从而寝食难安,惶惶不可终日。故断定父亲有"妖法",认为只有将父亲除去,自己才能安宁。最终,法官乃判定其精神失常,将其送入精神病院管制、治疗。此人家境困窘,住精神病院的钱还是父亲代付的。

当时,《新闻报》副刊的专栏漫画作者是丁悚(画家丁聪之父),丁老先生的画风泼辣,揭露时弊,臧否人物,不留情面,对读者有很强的感染力。如某年元旦,《快活林》刊载了一幅丁先生的漫画,名为《向党国要人拜年》。其中蒋介石被画成了一把雨伞,伞面即是蒋介石常穿的俗名"一口钟"的黑斗篷,蒋氏是光头,且很小,于是整个头颅就被画成伞尖上的一个滴子;至于孔祥熙的尊容就更有趣了,因其爱钱之故,一张脸被画成了一个银圆,而一对眼睛则被画成了两个银毫。

说到新闻报的连载,不能不提及父亲和张恨水先生的一段交情。1929年,张学良将军在东北宣布易帜(将北洋政府的五色旗换成国民政府的青天白日旗),服从中央政令。至此,中国在名义上归于统一。同年,以父亲为团长的南方新闻代表团访问东北。往返途中,在北平稍作停留,时有北平同行向父亲介绍,有一位名张恨水的小说家,其作品甚佳。父亲遂与张恨水先生相识,成为至交。从此张恨水先生每有作品完稿,必在《新闻报》副刊连载,其中包括《啼笑因缘》和《春明外史》等。《新闻报》因张恨水先生的小说而赢得了更多的读者,张恨水先生也因《新闻报》而声誉鹊起,其间,父亲是作嫁衣者(父亲离开新闻报时是61岁,那时尚无严格的退休制度,他至去世都没有办过退休手续)。"

严祖佑所提及的北平同行向其父介绍张恨水,那位"同行"是资深报人钱芥尘,由于严独鹤曾读过张恨水的小说,觉得很有意思,便当场向他约稿,张恨水也很爽快地答应了。

然而当时上海已形成了一个写作圈,外埠的作家很难打入圈内。是严独鹤独具慧眼,在回到上海后,又写信给张恨水,向张催稿。面对如此盛情邀约,张恨水经过一段构思与诸多考虑后,将武侠传奇融入缠绵的爱情故事中,又将西洋小说的技法揉入传统章回小说里,这就是后来蜚声中外的《啼笑因缘》。

1930年3月16日,严独鹤撰写了《对读者诸君的报告》,预告并大力推介了张恨水的小说创作:"自明天起,刊载张恨水先生所著的《啼笑因缘》。张君在小说界极负声誉,长篇小说尤擅胜场,他的作品分见于北方各大报及本埠上海画报,久为爱读小说者所欢迎,这部《啼笑因缘》兼有

* 张恨水

言情、社会、武侠三者之长，材料很丰富，情节很曲折，而文字上描写的艺术又极其神妙，预料必能得到读者的赞许。"

由于严独鹤本身就是一位作家（著有长篇小说《人海梦》、《严独鹤小说集》及电影剧本数部），自然通晓长篇小说的写作规律，故在约稿后又多次提醒张恨水，务必注意南方读者的口味。他甚至提出"如缺少豪侠人物，对读者的吸引力会减少"，于是要求张恨水在小说中"写两位侠客"。张恨水接受了严独鹤的意见，塑造了关寿峰与关秀姑两位侠客式的人物。

《啼笑因缘》自1930年3月17日开始在《新闻报·快活林》上连载后，获得了极大的反响，广告商竞相要求将自己的广告刊登在近小说的位置。《新闻报》的发行量也随之猛增。

当时文坛甚至还出现了各种版本的"续作"。严独鹤在三友书社之后重印《啼笑因缘》的序中写道："在《啼笑因缘》刊登的第一日，便引起无数的读者的欢迎了，至今书虽登完，这种欢迎的热度，始终没有减退。一时文坛上竟有'《啼笑因缘》迷'的口号，一部小说能使读者对于它发生迷恋，这在近人著作中，实在可以说是创造了小说的新纪录。因为我恭任

《快活林》的编者,《快活林》中有了一个好作家,说句笑话,譬如戏班中来了个超等名角,似乎我这个邀角的,也还邀得不错哩。"

由此可见,严独鹤对自己这次成功的策划是相当之满意。

1931年"九一八"事变后,严独鹤在《新闻报》上特辟"抗日同志谈话会"和《救国之声》专栏,号召读者写倡导救国、激励同胞的文字。而最能体现其副刊特色的便是《谈话》栏目了。这是他每天根据电报政讯及重要新闻,针对国内外时事或社会问题发表的议论,长则六七百字,短则二三百字,所谈内容从国家大事、社会新闻以至日常生活琐事。

1937年7月7日,为庆祝上海市政府成立十周年,严独鹤发表了题为《十周欢祝》的"谈话",按理说,在此欢庆之时应该讲些不要扫兴的话,但他却要来几句败兴的话:"淞沪抗战时的炮声,固然已在香槟酬酢之下,消失得不留遗影了;可是断壁尚存,劫灰犹在,还令人能够追忆到当时铁鸟轰炸的惨况。大家欢欣鼓舞之余,对于当前的时势,还要同时有所警惕"。就在这篇文章发表当天,爆发了"卢沟桥事变"。是巧合,还是严独鹤有着超前意识?我认为是后一种。

"一二八"事变后,国难深重,无从快活,严独鹤遂将《快活林》改名《新园林》,并刊载了一些反映人民疾苦的文章。譬如1948年11月5日,他发表的《小民无路》中有这样的文字:"这几天,银根奇紧,各物飞涨,简直是大可惊人。因为天天涨,时时涨,早晚不同,瞬息数变,试问如何能核,如何能议……"

4天后,严独鹤在同一位置又发表《白色恐怖》:"限价期内,一切买不到,议价之后,一切买不起,这是前几天的话。现在呢?物价尽管猛升狂跳,许多物品,仍是有价无市,于是手中无钱,固然买不起,手中有钱,也依然买不到。最使人惊心的是米,米价天天跳,一跳就是数十元以至数百元,但走遍各米店,还是颗粒俱无,每一家,每一人,都感到食粮的恐慌。

抢购潮已演化为抢米潮，白色恐怖的威胁，影响着全市治安……未来的局面，真不堪想象了"。

上海沦为"孤岛"后，爱国新闻工作者被日伪暗杀的事件时有发生。严独鹤发表了大量的抗日文章，多次收到恐吓信，有时信里还附有子弹和人的断指，家人和亲友劝他多加小心，他却泰然处之地说："怎么个多加小心呢？总不能去当汉奸出卖人格，如果要暗杀我，那么偌大的敌伪特务机关对付一个平民百姓，我防不胜防。我行我素，看把我怎样。"

1941年，太平洋战争爆发后，日本陆军强行接管《新闻报》，报馆财产为日本军方控制，日本海军部派吴蕴斋担任《新闻报》董事长，李思浩为社长，严独鹤立即愤然辞职。夏衍先生曾发出感叹："独鹤先生是真正的新闻前辈，他在敌伪时期那么困难的情况下，保持了民族气节，这是很不容易的。"

1945年8月，抗战胜利，《新闻报》被国民党政府以在上海沦陷时为日伪服务而接管，由政府任命钱新之为董事长，程沧波为社长，赵敏恒为总编辑，詹文浒为总经理。国民党政府还拟定了《改组〈申报〉、〈新闻报〉办法》，使国民党在《新闻报》的股权占到51%而全面控制了该报。如此一来，让原先民办的《新闻报》变成了国民党的党报了。难怪上海一解放，该报要作为敌伪财产由中国人民解放军上海市军事管制委员会所接管。

第十章

政党报刊异军突起

1. 中国共产党领导下的报刊

1921年，中国共产党在上海法租界诞生，至1933年中共中央迁入苏区，上海一直是中共中央的所在地。而此前的1915年，中共创始人之一的陈独秀就已在上海创办了《新青年》，并担任了首任主编。当中国共产党上海发起组成立后，《新青年》便成为发起组的机关刊物。

《新青年》于1915年9月15日在沪创刊，最初刊名为《青年杂志》，从1916年9月1日出版第2卷时才改为《新青年》的。第二年，俄国十月革命一声炮响，给中国送来了马列主义，《新青年》马上发表了李大钊写的《布尔什维克的胜利》等文章，杂志的篇幅从原先的100页增至为160页。

1918年，《新青年》对外宣布，该刊不向外约稿，由编辑部成员陈独秀、李大钊、胡适、钱玄同、高一涵、沈尹默等人轮流编辑，稍后鲁迅也加入了进来，他在"五四"时期的主要作品，大都在《新青年》上发表的。

1919年爆发了"五四"运动，此时由李大钊主编的《新青年》上系统地介绍马克思主义。至中国共产党成立之前，《新青年》上刊发的这类文章达130余篇。胡适皱眉头了，在杂志上发表了《多研究些问题，少谈些主义》，把他在编辑部里反对这种做法公开化了。

1920年9月，《新青年》自第8卷第1号起，成为中国共产党上海发起组的机关刊物，由陈望道、沈雁冰、李汉俊负责，为中国共产党的成立作理论上的准备。1926年7月停刊。

在1920年11月7日，中国共产党上海发起组还创办了一本《共产党》月刊，由李达主编，之所以选择在11月7日，是因为俄国十月革命就是在这一天。但这本《共产党》刊物是秘密发行的，中国共产党第二次代表大会以后，中共中央决定创办《向导》周刊，于1921年7月停掉了《共产党》月刊。《向导》周刊是于1922年9月13日在沪创刊的，由蔡和森任主编，面

* 《新青年》创刊号

向全国发行,以后曾由瞿秋白等接任主编。

上海公共租界的工部局对这类报刊十分烦心。1921年8月,以"为劳动者说话"为办刊宗旨的《劳动周刊》创刊,这是中共中央所属中国劳动组合书记部的机关刊物,书记部的主任张国焘兼任编辑部主任,之后由李震瀛、李启汉任主编。1922年6月,工部局以"刊登过激言论"而查封该刊,还逮捕了李启汉。

《向导》更让工部局揪心。因军阀政府暗中通过邮局扣押《向导》,还向工部局施压,导致该刊出至第5期后便遭工部局查禁,《向导》不得不迁往北京、广州、武汉等地出版。

还有一本1923年7月1日创刊的《前锋》月刊,这是中共中央的机关刊物,由瞿秋白任主编,主要撰稿者为陈独秀、张太雷、向警予。尽管是在上海出版,却玩起了障眼法,将编辑部地址放在广州,由广州平民书社发行,上海租界当局拿它没办法。

1925年6月4日,中国共产党在上海同时创办了《血潮日刊》和《热血日报》。前者为中共领导下的上海学生联合会在"五卅"运动中出版的一份8开版面日报,每天4版,陆定一是该报编辑之一。这份报纸只出了3个月就停刊了。后者由瞿秋白任主编,瞿亲自撰写社论或专论。报纸设有"罢工罢市消息汇志"、"舆论之裁判"等专栏,副刊有《呼声》和《小言》。

看得出,这类报纸旗帜鲜明,火药味特浓。《热血日报》在发刊词中写道:"现世界强者占有冷的铁,而我们弱者只有热的血,不愁将来手中没有冷的铁。热的血一旦得到冷的铁,便是强者的末运。本报特揭此旨,敢告国人。"该报只出了24天,租界巡捕就查封了印刷该报的明星印刷厂,报纸也随之被迫停刊。

中共中央宣传部为了指导工人运动,于1929年4月17日在沪创刊出版了《白话日报》。由李求实任主编,谢觉哉等任编辑。当时,上海国民党政府设立的"新闻检查"十分严厉,报纸出版的首日,即遭当局追究。编辑部立即将报名改为《上海报》继续出版,但十多天后又被查禁。咋办? 改报名,在之后的半年中,《上海报》就先后用《无声》、《晨光》、《沪江日报》、《上海日报》、《上海市报》以及《小沪报》报名出版,一直到1930年1月,才恢复《上海报》原名。

我查资料所知,《上海报》报馆屡遭查封,采访部、发行部先后被查抄,经理和主笔全被通缉过。该报原本是公开发行的,由于卖报的报贩、报童前前后后被罚款或遭拘捕的不下80人。尤其是报馆自己没有印刷厂,承印该报的印刷厂多次被国民党政府查封,厂主也遭被捕判刑。该报出刊至1930年8月14日,与中共中央机关报《红旗》合并,成为《红旗日报》。

按日期排下来,《红旗日报》便是1930年8月15日创刊的。它的显著标志是,在报头上注明"中国共产党中央委员会机关报"。经常写稿的有李立三、关向应、张闻天等人。周恩来、瞿秋白也为该报撰稿。《红旗日报》在1931年2月14日改为中国共产党中央和江苏省委机关报。它的命运多舛,报馆的印刷所接连遭国民党当局搜查,工人被捕,于是年3月8日停刊。

一人倒下,千万个人又站起来。就在《红旗日报》停刊的1931年,由中国共产党江苏省委主办的《明报》、《进报》和《大声报》分别于9月和10月在上海创刊。这3份报纸的报馆地址、所用纸张,包括版面均相同,可以说是"一套班子,三块牌子",但又各有侧重。有个现象需说明,当时一些消闲类的小报大都用红色纸张印刷,而《明报》、《进报》和《大声报》也全为红纸印刷。我揣摩,这些办报者不明消闲小报用红纸的用意,以为"红色"就是革命,所以也要用红纸来印革命的报纸?

共产党人吃过大亏,因此也学会了改变策略,用智斗。1932年4月20

日创刊的《大中报》就是一例，该报是中国共产党秘密出版的报纸，由应修人任主编。这个"大中"其实是"大众"的谐音。

在当时铅字印刷已经非常普遍的情况下，惟有中国共产党还出过油印的报纸，这在海派报业中也是绝无仅有的。像1932年5月创刊的《真话报》，这份中国共产党江苏省委机关报，一开始为铅印的，之后由于印刷遇到难以克服的困难，不得不改为油印出版。虽说是油印报纸，但它照常出增刊和号外。

1932年10月，中国共产主义青年团江苏省委在上海出版了《少年真理报》，该报创刊时就为油印的，却丝毫不减它的魅力。

中国共产党在诞生10余年后，队伍不断壮大，人才济济，办报水平又上了一个台阶。尤其是在上海这座大城市，要想立足，就得与时俱进。1937年12月9日，在中国共产党江苏省委领导下，由夏衍、梅益、姜椿芳发起创办的《译报》问世。

顾名思义，译报就是翻译外文报纸。我在第四章中就叙述过林林总总的外文报刊，你想想，英文、法文、日文、德文、西班牙文……要翻译这些报纸，就必须有懂外语的人，共产党人能办《译报》，说明自己有这方面的人才。

《译报》日出4开一张，所登的新闻统统译自上海出版的外文报刊和各国报刊。其比例为，上海的外文报刊占四分之一。这些"外转内销"的稿件选择权在报馆出报人的手中，这就暗藏玄机，《译报》版面上专挑介绍中国共产党领导下的革命根据地的消息，还有世界人民对中国抗战的支援，以及对日本侵略者的谴责，一句话，对共产党有利的新闻就是《译报》的首要任务。讲起来，这又不是本报馆记者写的，你要找茬，就去找外国人。

话是这么说，日伪当局不找外国人，就是要找你报馆的人。他们强迫租界内的中文报刊接受检查。译报馆起初硬顶着，敌伪新闻检查所向《译报》连续发通知，勒令送检。你当耳旁风？好，关掉你印刷所，《译报》因无法印刷，被迫于12月20日停刊。

停刊不要紧，跌倒了，爬起来再前进。租界内的中文报刊不是要送检吗？那我就用洋商招牌。由于洋人的报刊不用检查，《译报》人员也不是吃素的。他们通过关系，找到两位同公共租界巡捕房有联系的英籍发行人，以英商在香港注册的大学图书公司名义，出版《每日译报》。挂了洋行招牌发行的《每日译报》在第二年的1月21日创刊，这距《译报》停刊仅一个月。它仍为中共江苏省委的机关报，却是上海租界内宣传抗日的第一家洋商报。

令人不可思议的是，在上海租界里，《每日译报》竟能从"外电特稿"中，把毛泽东的《论持久战》全文译成中文刊发。

1939年5月，日伪和租界当局联手，收买了《每日译报》的英籍发行人。"靠山"没了，租界的工部局才能"动"你《每日译报》。5月18日，工部局找到了一条理由，称《每日译报》未经送审而刊登全国生产会议新闻，停刊两礼拜。实际上是个缓兵之计，之后，没有再让《每日译报》复刊。

除了明确，或半公开，甚至借洋行名义出版的这些报纸外，中共地下党办的报纸也成为另一种特色。1945年9月21日，由中国共产党代表团驻沪办事处直接领导，却以民办报纸形式出版的《联合日报》在沪创刊。中国共产党本来是想在上海出版《新华日报》的，由于遭国民党政府阻挠，不得不来个迂回战术。当时，中共任美国新闻处中文部主任的刘尊棋，在抗战胜利后率先回到上海，他就以美国新闻处的名义创办了《联合日报》。此时，《新闻报》馆已被国民党作为敌产接收，印报房正空着，刘尊棋找到中共上海地下党冯宾符、王纪华和《新闻报》馆的进步记者陆诒、吴大琨等人，只用了一个星期，就在《新闻报》馆内办起了报纸。刘尊棋任社长、冯宾符任总编辑、王纪华人总经理。

《联合日报》虽然名义上为民报报纸，它的当家人又是美国新闻处的中国人，创刊词中又一再强调："本报纯粹民间资本，无党派之立场，发挥民间舆论作用。"但是，出现在版面上的尽是国民党统治区和解放区的新闻。国民党当局被弄糊涂了，他们怎么看，《联合日报》都像共产党人办的，于是致电美国新闻处询问是否在上海办了《联合日报》，美国新闻处答复称："刘尊棋是我处中文部主任"。

这是事实。但国民党当局根据这个事实推理，刘尊棋是美国新闻处的人，那么，他担任社长的《联合日报》就是美国人办的。对你美国人没办法，我就在自己能管得到的地方下手。国民党当局立即责令《新闻报》馆不准代印《联合日报》，也不准供应纸张，这叫断你粮草，捆你手脚。《联合日报》在这种形势下，无奈地于11月30日宣布暂停出版。

1949年4月，上海已经看得见黎明的曙光。为迎接解放，中共上海地下党正筹备出版一张报纸。此时，北平已经解放，但上海仍处于国民党的统治下，原准备用《人民日报》(上海版)的报名出报，考虑到此刻是黎明前最黑暗的日子，国民党会垂死挣扎，最终报名被定为《上海人民》报。

这张8开2版的《上海人民》报为铅印周报，主要刊登新华通讯社播发的新闻。由该报的负责人庄炎林与王树人收听编发，在地下印刷厂排版印刷。5月中旬，中共上海地下党为避免无畏的牺牲，在该报出至第6期后暂时停刊。

5月25日，上海市区部分解放。中国人民解放军上海市军事管制委员会接管了《申报》和《新闻报》，此时由冯宾符担任总编的《上海人民》报在这一天利用《申报》的印报机印刷出版了"上海解放"号外，26与27日又出版了两天报纸。因上海《解放日报》在5月28日创刊，《上海人民》

报一共出了8期后完成了历史使命,采编人员转入《解放日报》社。

实际上,中国共产党直接或间接领导的报刊远不止这些;有的报纸"昙花一现",有的报纸不断更换报名,这些报纸遥相呼应,形成了一个"红色报刊"系列,也为海派报业添加了浓墨重彩的一页。

2. 中国国民党报刊

在孙中山亲自领导下,1918年8月,《建设》在沪创刊。两个月后,该刊便改组为中国国民党的机关刊物,由朱执信、胡汉民主编。

朱执信是近代中国著名民主革命活动家、理论家。他在理论上阐发三民主义,与改良派论战,同时译介马克思主义;1910年参与新军起义,次年参加黄花岗起义,广东光复后,历任军政府总参议、核计院院长等职。他1913年参加"二次革命",后加入中华革命党,积极参与领导讨伐袁世凯、驱逐龙济光的斗争;1917年护法运动爆发,任职大元帅府,成为孙中山的主要助手,1920年壮烈牺牲。

胡汉民21岁中举人,1902年留学日本,1905年加入同盟会,任评议部议员,《民报》编辑,辛亥革命后任广东都督、南京临时政府秘书长。1913年,他参加二次革命,失败后于1914年随孙中山在日本成立中华革命党;1917年至1921年随孙中山在广东活动,先后任交通部长,总参议等职。1924年1月,国民党第一次全国代表大会在广州召开,他被孙中山任命为五人大会主席团之一,并获选中央执行委员,兼任黄埔军校政治教官;同年9月,孙中山到韶关建立北伐大本营,任命他代行大元帅留守广州。1925年3月12日,孙中山在北京逝世,此后国民党内最具实力的人是汪精卫、胡汉民和廖仲恺。同年8月,国民党左派领袖廖仲恺被暗杀。

《建设》主编由这两位顶级人物担纲，档次即刻上跳了N个台阶。由于是国民党的机关刊物，孙中山的许多重要言论都在该杂志上亮相。我在图书馆曾翻阅过一本《建设》，看到孙中山的《实业计划》就刊登在显要位置。不仅如此，朱执信、廖仲恺、胡汉民、戴季陶、汪精卫等早期国民党人的文章和译著都能在《建设》上找到。从这些文章与译著上来看，俄国的十月革命与中国的"五四"运动对这些人都产生过影响。

该刊于1920年12月1日停刊。1927年6月，中国国民党中央委员会还在上海创办了《中央半月刊》的机关刊物，第二年迁至南京出版。

中国国民党的机关报《中央日报》是于1928年2月1日在上海四马路（今福州路）创刊的。但这种说法似乎并不准确，因为在1927年3月，国民党曾在武汉创办了《中央日报》，社长顾孟余是汪精卫派系的人，蒋介石管不着他。不久，蒋介石当上了国民党中央政治会议主席和军事委员会主席，嘿嘿，对不起了，我老蒋要在上海另外办一张《中央日报》。不仅如此，为有别于武汉的《中央日报》，报刊的刊期号重新开始。

其实，早在1927年，蒋介石就开始建设国民党党营新闻事业，其基本格局就是以《中央日报》为中心，地方各级党报"众星拱月"；宣传口径以"中央通讯社"电稿为准的党营新闻通讯事业。

上海《中央日报》筹备工作由国民党中央宣传部指派专人负责。周鲠生、刘芦隐、徐树人、周杰人、彭学沛、潘宜之等人先后抵沪，此时上海的《商报》正停刊，筹备组得到消息，立即收购《商报》的全部设备，《中央日报》就是运用现成的印报设施出版了对开三大张12版的报纸。报名用的是孙中山先生的手迹，以示该报继承孙文"革命尚未成功，同志还需努力"的遗愿。

《中央日报》在沪创刊时设立了董事会，由孙科、胡汉民、伍朝枢、潘宜之等组成，孙科为董事长。（注：孙科生于1891年10月20日，字哲生，孙

潘宜之 *

* 胡汉民

胡汉民

中山独子，1910年加入同盟会，1917年任第一任广州市长，1923年、1926年两次再任广州市长，1931年任南京政府行政院长，1932年任立法院长，1947年任南京政府副主席，1949年辞职旅居香港、法国、美国等地，1965年任台湾"总统府"高级咨议，1973年9月13日在台北病逝）。

社长为时任国民党中宣部部长丁淮汾兼任。潘宜之任经理、彭学沛任主笔。下设编辑委员会，胡汉民任主席，吴稚晖、戴季陶、陈布雷、叶楚伧、蔡元培、杨杏佛为委员。再设撰述委员会，由胡适、邵力子、罗家伦、傅斯年、马寅初、潘公展、郑伯奇等人担任委员。

国民党政府定都南京后，国民党中央召开第176次常务会议，以《置党报条例》规定首都设《中央日报》为由，决定将该报迁往南京。1928年10月31日，上海的《中央日报》在出至第271期后，报馆迁往了南京。"首都设《中央日报》"是条理由，其实，令老蒋不安的是，主持《中央日报》工作的丁淮汾和彭学沛均与汪精卫的关系密切，务必换掉。

《中央日报》于1939年2月1日在南京复刊，报刊的刊期号从在上海停刊时的那期连续下去。此时的社长由新任的国民党中宣部长叶楚伧兼任了。

《中央日报》社的总编一般由蒋介石亲自选定，但这个总编不是那么好当的。在8年抗战期间，蒋介石因报纸不能准确反映自己的意旨，常常要训斥社长、总编。他还会拿着中共的《新华日报》对报馆领导层大发雷霆："你们办报条件如此优越，怎么就办不过共党的报纸？"国民党的御用文人一度视主持《中央日报》为畏途，无人敢接这副担子。《中央日报》西迁重庆7年，报社经历5次改组，社长、总编辑、总主笔、总经理等均先后更换了5任。

这里专门说说潘宜之。与白崇禧是同班好友的潘宜之生于1893年11月30日，字祖义，祖籍湖北广济（今武穴），出生于南京。保定军校毕业。历任国民革命军总司令部秘书、北伐军东路军总指挥秘书长兼办公室主任、《中央日报》社社长、国民党第五战区政治部主任、国民政府经济部常务次长、交通部常务次长、行政院参事等。1924年1月，中国国民党第一次全国代表大会和1925年初的第二次全国代表大会，潘宜之作为列席代表参加了会议，与共产党领导人陈独秀、李大钊、毛泽东、周恩来、董必武等在会上相识。因他支持拥护孙中山"联俄、联共、扶助工农"三大政策，经陈肇英推荐做孙中山侍从秘书。1925年孙中山逝世后，潘回广州，陈肇英又把他介绍给蒋介石，任北伐军总司令部大本营秘书处秘书。

1927年3月下旬，蒋介石到达上海，于4月12日发动反共政变，潘宜之随白崇禧到上海，被任为"清党委员会"委员。潘对蒋搜捕和屠杀共产党人的做法持保留态度。4月13日夜，时任中共中央军委书记兼中共江浙区委军委书记的周恩来与赵世炎领导上海10万群众在上海闸北集会、游行，遭反动军队血腥镇压，周恩来逃出机枪扫射，朝上海县方向隐蔽，结果在七宝镇被捕，押解到司令部时遇到屋里的潘宜之，两人四目对视，彼此都认出了对方。潘宜之立即明白是怎么回事了，他让士兵退下后对周恩来说："趁夜深没人看见，你赶紧离开这里，离开上海。"1940年，周恩来作为中共代表在重庆工作时，向时任国民党经济部次长的潘宜之写信致谢，表示不忘潘对中共的支持。(注：**中共中央党校出版的《历史漩涡中的蒋介石与周恩来》一书中**，对这段历史有详细记载)。

1945年8月30日，国民党宣传部在抗战胜利后，又把《中央日报》从安徽屯溪迁回上海出版。而此时的潘宜之却被国民党政府委任为救济总署广西分署署长。潘对这种降格使用十分愤慨，平时每晚靠一片安眠药才能入睡的他，在9月8日夜服用了3片安眠药，翌日被发现他再也没醒来，终年52岁。

1947年春，国民党党报实行企业化，《中央日报》成立了董事会和监事会,董事长为彭学沛,常驻监察为吴铁城。冯有真任社长,总主笔为李秋生,总经理为沈公谦。

1948年12月淮海战役后,上海国民党机构准备撤退,《中央日报》社长冯有真欲将报馆迁往广州,在12月下旬与该报的董事长彭学沛乘飞机去选址,不料途中飞机失事,《中央日报》的"二长"丧命,由李秋生代理了社长职务。1949年5月上海解放前夕,该报迁往了台湾。

国民党在上海还有两张报纸,但都借美国人的名义创办的。一份是《中美日报》,1938年11月1日创刊,创办人吴任沧社长(对外不公开)为江苏省农民银行上海银行经理,是国民党CC系统成员,曾兼任国民党中宣部驻沪宣传专员。为避免日伪的新闻检查,《中美日报》创办时就由罗斯福出版公司在美国注册,聘请了在上海的美籍商人施高德为发行人。实际上,该报为国民党中央直属党报,日出对开两大张。曾三次被公共租界工部局责令停刊。

第一次由于登载蒋介石文告,其中有一段是关于敌后民众反抗日伪的"国民公约",被罚停刊三星期;第二次因为该报教育版刊登《上海教育界总清算》一文,还附逆学校及其负责人姓名,被罚停刊一周;第三次是因为揭露日汪密约,被处罚停刊三星期。此外,还由于转载吴稚晖与杨公达发表斥责汪精卫卖国言行的论文,遭受了汪伪76号特务的袭击,同在一幢楼的《大晚报》排字房亦被捣毁,一名工友中弹牺牲。太平洋战争爆发,上海租界沦陷,该报停刊。

另一份为《正言报》。这是上海"孤岛"时期由国民党上海市党部于1940年9月20日创办的。此时,上海成了"孤岛",报馆负责人吴绍澍聘请原公共租界工部局总董、美籍律师樊克令为《正言报》董事会董事长,用美商联邦出版公司名义在租界内发行。

根据《上海新闻志》记载:"该报创刊时对所持政治立场、态度、曾作了如下规定：1. 国民党、三民主义青年团、国民党中央宣传部驻沪机构，包括宣传部驻沪专员办事处和中央社上海分社，必须密切配合，步调一致；2. 应以大、中、小学师生和工商各条战线青年职工为主要对象，特别要发动青年，抓紧对青年的工作；3. 必须做到旗帜鲜明，抗击敌伪，对于汉奸要狠狠打击，对于被迫参加汪伪政权而摇摆不定分子，要不究以往，策其改邪归正，对于徘徊歧路者要予以争取；对于忠贞不仁的爱国志士加以褒奖。"

《正言报》社长为叶凤虎，经理冯梦云。冯梦云被敌伪杀害后，由冯志方继任。

关于冯梦云，我想在此稍作些展开。

冯梦云是位商人兼作家，1929年元旦创办了《大晶报》，1932年以后改为日报。他同时创办了大晶印刷所和大晶书局，三位一体形成了大晶商业集团。冯梦云还办过歌厅、舞厅和游乐场，按《上海新闻志》中的报纸分类，《大晶报》为"游乐场和消闲性小报"。

冯梦云颇爱研究国际问题，这也符合作家都喜欢研究问题的规律。虽说《大晶报》被冠以"消闲性小报"，但该报所刊发的国内外时事评论却独树一帜，因此深受读者欢迎。

1937年8月"八一三"淞沪抗战爆发，冯梦云亲赴前线采访战地新闻，并将《大晶报》改成一天出三次，成为早报、午报、晚报"一日三报"的格局。不久，上海的大小报纸先后停刊。10月5日，《上海报》、《小日报》、《大晶报》等10家报纸联合出版《战时日报》，由龚之方主编，冯梦云任编辑顾问，不断发表抗日救国的新闻。《战时日报》不仅登载国民党军队抗战的消息，也报道八路军英勇杀敌的新闻。著名作家郁达夫的杂文《倭寇的穷技》，朱德总司令的《论西班牙战争》、《日本决不可怕》等文章都登载在此报上。冯梦云自己也写了《八路军与晋北大战》、《南京之攻防》等20余篇专论。

1942年11月26日，身着便衣的日本宪兵突然闯进冯梦云家搜查，查出冯梦云与一位友人的通信，内容是谈论《战时日报》中他的那篇《南京之攻防》，友人在信中说他："对军事地理宏见卓越……已汇呈蒋、白、唐（白崇禧、唐生智）诸当局外，尚乞分神再作简括扼要制敌于死命的妙计……"日军认为此信足以证明冯与国民党当局的关系，于是将冯梦云带往宪兵司令部。

在饱受日军的酷刑摧残下，冯梦云于1944年2月17日被迫害致死。据国民党政府"明令褒扬"，并"特给恤金"的上海殉难报人，先后共有15人，冯梦云就是其中的一位。其他人还有朱惺公、张似旭、程振章、金华亭、李骏英、邵虚白、赵国栋、周维善、秦钟焕、陈相轩、朱鸣春、王安陆等。

《正言报》在1941年12月8日太平洋战争爆发的当天，发出该报的《最后消息》宣告停刊。抗争胜利后，《正言报》复刊。1948年10月，报纸刊登了一篇《不要再制造第二个王孝和了》，恼怒了国民党当局，被勒令停刊。

第十一章

「孤岛」时期的上海报界

1. "孤岛"一词由《大公报》叫开

上海成为"孤岛"一词最早出现在《大公报》上。

1937年12月13日,日军占领了南京。当天,设在上海虹口的日军报道部宣布,已经经公共租界当局同意,从12月16日起,对租界的华文报纸实行新闻检查。次日,《申报》与沪版的《大公报》自己停刊,并宣布转移到外省继续出版。《大公报》刊发了社评《暂别上海读者》,其中写道:"国军退出的上海完全成了孤岛,我们在孤岛上又苦挣了30多日……"之后,"孤岛"就这样被叫开了。

提及《大公报》,就得说说这份直到今天仍在出版的报纸身世。

《大公报》是在1902年6月17日创刊于天津。创始人为英敛之,即英若诚的祖父、英达的曾祖父。英敛之是满族正红旗人,名华,字敛之,号安蹇,1866年生于北京。其妻爱新觉罗·淑仲则是皇族。

1901年4月,英敛之由上海回到八国联军已占领了一年多的天津,他去拜访天津紫竹林天主教的总管柴天宠。柴对他在1898年写的那篇《论兴利必先除弊》仍记忆犹新,便约请他开设报馆,并答应帮助募集股本。对英敛之来说,这是求之不得的好事,何乐而不为?他当即就答应了。于是便有了在天津问世的《大公报》。柴天宠是该报的大股东,另一位大股东是王郅隆,《天演论》的翻译者严复也入了一小股。

在《大公报》创刊号上,刊登了英敛之撰写的《大公报序》,他将"大公"解释为:"忘己之为大,无私之为公"。英敛之主持《大公报》十年,政治上主张君主立宪,变法维新,以敢议论朝政,反对袁世凯著称,成为华北地区引人注目的一张全国性大报。

英敛之经营《大公报》实际上只有10年。1912年1月1日,清政府被推翻,取而代之的是中华民国。2月15日,临时参议院批准孙中山辞职,

选举袁世凯为民国大总统。此时的英敛之身体渐衰，加之袁世凯掌权，不免心灰意懒，他不再抛头露面。1912年2月23日《大公报》改印"中华民国"的年号，同日刊登"告白"："本馆总理英敛之外出，凡赐信者俟归时再行答复。"从此，他偕夫人来到北京，隐居香山静宜园。（注：1925年初，英敛之创办"公教大学"，后改称辅仁大学，英任首任校长。他的儿子英千里12岁便到英国剑桥大学留学，学成回国后，到辅仁大学当教授）。

1916年9月，由原股东之一的王郅隆购买《大公报》，他聘请了有过办报经历的胡政之为主笔兼经理（1889—1949，名霖，字政之，四川成都人）。28岁的胡政之上任后主持报馆改革，入馆一个月后，《大公报》由书册式改成了通栏式，将垂直的两栏改成四栏，之后又改为六栏，并将各种字号大小间隔进行搭配，使版面变得错落有致。（注：创刊时的《大公报》一直是整版直排，分上下两栏，栏之间留一空白，每栏都加了边框，对折以后即可装订成册）。

著名报人徐铸成（1907—1991，江苏宜兴县人）曾回忆说："在旧中国老一辈的新闻界人物中，邵飘萍、黄远生诸先生富有采访经验，文笔恣肆，而不长于经营。史量才、张竹平、汪汉溪诸先生工于筹计，擘画精致，而不以著述见长。在我所了解的新闻界前辈中，恐怕只有胡政之先生可称多面手，写作技巧、水平仅次于季鸾先生。"

徐铸成在《旧闻杂忆》中写道："政之当了总经理后，还不时亲自出马采访重要政治新闻。对各版新闻，从政治、经济。教育、体育乃至副刊的编辑，指导得头头是道。他还能照相，也能翻译电码。他对用人也很有魄力，在《大公报》初期，他从不从'荐书'中用人，也绝少引进他的同乡亲友。以后成为名记者的范长江、徐盈、子冈等，都是他从报刊或投稿中识拔而延聘的。我被他识拔就开始于这次太原之行。"

那时1928年8月，华北球类比赛在太原举行，时为北京国闻通讯社的记者徐铸成被胡政之以《大公报》记者的身份派去采访。此时的比赛均

❋ 徐铸成先生

以学校为参赛单位，多年称霸北方的北京师大与初露头角的南开篮球队争夺冠亚军。先前的比赛消息徐铸成都通过太原电报局发回天津的《大公报》，但他翻阅前几天的报纸，应该次日见报的比赛消息，却总要迟一天才刊出。于是他便去当地电报局询问，被告知下午4点后发出的新闻电不一定能在当日到达天津，假如是字数不多的加急电，在傍晚6点前后发出，当天可以到达。

冠亚军决赛那天，徐铸成事先请了电码翻译比他快的《大公报》驻太原的记者，带一名骑自行车的内勤在体育场等候。比赛是从下午3点开始的，上半场刚结束，徐铸成就将已写好了上半段消息交内勤送往电报局拍发，将近5点比赛结束，南开大学球队破天荒地获得了冠军。徐铸成将此重要消息发了一条不到20字的加急电报，随即赶回旅社再写详细的报道，他这是做两手准备，万一赶不上傍晚6点，他前面已经发出的电文至少也能让《大公报》在第二天刊出冠亚军的消息。

当时，在天津还有《庸报》与《益世报》，尤其是《庸报》，一向是以体育新闻见长。该报这次特意请了南开队的教练为报馆的特派记者。按理说，《庸报》的此次报道肯定比《大公报》要快、要好。可是乐极生悲，因球队获得了冠军，那名教练和全体队员均到馆子里喝酒庆贺。兴许有些过量，教练将自己另外充当特约记者的角色给忘了，等到想起后再写稿，早就无法让《庸报》在当天收到新闻电了。是夜，南开的学生分别到天津的三家报馆守候消息，直到晚上12点都未得到消息，便在各报留下一人继续守候，其余的学生纷纷回去睡觉了。《大公报》是在次日凌晨1点才收到加急电的，于是立即上了版面。等到刊有南开球队荣获冠军的报纸印出来后，守在那里的学生立即买了300份赶回学校，把全校已经进入梦乡的同学统统叫起来，召开了庆祝大会。而《庸报》与《益世报》只字未提这次的比赛捷报。不久，本来只订《庸报》的南开学生，大都改订《大公报》

了。徐铸成所提到的"我被他识拔就开始于这次太原之行"即指这次采访经历。

在第一次世界大战中，中国于1917年8月正式参加协约国对德、奥宣战，之后，支援协约国大量粮食，派出17.5万劳工，牺牲了2 000多人。第一次世界大战协约国胜利了，中国也成为胜利国。战胜国英、法、美、日、意决定，1919年1月18日至6月28日，与德、奥、保加利亚战败国在巴黎召开和平会议。会议共有27国参加，（注：俄国原也是协约国成员，因1917年11月7日爆发社会主义革命，政权归苏维埃，故而未被邀请）会前，和平会议秘书厅通知了中国，可以在和会上占有5个代表席。

北京政府最终定下外交总长陆征祥、驻法公使胡惟德、驻英公使施肇基、驻美公使顾维钧、驻比公使魏宸组5人为中国全权代表参加巴黎和会，而派往法国采访的唯一一名中国记者就是《大公报》的胡政之。在会议结束后辞去经理职务，他也成了二次世界大战时期独一无二的长驻欧洲的中国战地记者。他1920年7月回国后，在上海组织国闻通讯社。

现来说说此时的《大公报》老板王郅隆。他原先在天津日租界开过一家妓院，有一天，安徽督军倪嗣冲来他这个妓院，想打牌却少一人，王郅隆自告奋勇"补缺"，结果倪嗣冲输了好几万，对方开了一张支票给王，他把支票当场烧了，从此，两人成了莫逆之交。以后，倪嗣冲将他介绍给段祺瑞的幕僚徐树铮，他与北京政府攀上了关系，成为安福系的红人。买下《大公报》的王郅隆左右逢源，然而，在直皖战后，他与徐树铮等人遭通缉而逃往日本。1923年9月王郅隆在日本关东大地震中丧生，安福系于次年垮台。难以为继的《大公报》于1925年11月27日宣布停刊。

1926年9月，吴鼎昌、张季鸾、胡政之合组新记公司，接办《大公报》，直到1949年，这是《大公报》最辉煌的时期。当时，他们三人拟定了"既定方针"：资金由吴鼎昌一人筹措，三人三年内不得担任任何有奉给的公

* 胡政之

* 张季鸾

职。胡政之、张季鸾二人以劳力入股，每届年终，由报馆送于相当股额之股票。

同时定下：吴鼎昌任社长，胡政之任经理兼副总编辑，张季鸾任总编辑兼副经理。由三人共组社评委员会，轮流执笔，最后张季鸾负责修正。三人意见不同时，以多数决定，三人意见各不同时，以张季鸾为准。在当年9月1日复刊号发表的《本社同人之旨趣》中，提出了著名的四不社训："不党、不私、不卖、不盲"。《大公报》续刊时发行量不到2 000份，8个月后就涨至6 000余份，同期广告收入由每月200余元增至1 000余元，营业结算由每月亏损4 000余元转为收支平衡。5年后，发行量达到5万份，1936年突破了10万份。

2. 上海的《大公报》沉浮录

1935年12月，吴鼎昌出任南京政府实业部部长，辞去了《大公报》社长一职。鉴于京津局势紧张，《大公报》开始向南发展。

1936年1月，两位《大公报》的当家人张季鸾、胡政之到上海，选择爱多亚路（今延安东路，原是一条洋泾浜河，被填后成为马路）大同坊为《大公报》上海版馆址，营业部则设在福州路（今古籍书店旧址）；同时，组织强大的编辑阵容：编辑部主任张琴南，要闻版：徐铸成，要闻兼国际版：许君远，国际版：章丹枫，各地新闻：吴砚农（上世纪50年代初天津市委书记、河北省委书记），副刊：萧乾，体育新闻：严仁颖，本市新闻兼采访主任：王文彬，体育记者：章绳治，翻译主任：杨历樵，日文翻译：吴子修，绘图记者：赵望云，连外勤、译电、事务不足40人。

1936年4月1日，沪版《大公报》创刊。可是接连数天街上竟看不到一张报纸。经打探，原来是《申报》、《新闻报》馆带头吃进所有的《大公报》，根本就不让《大公报》在街亭报摊露脸。

《大公报》总经理胡政之急了，想不到自己的报纸竟遇上了"地头蛇"，连忙求助法国哈瓦斯通讯社中文部主任张翼枢。此人为法租界公董局董事、杜月笙的法文秘书，请他从中斡旋。为此，胡政之备了一份厚礼，杜月笙答应以他的名义出面请客，沪上各大报馆负责人只得准时出席。席间，杜月笙并未到场，由张翼枢代他致辞："杜先生关照，讲《大公报》出版，希望各位多多帮忙。"就此一句话，第二天《大公报》就在街头各报亭亮相。

沪版《大公报》大获成功，秋季发行量就超过了《时报》与《时事新闻》，跃居申城第三大报，1936年冬每月广告净盈余逾万，截至年底净赚5万余元。于是，张季鸾、胡政之不仅在沪觅址购地，新建沪版《大公报》馆6层大楼，还另置公馆，胡政之住辣斐坊，张季鸾的公馆是一幢三层洋房（在今复兴公园对面）。然而中日战事一起，天津的《大公报》于1937年8月5日先停刊。

据《大公报》的王文彬后来回忆说："那时我任《大公报》本市新闻版主编兼外勤课主任。因抗战爆发，外勤课和通讯课合并成立采访部，范长江和我共同负责，他分管战地记者的采访工作，我仍分管上海市内的采访工作。淞沪抗战尚未结束，长江因工作需要离开上海。记得'八一三'那天的《大公报》本市要闻版，我编写的头条新闻大标题是：《沪市紧张情形，宛如一二八前夕》。当时读者最关心的是上海战场的新变化。《大公报》在上海的战地特派员，经常是杨纪（张蓬舟）、高公（高元礼）等。他们每周休息时，我接替他们赴战地采访，一般是晚饭后出发，深夜赶回编辑部，写点'本报战地特讯'，有时因战局变化，第二天夜里才能回来写稿。我那时主要忙于编辑工作，出外采访机会不多，我记得只写过《闸北大火记》、《闸北孤军奋斗始末记》、《南市难民视察记》、

《二十四救护医院参观记》、《上海的难民问题》等篇。在《大公报》临时晚刊上,只写过《释放政治犯》。1937年12月14日,《大公报》王芸生写了《暂别上海读者》、《不投降论》两篇社论,宣告15日起停刊。全体员工一律给资遣散。"

此前,张季鸾率曹谷冰、王芸生等相继创办汉口版(1937年9月18日至1938年10月17日)和重庆版(1938年12月1日至1952年8月4日)。胡政之率金诚夫、徐铸成等先后创办《大公报》香港版(1938年8月13日至1941年12月13日)和桂林版(1941年3月15日至1944年9月12日)。

1941年4月,《大公报》收到密苏里新闻学院的来函,称"《大公报》自创办以来之奋斗史,已在中国新闻史上放一异彩,迄无可以颉颃者。"这是中国报纸第一次获得最佳报纸称号(密苏里新闻学院奖是新闻界内很高的荣誉)。

＊ 《大公报》开庆祝会

1941年9月，张季鸾去世，国共两党以及全国各界一致给予了他极高的评价。张季鸾逝世后，报馆成立了董监事联合办事处，由胡政之任主任委员，统一领导各馆；成立社评委员会，王芸生为主任委员，负责社评的选题、立论和撰写事宜。

　　1945年4月，联合国成立大会在美国旧金山举行，胡政之以中国新闻界代表和国民参政会参政员之身份，作为中国代表团成员参会，并在《联合国宪章》上签字。抗战胜利后，1945年11月1日，沪版《大公报》复刊（天津版12月1日复刊）。

　　1946年元旦，在上海成立《大公报》馆总管理处，由总经理胡政之主持，总揽各馆。1948年3月15日，《大公报》香港版复刊。王芸生在1948年11月5日离开上海，转道台湾飞抵香港，亲自主持港版工作。11月10日，港版发表《和平无望》，宣布改变立场，开始左转。

　　1948年胡政之亲自主持《大公报》香港版复刊。4月，胡政之突然病发，那年24岁的查良镛（金庸）站在报馆宿舍门口，看着胡政之一步一步

＊金庸先生

走下斜坡。他问："胡先生，你就会回来吗？"胡答曰："就会回来。"说完淡淡一笑。胡政之离开香港飞回上海就医，辗转病榻一年后，1949年4月14日在沪谢世。

后来成了名满江湖的大侠金庸回忆：1948年胡政之亲自主持《大公报》香港版复刊，年届六旬的"老总"夜以继日，和同人们同吃同住，不辞劳苦，"其人格深深感动着年轻后辈，虽然相处只有一个多月，却永生难忘"。

1949年后，《大公报》在中共港澳工委的领导下，在香港继续出版发行。与《香港商报》、《文汇报》构成香港左派报纸的阵地。

上海解放后，《大公报》亏损严重，有关部门决定《大公报》迁往天津，与当地的《进步日报》合并，仍用《大公报》报名。作为一张全国性的报纸，以报道财经新闻和国际问题为主。沪版的《大公报》则在1952年的最后一天宣布停刊。

3. 《文汇报》在抗日烽火中横空出世

《文汇报》诞生于1938年1月2日。创办人为1900年1月出生于江苏吴江同里镇的严宝礼。他在1916年秋进上海南洋公学（上海交通大学前身）读书，毕业后在沪宁、沪杭甬两铁路局总稽械室任职。1932年在上海创办了交通广告公司，专做路牌广告，还兼营报纸的广告，尤其是做报纸广告，与一些报馆的人一来二去就混熟了。

当时，在上海各家洋行的高级职员都会去各自固定的俱乐部，这些俱乐部里只有极少数的当买办的中国人能进入，因此，少数高等华人便自己建造，或买房组建俱乐部。另有部分"有所作为"的华人因财力达

不到建房或租用单独的房子，却又想有一个所谓的俱乐部，于是就在颇具规模的大旅馆内长期包租房间，成为不挂牌的俱乐部。严宝礼与同事余鸿翔、马直山等就是在南京路口的新新公司附设的新新旅馆内，长期租下了313号房间作为新新俱乐部的。马直山是《新闻报》的通讯员，由他引见，《新闻报》的严独鹤、徐耻痕，《社会日报》的胡雄飞等都是这个新新俱乐部的常客。

这种小乐惠日子被"八一三"炮火的所打乱。此时，铁路局宣布遣散职工，严宝礼同余鸿翔各自拿到了数千元的遣散费。广告公司打烊了，但新新俱乐部照旧开着。然而，房租要付，开销也不小，长此以往必定坐吃山空。

一天，胡雄飞与徐耻痕建议严宝礼办一张报纸，他们的理由是：如今《大公报》和《申报》等报纸都停刊，而洋行办的报纸虽然不受检查，却因篇幅小，加上发行量不大，广告客户看不上眼。倘若乘此机会办一张大报，估计能赚钱。严宝礼闻听此言，认为值得一试。于是他们在新新俱乐部里就这样定下了要办一张报纸的决定。不过，想归想，一旦真正要付诸实施，那就不得不要细想了。

一连几天，严宝礼反复盘算未出世的报纸报名、以何种方式筹款，以及如何对付日本人每日必须的新闻检查。结果发现办法是现成的，那就是以洋行，或者英商、美商的名义去注册登记，因为日本人还没将手脚伸进租界，这些洋人办的报纸是用不着检查的。恰好此时常来新新俱乐部的方伯奋是跑马厅的洋人秘书，那个叫克明的洋人是苏格兰人，20多岁时就来上海混了，如今五十开外，曾是在1930年被《大美晚报》"吃掉"的《文汇西报》的记者。因《文汇西报》停刊，他便到跑马厅去混了。

当方伯奋找到克明，问他是否愿意"挂名"做一张新办报纸名义上的掌门人，克明当即一声OK！原来此人在《文汇西报》消失后，倾囊投资地产，结果血本无归。之后拿着一点小钱，在跑马厅租了一间房子，靠养马、赌马为生。现在有人要用他的名头办报纸，他有点骨头轻了，眼珠子一转，谈斤头了："我做董事长兼总主笔，月薪300元，我儿子当董事会秘书，月薪100元。成立董事会，中英双方各占5名董事，英方董事除由鄙人提名外，每位董事另给车马费100元，就这点要求。"

方伯奋难以做主，便将克明引荐于严宝礼。面对如此苛刻条件，严宝礼再三思量后表示同意。克明告诉严宝礼，当年《文汇西报》卖给《大美晚报》是曾声明过保留自己的报名。严宝礼闻听此言，觉得用《文汇报》做报名也不错。于是决定成立英商文汇有限公司，并以《文汇报》报名向英方注册。随即成立了董事会，并集资认股，每股500元。一般都是每人认购一股，惟有严宝礼认购了4股，这样总共集资了1万元。中方5名董事为：严宝礼、胡雄飞、沈彬翰（佛学书局经理）、徐耻痕和不是股东因介绍克明有功的方伯奋。英方的董事为：克明。劳合、萨门以及克明的儿子等。

当要去进行登记时被告知，根据英国公司法，英商企业中英商所占股份必须为51%以上，否则不予登记。严宝礼与几位董事商量后，从1万元股金中将5 100元先划在克明等人的名下，克明等"假股东"再签一份转让协议给严宝礼等中方真股东。如此一来,这笔"出去"的钱又"回来"了。

《文汇报》报名是请书法大家谭泽闿写的。

谭泽闿(1889—1948)湖南茶陵人,近代书法家,字祖同,号瓶斋,室名天随阁,谭延闿之弟。他善书法,工行楷,师法翁同龢、何绍基、钱沣,上溯颜真卿。其书法气格雄伟壮健,力度刚强,善榜书。民国时南京"国民政府"牌匾即为其所书。在国民党的元老中,谭延闿的行草、于右任的今草、胡汉民的汉隶、吴稚晖的古篆,有"四珍"的美称。

要请谭泽闿写报名,一字百元,即使请熟人去,没200元也是拿不下来的。而此时又遇有人退股,1万元股金实际上只有7 000元了。《文汇报》尚未启程,资金已捉襟见肘。这时,胡雄飞说让他去办此事。他找到为谭泽闿把脉开药方的名中医陈先生,将所托之事简单讲了一下,那位陈先生十分接翎子,说了一句"我去试试看"。

不出几日,胡雄飞眉飞色舞地告诉大家,谭泽闿先生分文未取写了报名。众人惊诧不已,他才把经过叙述了一遍,在夸奖胡雄飞的同时,也对谭泽闿和陈先生表示感激。(如今上海和香港《文汇报》仍沿用了当年谭泽闿书写的报名)。

办报迈出了第一步,接下去就是要落实报馆、印刷、发行等一系列的事务。严宝礼打听到《大公报》虽然已迁往外地出版,但在沪的印刷厂却空关着,只有部分工人留守。当时《大公报》的总经理胡政之怕把机器拆了运走,一旦战事结束,再安装机器和排字设备要花时间,届时就不能马上恢复出报,但他没想到,这一仗会打得那么久。

严宝礼通过一位搞印刷的朋友,找到了《大公报》留守上海的李子宽。严宝礼迫不及待地到爱多亚路大同坊《大公报》的印刷厂,走马观花地兜了一圈,得出"即刻就能印报"的结论。于是再同李子宽细谈,最终谈妥：《大公报》代印《文汇报》，印刷所用纸张由《大公报》提供，费用在《文汇报》出报后再结算；同时，《大公报》厂房楼上租借于《文汇报》做编辑部。

严宝礼满心欢喜地回去了。他又租下福州路436号作为报馆所在地，楼上办公，底楼为营业部。与此同时，他还物色好了采编人员。曾在两路局担任过文牍员的老同事胡惠生被严宝礼请来任总编辑，主编要闻版。胡惠生的叔叔胡朴安任《国民日报》社长时，胡惠生曾去该报担任过一段时期的编辑，先拉来再说。国际版的编辑是因不满《新闻报》接受日本人检查而辞职的储玉坤；而胡雄飞介绍了曾编过《社会日报》的吴农花来负责本埠新闻版，同时兼任副刊《文会》编辑。

1938年1月25日，《文汇报》问世。被请来作"挡箭牌"的克明没出一分钱，却是董事长兼总主笔"一肩挑"。大凡报纸创刊，必然都有一个发刊词，这天的《文汇报》上刊发了克明的《为本报创刊告读者》："余前办英文文汇晚报时，即报中英合作之宗旨，今发行华文文汇报，当亦本此宗旨，盖中华民族不仅有悠久之历史，为东亚之策源地，而且地大物博，室蕴藏无限之宝藏，其前途之远大，更非他国所能及……报纸是人民的精神食粮，其所负使命则是灌输现代知识……言论更须求其大公无私，揭穿黑幕，消除谣言，打破有闻必录之传统观念……"在文中末尾还有一个编者按："克明先生于1907年与1908年曾任汉口英文日报编辑，赴汉前，则在华北任唐山路矿学校教授……克明氏均忠于职守，精明能干，久负盛名于沪上。"

其实，为这篇"告读者"捉刀代笔的是储玉坤。此前，真正掌管《文汇报》生杀大权的经理严宝礼，在向"枪手"储玉坤布置任务时给出了一个大致框架：言论力求公正、树立高尚报格、消息寻求独家、自身保持独立。

《文汇报》借着"洋招牌"，在孤岛的上海横空出世！

4. 从《大公报》走来的徐铸成

在新闻上，储玉坤是个熟手，他在1938年1月25日《文汇报》出版的当晚，带着油墨芳香的报纸，登门拜访正在家"待业"的同乡徐铸成。那是1937年12月14日，《大公报》因抵制日本人实施报纸检查而自己先停刊，总经理胡政之宣布遣散人员名单，徐铸成也在其列，他拿了三个月的遣散费回家。他的老朋友杜协民闻讯，邀请他担任重庆《国民公报》驻沪记者，这样，每月能得40元，也能解他燃眉之急。

由于《文汇报》缺写社论的人，储玉坤想请徐铸成来报馆担当。徐铸成早已是两个儿子的父亲了，他目前唯一的生活来源就是当"驻沪记者"的40元。如今有人找上门来约自己写稿，那当然要问问"价钱"。储玉坤一一作答：每天一篇，每篇暂为4元，等报馆经济状况好了，每篇10元。目前，报馆的员工也只能拿四折的薪金。

徐铸成心里已经在盘算了：每月写20篇就是80元，加上另外40元。在孤岛上海，一家五口也能过得去，于是便爽快地答应了。

徐铸成为《文汇报》写的首篇社论《淞沪之役六周纪念》，于1月28日见报。2月1日再刊发《上海并非孤岛》，大致内容是："上海究竟是不是一个孤岛？请大家平心静气地想一想。战事的确已暂时离开了上海，但战神的魔手是否已放弃了上海呢？我们且慢看租界以外一片断墙残壁，和租界以内50万冻馁失所的难民，单就租界内暂可苟安的民众来说，你们哪一件事能不为上海以外的环境所影响？……上海并非孤岛，大家应该紧紧把握住自己的灵魂！"。2月8日又刊发了《告若干上海人》，社论警告那些正在筹建伪组织的人……

对于徐铸成的社论严宝礼相当满意，与此同时，他也在为《文汇报》副刊物色行家里手，声名鹊起的柯灵跃入他的视野。1909年出生于绍兴的柯灵原名高隆仁,来上海后,用的是高季琳的名字,其中的"琳"是他哥哥替他起的号。他写文章就用柯灵的笔名,以后人们几乎忘了他本来的姓名了。虽然柯灵已是个颇有名气的作家,然而,在1937年"八一三"后却成了一个失业者。每天为《社会日报》等报刊写点杂文之类的千字文,换取1元稿酬。严宝礼亲自去找柯灵,请他来为《文汇报》编副刊。

2月10日傍晚,柯灵到福州路上的《文汇报》馆上任。他是5点半到的,上到3楼编辑部就忙着看稿。6点左右,底楼营业部搞广告发行的3位员工正各自忙着,从大门外跑进来一名30岁左右的男子,二话没说,将一颗打开保险的手榴弹猛地朝屋内投去,随后撒腿就跑。当时担任发行的陈桐轩、搞广告的萧岫卿及座位靠里面的毕志奋看见冒烟的手榴弹,立即明白是怎么回事,但想躲避却为时已晚,随着一声巨响,天花板和吊灯被炸落在地,一地碎玻璃。

在3楼的柯灵听到爆炸声,立即奔下楼来,看到的是同事被炸伤,写字桌被炸坏。不一会儿救护车赶来,将陈桐轩与萧岫卿送往附近的仁济医院。毕志奋因坐得较里边,当时并未觉得什么,之后由于手臂一直隐隐作痛,去医院检查,结果医生从他腋下及双腿中取出不少碎弹片,数月后才康复;而45岁的陈桐轩伤势较重,十天后不治身亡。

柯灵目睹惨状,又迅即返回3楼,展开稿纸,奋笔疾书。次日的《文汇报》由柯灵主编的副刊《世纪风》取代了原先吴农花主编的《文会》副刊。柯灵以陈浮笔名写的杂文,其中有这样的文字:"手榴弹,在近一两个月来,曾经完成过大快人心之举。可是现在,连那些卑污的手也使用它了。只可惜圣洁的手榴弹被他们所亵渎了"。

当徐铸成得知《文汇报》馆挨了手榴弹,估计是自己写的社论触动了什么人神经,于是打电话问储玉坤:当日的社论是否还要写?储玉坤脱口而出:当然要写。徐铸成让他去向严宝礼请示后再定。半小时后,储玉坤回电告诉徐铸成，严先生请他务必帮忙写下去，还说，想怎么写，就怎么写，《文汇报》一定照登。于是，徐铸成按计划，又为《文汇报》写起了社论。

《文汇报》馆挨炸，仍在上海的《大公报》总经理胡政之也从报上看到了新闻。他还发现，《文汇报》上刊登的社评像是出自徐铸成之手，于是他要实施一个计划。

徐铸成住在法租界的辣斐德路（今复兴中路）上，与胡政之的公馆靠得很近。在《文汇报》馆被炸事件发生不久的一天，胡政之派汽车来接他去胡公馆，令徐铸成有些吃惊。一个多月前他成为《大公报》的下岗人员，这个不快至今未消。当他见到胡政之时，彼此未作寒暄就直奔主题。胡政之问他是否在为《文汇报》写社评，徐铸成点点头。

胡政之告诉徐铸成，《大公报》准备向《文汇报》投资1万元，唯一附加的条件就是徐铸成去主持编辑部并负责言论；《大公报》的王文彬去负责采访部，并编本埠新闻。如果徐铸成同意，他就让李子宽去《文汇报》谈。徐铸成又是点点头。

此时，《文汇报》的严宝礼正为资金犯愁。报纸已出了十多天，排印费、纸张费都分文未付。囊中羞涩，稿酬与员工的薪金也只能按四折给付，照这样情形发展下去，报馆生存难以为继。也就在这个时候，李子宽来谈《大公报》投资事项，似乎干涸的土地来了一场及时雨，所以彼此也谈得相当融洽。

李子宽言简意赅地抛出拟定的方案：《大公报》向《文汇报》投资1万元，徐铸成来主持编辑部并负责言论；王文彬负责采访部兼编辑本埠新闻，经理部不派人参与。严宝礼心忖，徐铸成实际上已经在为《文汇报》写稿了，再加几个《大公报》的熟手，我还求之不得呢。最听得进的是，《大公报》不插手《大公报》经理部的事，经济主动权还掌握在自己手里。

不过,他向对方提了一个要求:把《文汇报》原有股金1万元(实际上只有7 000元)升值一倍,即为2万元,与《大公报》的1万元合成总资本,《文汇报》占总资本的三分之二。李子宽说让他回去转告老板。

对于如此不平等的要求,胡政之竟然答应了。原来,前不久他接到张季鸾从汉口打来的电话:"蒋介石交给我2万元,让我转交给你,由你在上海法租界办一张报纸,报名都拟好了,叫《正报》,你替我速去办这件事。"胡政之很快就去找了法租界的公董局,公董局怕得罪日本人而没敢答应。当看到《文汇报》以英商名义在公共租界出版,又发现本为《大公报》的徐铸成在为《文汇报》写稿,胡政之就有了这个主意。说穿了,《大公报》不用真正掏钱,反正2万元是老蒋给了要求办一张报纸,《文汇报》就是一张新办的报纸,就是《大公报》投资合作的。如此,就可以向张季鸾交差,张季鸾也可向老蒋交差了。

更妙的是,向《文汇报》投资的1万元并未真正付出,而是在代印费、纸张费用中慢慢扣除。到头来,老蒋给的2万元后来被胡政之带到香港,创办了港版的《大公报》。

徐铸成就是在2月20日,名正言顺地进入了《文汇报》馆。在此之前,严宝礼与另一位董事就去同他谈过一次,希望他能加盟《文汇报》,统领编辑部。当徐铸成问起《文汇报》不是已经有总编时,严宝礼坦言相告:"那位胡先生没有总揽全局的经验,请你以主笔的名义指挥一切,他不会妨碍你的,你如果有合适的朋友带来一起参加,我们也欢迎。"

当徐铸成走马上任的首日,由储玉坤作陪,严宝礼宴请了徐铸成。席间,严宝礼谈到徐铸成月薪400元,但现只能按四折160元给付,写社论仍按每篇计酬。以后发行数达5 000,广告收入每月达5 000元,则薪金按五折给付。严宝礼还加了一句,发行和广告都超过1万,就十足发薪。徐铸成表示同意。

后来,徐铸成在《大公报》的同事中,选了王文彬等两人一起来到《文汇报》。徐铸成满腔热情地投入到写社评上。他的社评言辞犀利,也不转弯抹角。没几日,报馆收到一个用永安公司包装纸包的热水瓶盒子,上面写着"文汇报主笔先生亲启"。送的人将它放在营业部的柜台上就走了。徐铸成打开一看,根根汗毛竖了起来,众人看到的竟是一条血淋淋的手臂。盒子里还有一张纸条,上面写着:"主笔先生,如不改你的毒笔,有如此手!"

从那时起,严宝礼关照报馆加强门卫。1938年4月,南京要成立傀儡政府的消息传来,徐铸成马上在《文汇报》上刊出他写的《提防僵尸作祟》。

两天后的一个上午,有个人把一大筐水果送到编辑部收发室,门卫先将送水果的中年男子稳住,同时报告了法租界巡捕房。送水果的人说自己是一品香旅馆的茶房,前天有个日本人模样的人来住旅馆,此人买回来一筐水果,给了他1元钱,让他送到《文汇报》馆。筐里还有一封信,上面写着:"主笔先生,你为爱国宣传而操心,特献上水果一筐……"法国巡捕赶到,将这筐有苹果、橘子的水果带回巡捕房化验,结果发现每只水果都用针筒注射了剧毒汁。当天的晚报便刊登了这则消息。

这天下午,徐铸成回到编辑部就听到了此事。刚弄清楚事情原委,就接到沪江大学校长刘湛恩的电话,问《文汇报》有没有姓刘的记者或编辑住在他住的那个弄堂,并告诉徐铸成,他刚看到晚报上有《文汇报》收到毒汁水果的新闻,而上午也有人给他家里也送来了一筐水果,还附了一张"刘先生收纳"的条子。徐铸成告诉刘湛恩,《文汇报》没什么同事住在他那个弄堂的,可能是敌人注意到他了,提醒他务必小心。两天后,刘湛恩在出弄堂时就被人暗杀了。

1938年5月,《文汇报》的发行数突破了5万,而且直逼6万。这距严宝礼与徐铸成定下的"发行和广告都超过1万，就十足发薪"还不到三个月。其实，在3月初，就已经到达这个目标位了。严宝礼称，报馆需添设备，现在资金周转仍有困难，就按八折给付薪水吧。因员工们看到自己实际收入要比老牌的《新闻报》都高，也就不再斤斤计较了。

一天，《新闻报》的严独鹤告诉徐铸成，《文汇报》的发行数已经超过了《新闻报》，汪伯奇和汪仲韦兄弟俩大伤脑筋，《新闻报》最高发行数达到过十五六万份，现在已跌到了5万。

5. 《文汇报》副刊：上海抗战文化主阵地

《文汇报》的发行数能扶摇直上，它的副刊《世纪风》功不可没，而《世纪风》的掌舵人就是柯灵。他在"孤岛"文化的发展过程中有着重要作用和贡献。

前面已提到过柯灵到《文汇报》上任首日就亲历了报馆遭手榴弹袭击，他当晚就在次日创刊的《世纪风》上撰文谴责敌人的暴行。

"孤岛"时期初的上海文坛一时显得有些沉寂，《世纪风》及时担负了特殊时期的历史重任，率先在"孤岛"上发出了上海作家的抗战呼声。创刊号上虽然没有《发刊词》，但刊出的一组抗战作品体现了《世纪风》办刊立场和风格。翻开当年的《文汇报》，在副刊《世纪风》上刊载的有：美国记者史沫特莱的长篇报告《中国红军行进》(梅益翻译) 连载，其中提及红军、毛泽东、朱德、斯诺和《红星照耀下的中国》。

《世纪风》上更多的是切中时弊的杂文，柯灵常常将这些杂文担当起"短新闻"的作用。如《纸上漫步》的一篇百字杂评，披露日本国内正在大事搜捕左倾的大学教授。用报纸文艺副刊同敌人作斗争，在我们新闻史和文艺史上实属罕见。正因如此,《世纪风》很快就拥有了大量的读者和作者。在它的引领下,沪上其他报纸的副刊也纷纷加入这个行列,如《导报》的《文艺》,《每日译报》的《爝火》、《大英夜报》的《星火》等文艺副刊,从而形成了"孤岛"上集体的抗战声音。

柯灵以《世纪风》为阵地,率先聚集了"孤岛"上的作家。此前,上海进步作家大都消失了话语权。柯灵广泛地联络居留在沪的作家为《世纪风》撰稿;同时吸收进步、爱国的作家,发现、培养青年作家,在抗战的旗帜下组成了一支有战斗力量的队伍。

柯灵在回忆录中列出过一份《世纪风》主要作者的名单,其中有他过去交往和熟悉的王统照、郑振铎、李健吾、王任叔、阿英、风子、梅益、陈望道、傅东华、赵景深、周木斋、周楞伽、文载道、武桂芳、杨刚、白曙、石灵、周黎庵、林徽因、孔另境、宗珏、林淡秋、张荩、戴平万、白茫、陈伯吹、许幸之、关露、朱雯、罗洪、林珏、钟望阳、陈骏、镜未迅、野吟、卢焚、陈西禾、陆蠡;因刊物关系新认识的江渐离、狄沙、朱寒修、许沐、王军、宛宛、丁谛、珂利、列车、钱今昔、海岑、司徒宗、许常、吴子桢等。这份长长的《世纪风》主要作者的名单,几乎汇集了大部分居留在沪的优秀作家。

以鲁迅风格的、富有战斗性的杂文为核心,是《世纪风》作为一个文化抗战重要阵地的显著特色。《世纪风》除刊登散文、诗歌和小说,就是每天刊登短小精悍的杂文,尤其是从1938年下半年起,几乎每期刊出一篇,柯灵编版面时,将每篇杂文都用花边框起来。作者主要是以王任叔、唐弢、柯灵为代表的被称作"鲁迅风"派的一批浙东杂文家。

赵景深在他的《文坛忆旧》中说:"在上海沦陷期间,许多朋友们都到内地去了,这时在孤岛上活动得最力,支撑孤岛文坛的,就是几位浙东杂文家,这几位浙东杂文家就在柯灵所主编的有名的《文汇报》副刊《世纪风》上面,时常发表突击式的短文,以六七百字为常。有人嘲笑这是'鲁迅风',因此他们就以此为号召,甚至还出了一种刊物,就名叫'鲁迅风',近于从前的'语丝'。"

王任叔在《世纪风》上刊登的《"有人",在这里!》还引起了"鲁迅风"杂文论争。《世纪风》最后又刊登了应服群、孔另境等34人集体署名的《我们对于"鲁迅风"杂文问题的意见》。在《世纪风》的带动下,《每日译报》的《爝火》、《大家谈》、《导报》的《晨钟》、《华美晨报》的《镀金城》等也积极地刊载杂文。使得杂文创作最先出现了繁荣的景象,不仅率先打破了"孤岛"初期上海文坛的沉闷,而且引发了其他体裁文学创作的复苏。

《世纪风》创办一周年之际,柯灵以编者的名义发表了《我们这一年》,回顾了过去一年走过的风雨历程,以及按文体组成的《杂文特辑》、《散文特辑》、《诗歌特辑》、《文艺通讯特辑》和《儿童作品专号》等。严宝礼对此大加赞赏。可以说严宝礼是慧眼识宝聘请了柯灵,他是伯乐。倘若没有《文汇报》副刊这一平台,柯灵也是无法展示自己的文学才华的。《文汇报》有徐铸成全面抓新闻,柯灵掌控副刊,宛若报纸的左右轮子,缺一不可,而这左右轮子相辅相成,朝着同一目标滚滚向前而相得益彰。

至《世纪风》创刊第二年,与时俱进的柯灵在保持副刊原有特色的基础上,又不断加强与"孤岛"外的联系,而今我们能从那时的《文汇报》上看到这一时期许多作家的作品:有茅盾从香港写来的《普及·提高·与"抗战八股"》、郁达夫从新加坡寄来的《关于沟通文化的信件》等;来自大后方的作家巴金的《桂林的微雨》、长城的《新都的动静—重庆通讯》等。还有何为撰写的在华外国作家活动的《史沫特莱同志——皖南通讯》,以及译载勃脱兰的长篇通讯《与中国游击队在前线》等。而详细地披露了中国共产党以及八路军、新四军的抗日斗争《民主——在模范抗日根据地陕甘宁边区第一届参议会开幕典礼上》、《在晋东前线访彭德怀将军》均寄自延安等抗日根据地。从而显示了上海并不是"孤岛"。

1938年8月7日，《文汇报》的儿童文艺周刊《儿童园》创刊，柯灵兼任主编。这个《儿童园》中有长篇童话、小谈话、儿童作品、地理讲话、图画新闻等栏目。柯灵还于这一年的12月接编《文汇报晚刊》综合性副刊《灯塔》。这是以新闻性的记事及特写等为内容，有"孤岛风光"、"闲画上海"、"每日笑画"等栏目。这两个副刊在内容上虽与《世纪风》不同，但大力宣传抗战的主旨是一致的。

由于租界当局对日的立场逐渐发生变化，1939年5月18日，租界工部局以"抗日言词激烈，影响租界治安"为由，责令《文汇报》、《译报》、《导报》、《大英夜报》4张报纸停刊一星期。严宝礼宣布《文汇报》与《文汇报晚刊》即日同时停刊，《世纪风》也随之告终。

1939年9月25日，在被迫停刊4个多月后，公共租界内的美商《大美晚报》所属的华文日报《大美报》复刊，柯灵出任该报副刊《早茶》主编，兼编本埠新闻版。这是中共地下党组织的一个安排，由杨潮联系柯灵后实施。

杨潮原名杨廉政，生于1900年，湖北沔阳人，笔名羊枣，杨潮是其后来用的名字，《上海新闻志》介绍他时用的是羊枣。1914年考入清华大学理工科，1919年因参加"五四"运动被开除，他又考入上海交通大学机械系，1923年毕业后在沪杭甬铁路局任高级职员。他1933年加入"左联"和中国共产党，负责"左联"宣传部工作。在1936年至1939年担任苏联塔斯社上海分社电讯翻译期间，他还与艾思奇合编《新认识》，与夏征农合编《文化粮食》。1940年初，因被日伪追踪而逃亡香港，在金仲华的引荐下，他任《星岛日报》军事记者，开始用羊枣的名字撰写军事与国际时事评论；又因拒登中央社电讯，遭国民党海外部打压，被报馆解聘。1942年香港沦陷，他回国内，1944年6月到福建永安，担任美国新闻处东南分处翻译部主任，主编《国际时事研究周刊》，次年7月遭国民党政府逮捕，1946年1月被虐待死于杭州的监狱中。

之前《早茶》由恽逸群主编，也是积极刊登战斗杂文的副刊。借此机会来说说恽逸群。

恽逸群（1905—1978），江苏武进人，1926年参加中国共产党，历任武进、宜兴、萧山县委书记、浙江特委秘书长；1932年到上海，参加新声通讯社工作，第二年担任《大美晚报》中文版编辑；1936年去了香港，协助邹韬奋创办《生活日报》，返沪后继任《立报》主笔，并与范长江等发起成立了中国青年新闻记者协会。1937年至1939年，他在"孤岛"的上海租界出版的《每日译报》和《导报》任总编辑。1943年，他与申报馆的马荫良等人秘密策划，从被敌伪接管的报馆内陆续运出《申报》的合订本，藏到徐家汇天主教堂图书馆，集齐了一份《申报》自创刊以来的全套合订本，解放后，上海全套《申报》影印本就是这套合订本。1949年5月上海解放，恽逸群历任《解放日报》副社长兼副总编辑、社长兼总编，并兼任了《劳动报》社长，华东新闻学院院长、出版局局长，复旦大学新闻系主任。

1940年7月2日，汪伪政府以"假借第三国人名义经营报馆，终日造谣煽动破坏"等罪名，发布对83名抗日爱国人士的通缉令，其中上海的新闻工作者就有49人，柯灵也在黑名单上。此外还有《申报》的金华亭、马荫良、胡仲持、瞿绍伊、张一萍、黄寄萍、赵君豪、伍特公；《新闻报》的马崇淦、汪仲韦、顾执中、朱曼华、徐耻痕、潘竟民、蒋剑侯；国民党中央通讯社的冯友真；《大晚报》的崔唯吾、徐怀沙、金摩云；《大美报》的张似旭；《华东通讯社》的吴中一；《大美晚报》的刘祖澄、程振章；《中美日报》的吴绍澍、汪偶然、张若谷；《神州日报》的蒋光堂、盛世强；《华美晚报》的张志韩、戴湘云等。在上海各家英文报工作的袁伦仁、庄芝亮、吴嘉棠、郝志翔等 4 人也列入了黑名单。

上海被日军和汪伪组织杀害的报人，首先是《大美晚报》副刊《夜光》主编朱惺公先生，他对汪精卫降敌卖国，曾多次著文痛斥，1939 年 8 月 30 日被暗杀。

1940 年 7 月 19 日，"大美"报系经理、发行人张似旭被暗杀，《大美报》旋即宣告停刊。8 月 19 日，《大美晚报》国际版编辑程振章遭枪击受重伤，于 21 日罹难。在总编辑张志韩的邀约下，柯灵冒着极大的危险接手编辑国际版和要闻版。12 月 8 日，太平洋战争爆发，日本人开进了租界，上海"孤岛"时期结束。当天清晨，柯灵与所有人员一起撤离《大美晚报》报馆。遭枪杀的还有《申报》记者金华亭和《大美晚报》副经理兼广告部主任李骏英。

抗战胜利后，1945 年 8 月 18 日至 9 月 5 日，《文汇报》是以"号外"形式复刊的，日出 8 开一张。9 月 6 日，文汇报馆迁至圆明园路 149 号正式复刊，日出对开 4 版一大张，编号与停刊时的号数连接。此时该报由《中央日报》社承印，除上海之外，还发行至北京与江浙地区。严宝礼仍为报馆发行人，总主笔换成了储玉坤。

柯灵也回来继续主编《世纪风》副刊（后改为《笔会》）。1946 年，徐铸成回到《文汇报》任总主笔，而在他未返回前，一批共产党员和进步人士先后进了编辑部，陈虞孙、宦乡为撰写言论的副总主笔；马季良（即唐纳）任总编辑。

1947 年春，《文汇报》增加了几个以"新"字打头的周刊：《新思潮》由侯外庐、杜守素、吴晗主编；《新文艺》由郭沫若、杨晦、陈白尘主编；《新社会》由李平心主编；《新科学》由丁瓒、潘菽主编；《新经济》由张锡昌、秦柳方、寿纪明主编。郭沫若、马寅初、马叙伦、唐弢、周建人（鲁迅弟弟）等都是这些周刊的主要作者。

6. 何人想要收买《文汇报》?

　　《文汇报》"洋人头"克明,每月拿着400元的空饷(加儿子100元)并不管事,这也是报馆求之不得的。然而,当他看到《文汇报》蒸蒸日上,家底也逐渐厚实起来,便要董事长兼总主笔的头衔,严宝礼也同意了。但徐铸成立即反对,严宝礼劝他:"克明只是挂个名,不会妨碍你事的。"

　　不久,克明又提出将自己每月的薪金从300元加到1 000元,他儿子作为他的秘书,也由100元提高到400元。还提出,他在跑马厅租的经纪人房间每月几百元的房租也由《文汇报》报销,理由是,那里是他这个董事长的办公室。严宝礼因为此时报馆不差钱,也就一一答应了。徐铸成想,反正你严老板给钱,自己管不了那么多,于是也就眼开眼闭。

　　"八一三"一周年的前夕,徐铸成写好了社论,赶到编辑部附近的大方饭店。自从编辑部挨了炸后,严宝礼就在大方饭店顶层长租了一个房间作为秘密开会之处,遇到外面风声紧了,几名做夜班的编辑就住在里面。徐铸成临走前关照编辑部同人,遇到紧急事可打饭店电话找他。

　　次日凌晨1点多,编辑部来电告诉徐铸成,克明与严老板来过,把社论和头条新闻都改过,现已同车离开了。徐铸成睡意全无,立即回到编辑部,看了克明改的稿子,狗屁不通,遂扔进了废纸篓。他让工人按他原稿刊印。

　　早晨,飘着油墨芳香的《文汇报》在读者手中传阅。下午,克明和严宝礼一同来到编辑部,克明一见面就大声指责徐铸成:"你这样独断独行,要是闯出祸来,我脑袋第一个搬家。"徐铸成立即予以反驳:"谁都知道,《文汇报》是中国人办的,英商只是一块挡箭牌,你放心好了,那些人针对的是我,要杀,也杀不到你。"

　　克明对严宝礼说:"我们不能再合作下去了,有徐就没有我,你决定吧！"严宝礼回答道："《文汇报》没徐是不行的。"克明一听此言，悻悻地走了。

几天后，克明请严宝礼出面请客，说要与徐铸成当面解释误会。徐铸成对严宝礼说："话是他自己说的，有我就没他，现在我留下，那他就得走。要么，请他给编辑部写一个声明，取消这句话，并保证今后不再干涉编辑部的事。"

最终，克明无奈地辞去了董事长兼总主笔，只留一个董事的名义。董事长和发行人由另一名英籍董事路易·乔治担任，报馆每月给他300元。路易·乔治有着自己正当的职业，人也安分。然而，1939年初，几个与克明串通一气的董事向严宝礼说情，严宝礼又悄悄地恢复了克明董事长的名义。《文汇报》的报头下的发行人改成了"英商文汇出版公司"，而不再以个人名义出现。徐铸成忖度，反正你克明不来干涉编辑部就可以了。

《文汇报》经历了多次被他人收购或做大股东的险境。

第一个是CC。根据徐铸成的判断，来者为曾任陈果夫秘书的吴则中。他说国民党中宣部准备将原上海《晨报》的一部印刷机拨给《文汇报》。《晨报》本是潘公展主办的，此时，潘公展在武汉任国民党中宣部副部长（部长为周佛海）。当严宝礼同《晨报》在沪留守人员碰头后，对方表示，机器押在银行里，《文汇报》要拿5万元去赎出来。

严宝礼的心顿时凉了半截，假使买一部半成新的进口机器也不过四五万，买部新的国产转筒印报机，碰顶也只有2万多元。对方马上说，《文汇报》不出钱也可以，由潘公展来出，这5万元权当是对《文汇报》的投资。严宝礼总算明白，报馆现在全部资金只有3万元，如果潘公展的5万元投进来，就是有掌控权的大股东，自己变相地将《文汇报》转让了出去。他甩下一句"机器我不要了"后，立马走人。

第二个想控制《文汇报》的是孔祥熙，出面谈判的是曾主持过孔祥熙办的《时事新报》的胡鄂公。严宝礼与他一接触，对方不拖泥带水地抛出一揽子计划：由孔祥熙向《文汇报》投资20万元，条件是，派人进编辑部与经理部。绝大多数董事均反对，认为进来这么一个特大股东，《文汇报》的最高权力就拱手相让了。严宝礼当然也明白这个道理，所以当即拒绝了对方的提议。

当严宝礼不想再搞这种所谓的"合作"后，有人却偏偏要轧一脚。这个"有人"是宋子文。宋通过自己在上海的代理人、《大美晚报》的张似旭来操作此事。提出的条件是：宋子文投几万元，改组董事会，由他们委派协理、编辑主任和会计主任。如答应的话，《文汇报》可以买进口的白报纸。随后还加了一句"可以尽量满足《文汇报》买进口的白报纸所需的官价外汇"。

严宝礼考虑再三，并征询了其他董事的意见后，回绝了这趟"买卖"。但《文汇报》以后就结不到官价外汇，需买白报纸的外汇只能到黑市上去套购。用现今海派清口周立波的话来讲，就是要去找"打桩模子"换外币。

《文汇报》被弄得好苦。之后通货膨胀愈发厉害，报纸成本大大增加，而报纸售价又不能高过可以结到官价外汇的报价，由此发生了资金周转日趋困难，首当其冲的是发行受到了很大影响。

1939年5月18日，租界工部局责令《文汇报》、《译报》、《导报》《大英夜报》4张报纸停刊一星期。《文汇报》停刊一周后本来是可以复刊的，它却不复刊，为了达到不复刊的目的，甚至还"惊动"了英国驻华大使。

就在《文汇报》停刊的第二天，一位中国董事请徐铸成去新新旅馆，说有要事商量。徐铸成赶到那里，瞧见中方的5名董事来了4个，独独不见严宝礼。正在纳闷时，佛学书局的经理沈彬翰先开腔，说严宝礼不懂经营，把经理部搞得一塌糊涂，现在由克明投资5万元来兼任经理。徐铸成更糊涂了，因为他知道克明是绝对拿不出这笔钱的。

原先介绍克明有功而未出分文的董事方伯奋立即附和，说克明一向敬佩徐铸成，过去所发生的误会全都是严宝礼的挑唆。克明让他带口信，从今往后，编辑部的一切还要仰仗徐铸成云云。徐铸成被此突然袭击搞得一时也没了方向，他用了个缓兵之计，说："这等大事，请容我过一天再答复。"

徐铸成离开旅馆就火速去找严宝礼。岂料，严宝礼竟知道此事，并告诉徐铸成，克明已接受了汪精卫的收买，汪的代理人给了他5万元以上的巨款（注：实际数为15万元），据悉，还给他选好了一批编辑，以此来达到控制《文汇报》的言论。

徐铸成建议严宝礼马上召开股东会，不让克明的阴谋得逞。严宝礼让他去操办。徐铸成立即赶回编辑部，将此事向编辑部全体人员讲了一遍，大家除了惊讶外，还感到气愤。第二天，召开了股东会，30多名股东参加了会议。方伯奋等4名中国董事拍着胸脯说，没有这回事，搞得一些股东丈二和尚摸不着脑袋。股东会等于白开。

徐铸成想想不对，会后，他有召集全体编辑部人员再议此事，众人一致主张必须将克明等人要出卖报纸的阴谋公诸于众。于是，徐铸成起草了一个广告："我们一贯主张抗日救国，早为读者所共鉴。近日，风闻本报英当局有与日伪勾搭情事，闻之万分愤慨，在此风传未澄清以前，我们决不复刊本报。"在场的21名记者编辑都签了名后，当即送往《申报》和《新闻报》（注：此时《新闻报》已以洋商的名义复刊），请两报务必在次日刊登。

这里还有个小插曲。当天夜里，《新闻报》的严独鹤打电话到徐铸成家,说有人要缓登这个广告。徐铸成说,该广告是不是个人行为,是由《文汇报》编辑部出面的。电话那头,严独鹤说了一声:"有数了。"徐铸成放下听筒,马上拨通了《申报》的马荫良电话,把广告的事说了一遍,电话那头,马荫良说了一句:"晓得了。"

第二天,《申报》与《新闻报》都在显著位置刊出了这个广告。

很少露面的克明也在此时一本正经地到福州路上的《文汇报》经理部办公,而且是天天去,并宣布成立新的文汇出版公司,同时拿出10万元,准备订购印刷机和纸张。汪精卫向他推荐的编辑班子也到编辑部晃悠,一时间,《文汇报》好像已经"改朝换代"了。

被架空的严宝礼觉得,与其任人摆布,还不如"搬起石头砸自己的脚",把《文汇报》弄得彻底停刊。然而,这就由不得他了。因为按股份,对方掌握着三分之二的股权,话语权在对方。自己一方满打满算,也不到三分之一的股权,真可谓心有余而力不足。

人到了这个份上,平时深藏不露的潜能,此时却能发挥到极致。严宝礼想到,英国的公司法有这么一条规定:如有三分之一以上股权持有者不同意,该公司不得继续经营。他也发现,由于报纸暂时停刊,有些股东害怕《文汇报》的股票会变废纸,因此都想急于脱手。于是,严宝礼在克明等人还未察觉这个情况之前,先下手为强,将能收进的股票统统收进。在刚好使自己掌握的股权超过了三分之一以上后,又立即向英国驻沪总领事馆提出不同意继续出版《文汇报》的申请。

据徐铸成在他的《旧闻杂忆》一书中回忆:"恰好当时英国驻华大使寇尔由重庆到上海,我们通过马季良兄(也就是曾当过电影演员、粉碎'四人都'前后曾特别闻名的唐纳。他和我曾在上海《大公报》同事,他编辑《大公报》的附刊《大公俱乐部》。那时,在英国新闻处工作)向他递了一个'说帖'。大概寇尔也考虑到,如果上海租界出版了一张公开亲日的英商报，对英国的地位不利，于是，他就通知英国总领事馆，撤销了《文汇报》的执照。这样才彻底粉碎了汪伪和克明的阴谋。"

7. 大起大落又重生

1939年5月19日，《文汇报》停刊。徐铸成接到《大公报》总经理胡政之的信，邀请他回香港主持报馆编务。开始他不想去，对自己当年被《大公报》炒鱿鱼之事一直耿耿于怀，之后因《文汇报》停刊，生计成问题，加上胡政之又不断来信和发电报给他，考虑再三，徐铸成于当年8月去香港主持《大公报》笔政。

严宝礼总想有朝一日让《文汇报》起死回生，他就在上海苦苦等待时机。这个"时机"似乎来得并不迟。《文汇报》停刊后，重庆国民党当局忽然感到报纸停了很可惜，于是就拨了一笔款子，叫市党部在沪人员协助办一张新的报纸，但要《文汇报》编辑部的原班人马参加。实际上是办一张不是《文汇报》报名的"文汇报"。

严宝礼喜出望外，立即打电报给在香港的徐铸成。电文12个字："文汇复刊有着，望即返沪主持"。"身在曹营心在汉"的徐铸成，接到电报后找到张季鸾和胡政之。胡政之态度坚决：不让走。张季鸾权衡轻重，同意徐铸成走。见大老板如此表态，胡政之也只得同意，他对徐铸成说："如果不顺手，这里的位置给你留着。"

徐铸成回到上海，当即去找严宝礼。当时严宝礼和李子宽花钱在原《大公报》馆的4楼阳台上搭了两间房子，作为他们歇脚议事的地方，在严宝礼眼中，此处就是"《文汇报》复刊筹备处"。

徐铸成便是在那里见到严宝礼的。彼此寒暄过后，又东拉西扯了一番，徐铸成从严宝礼的闲谈中听得出，严对当时没听他的的话，给克明留有余地，结果自己都没了余地。徐铸成知道这是实话，也没计较。当严宝礼说他已起草了一个办新报组织法，采用负责制，编辑部须接受经理部的指挥，徐铸成当即反对。接着又为报纸究竟是挂英商招牌还美商招牌争执不下。徐铸成认为，租界取缔抗日报纸，对挂英商招牌的中文报纸一律停刊，而挂美商招牌的报纸统统没事，所以他主张找美商；而严宝礼因只熟悉英商，所以固执己见地坚持找英商。

在徐铸成看来，报纸还未复刊，矛盾已经重重。不久，又有事发生。严宝礼跟虞洽卿的儿子虞顺懋是南洋公学的同窗好友，以往《文汇报》碰到经济困难，常找时任三北轮船公司经理的小虞帮忙调头寸。虞洽卿的女婿江一平，靠老丈人的关系当上了公共租界工部局的华人董事。他得知国民党要支持严宝礼办报，也表示支持严宝礼。其实，捏着重庆5万元拨款的人是国民党在沪的负责人郑亦同，但此人不出面，全由秘书邓友德来商谈，由此，徐铸成与刘交上了朋友。如此一来，形成两军对垒：郑亦同和邓友德支持徐铸成；江一平撑严宝礼，双方都不愿让步。徐铸成又回香港主持《大公报》去了。

严宝礼要复刊《文汇报》的热情不减。1941年12月，上海公共租界和法租界均被日军占领，上海不再是"孤岛"。严宝礼和柯灵、费彝民和储玉坤遭日本宪兵逮捕。他们被分别关在各个宪兵队，都受到不同程度的折磨，却没一个人屈服的，最终均先后获释。

这一年，九龙也沦陷，《大公报》迁到了内地桂林。1942年2月，徐铸成担任了《大公报》桂林版的总编辑。1945年11月，上海《大公报》复刊，徐铸成返回沪上，仍担任总编辑。而《文汇报》已于8月18日至9月5日，以"号外"形式复刊。9月6日，《文汇报》馆迁至圆明园路149号正式复刊。1946年3月，徐铸成再次跳槽，回到了《文汇报》任总主笔。

1947年春，国民党统治区物价飞涨，工人罢工。在上海，先是上海法学院学生因为贴标语同警察发生冲突。4月，沪江大学因校方不允许学生自由进出校门，激起学生罢课。紧接着，交通大学、同济大学、复旦大学等学生或罢课，或游行，各校的学生运动遥相呼应。

徐铸成在5月10日的《文汇报》上刊发了他撰写的社论《善处当前的学潮》，其中有这样的文字："为政者最忌犯'悖'与'愎'的毛病。每一设施必求合乎情理，有所未合，便贸然施行，便是悖。既行之后，发觉行不通，还要硬干，便是愎。既悖且愎，无有不愤事的。而况现在是什么时候？物价如泛滥的洪水，米风潮如燎原的野火，正使人民惶惶不安。然而当政者唯恐场面不热闹，还要多弄些事情出来？"

5月20日，南京、上海、杭州、苏州四地的大专院校学生代表近6 000人到南京举行联合大游行，竟遭到军警的毒打，造成了震惊全国的"5·20"惨案。《文汇报》迅速作出反应，用大字标题刊出《首都学生游行被阻，珠江路口发生惨案，学生受伤者逾二十人》，同时还配发了言论。

5月24日，国民党当局的淞沪警备司令部向《文汇报》发来停刊令："查该报连续登载妨害军事之消息，及意图颠覆政府破坏公共秩序之言论与新闻。本市为戒严地区，应予取缔。依照戒严法规定，着令该报于明日起停刊毋得违误。此令。"

《文汇报》再次被迫停刊。（注：在同一天被勒令停刊的还有《联合晚报》和《新民报晚》）。次日，《正言报》的吴绍澍就上门请徐铸成去主持笔政，被他拒绝。此时，《文汇报》的孟秋江、马季良、柯灵、刘火子等人去了香港。

数天后，国民党元老叶楚伧之子叶元到圆明园路149号的《文汇报》馆，说自己领了《民国午报》的执照，一直未派过用场，希望与《文汇报》合作，编辑方面由《文汇报》老人马负责。严宝礼认为这样变相复刊未尝不可，便请徐铸成积极谋划。就在《国民午报》预定出版的前一天，突然接到上海市政府不准出版此报的通知，搞得众人白忙了一阵。

严宝礼又让徐铸成上南京跑一次，说南京方面有让《文汇报》复刊之意，这是陈果夫的朋友吴则中捎来的信息。徐铸成便去了南京，住在邓友德的公馆里。徐铸成一听邓说的复刊条件是：政府只派一人做编辑部副主任，再加若干亿股份，派一名会计主任。他当即指出："复刊是无条件的，有条件就不复刊了。"

严宝礼为《文汇报》的复刊可谓呕心沥血，然而，兜了个大圈子，似乎看不到希望。就在这时，由香港护送华岗去苏北解放区去的马季良到上海，告诉徐铸成，国民党在香港成立了革命委员会，正在筹备一张机关报，李济深请他去香港办此报。徐铸成脱口而出："去办就办《文汇报》，别的我不考虑。"

翌日，徐铸成找到严宝礼，正巧宦乡和陈虞孙也在，当他把马季良向他谈的事一说，严宝礼等人都同意徐铸成去香港拜见李济深，看看有否合资在港办《文汇报》的可能。就这样，徐铸成踏上了去香港的轮船。夏衍先生当时在香港办《华商报》，徐铸成一到香港便去拜见了他。夏衍常常受到香港当局对进步报刊的刁难，因此提醒徐铸成，《文汇报》在港出版，色彩不宜太红。最后定下以李济深用化名向香港政府注册登记。徐铸成为总主笔，马季良为总编辑，柯灵为副总编辑，严宝礼为总经理，宦乡任经理。一些先前抵港并在其他报纸任职的《文汇报》老员工闻讯，都辞了职，纷纷返回《文汇报》。（注：宦乡生于1909年，1949年任天津《进步日报》社长兼主笔。同年，中国人民政治协商会议在北京召开，他任筹备会议副秘书长兼新闻处长，会后便被调至外交部，先后任欧非司司长、中国驻英国常任代办、中国驻比利时、卢森堡、西欧共体大使、中国社科院副院长，1989年12月28日在北京逝世）。

据《文汇报创刊70周年资料汇编》显示，当时由严宝礼出资18万元，徐铸成拿出了2万元，蔡廷锴缴纳股金3 000元。黄旭初卖了桂林的房产资助《文汇报》；李济深也是卖掉了桂林的房产，出资1万元；龙云出了20万元。1948年9月3日，香港《文汇报》创刊。馆址设在荷里活道30号。严宝礼在上海留守，香港《文汇报》总主笔和总经理的两副担子都压在徐铸成一人身上。还好社论由他与陈此生轮流执笔，之后又由千家驹、吴茂生、胡绳、狄超白和金仲华等人参与撰写。姚芳藻离开《联合晚报》也到香港加盟《文汇报》当记者。

郑重先生在其所著《风雨文汇：1938—1947》一书中有这样一段记载："1948年底，作为《文汇报》总编的马季良忽然向徐铸成提出辞职，说是将赴美办报，然后赴巴黎与陈安娜结婚。徐铸成感到突然，说：'现在全国解放指日可待，同事们都准备青春结伴好还乡，你怎么忽思离国远去？'马季良苦笑道：'我自有不能回国的原因。'徐铸成这时才忆及马季良与江青的关系。马季良曾告诉他，在重庆和谈之前，江青曾到重庆治牙，'忽打电话约我一晤，当即婉言拒绝。'徐铸成见到潘汉年谈及此事，潘说：'马季良要走，你就不必坚留了。'徐铸成对我及陈可雄谈起这段往事时，还颇有感慨地说：'经过文化大革命我才恍然钦佩马季良的先见之明。'1949年初，随着解放战争的胜利，《文汇报》的人从香港泛海北上，回上海复刊出报。这时严宝礼已经在上海筹备复刊事宜，等待着他们归来。"

1949年2月，徐铸成应中共邀请，秘密从香港乘轮船，经烟台、济南等地到达北京。5月，周恩来在北京居仁堂设宴，为将要随解放军南下的报人饯行，除徐铸成外，还有王芸生、杨刚等人。徐铸成到了丹阳显得十分兴奋，为新闻事业顾不了妻子儿子，独自在外这么多年，如今即将团圆，不由地百感交集。

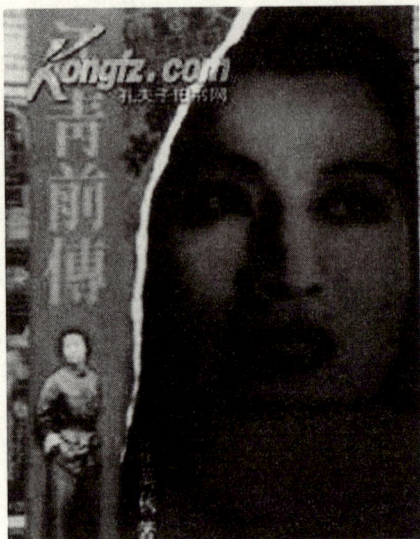

　　5月23日解放军进入上海，25日，徐铸成回到自己愚园路的家。6月21日，《文汇报》在圆明园路149号原址复刊，徐铸成任社长兼总主笔，柯灵任副社长兼总编辑。严宝礼任副社长兼总经理。1953年，原属私营企业的《文汇报》实行公私合营。按第一次全国新闻工作会议精神，《文汇报》以中小学教师和青年学生为主要读者对象。1956年5月1日起报社迁往北京，《文汇报》停刊，改为教育部机关报《教师报》。同年七八月间，在毛泽东的过问下，又做迁回上海的准备工作，10月1日，《文汇报》又恢复报名在沪复刊。徐铸成仍担任社长、总编辑，严宝礼任副社长兼总经理（注：生于1900年的严宝礼在1960年逝世），柯灵为副社长兼副总编辑（注：柯灵在1957年后转向电影和文学创作，著有《不夜城》等，2000年6月19日逝世）。

第十二章

晚报、消闲报——另一道风景线

1. 中外带"晚"字的报纸

有日报，自然就有晚报。我查到的上海最早出现的晚报是1868年的《上海通信晚报》。此前，第一张英文《北华捷报》是在1850年创刊的。而《字林西报》则在1864年6月1日创刊。3年后诞生的这张《上海通信晚报》创刊并没有"晚"字，究竟何时加的也无法说清，唯一讲得清楚的是，它于1875年停刊。那么，至少它在1875年之前就是"晚报"。

《上海通信晚报》为英国人休兰于1868年9月在上海创刊的，4开4版，用铜版纸印刷。它不同于其他报纸的是，一版完全为中外商行的广告、海关布告、邮政公告，二版才登载新闻简报和社会新闻，以及中外各类消息。后面两版又是中英文对照的商务广告、船期公告。在十分简单的资料里，有一句"为了与《字林西报》竞争，该报特别聘请了一批华人记者，同时在中国各大城市派驻通讯员"。

于是，我就在思考，《上海通信晚报》与《字林西报》竞争的优势在何处，你聘请华人记者、在中国各地大城市派驻通讯员，这些难道《字林西报》做不到吗？显然这并非它的优势。深入研究下去，我发现是在一个"晚"字上。众所周知，日报的截稿时间通常在夜间，当日凌晨印报。当时的印刷条件与运输速度都不能与现在相比，那么，日报所刊登的一定是"隔夜"消息。再说得明白点，读者白天看到日报，假如当天零点到中午这个时段有新闻发生，日报只能在第二天刊发，遇上重大新闻，只能出"号外"，万一天天发生重大新闻，你总不能天天出"号外"吧？而晚报就能弥补这个"空档"。道理很简单，因为晚报是在中午前后开机印刷，也就能把当日零点至中午的10余小时内发生的新闻"印出"来，读者在当晚就能得到日报无法刊登的新闻。

由此，我认为晚报的优势在于时间段上。就《上海通信晚报》而言，在这一点上《字林西报》是无法与其竞争的。1875年休兰去世，因没人继承，《上海通信晚报》被拍卖，由柯春洋行主办的《西风日报》收购。

1895年5月，《字林沪报·晚报》问世，这是中国人最早创办的中文晚报。由《字林沪报》馆出版发行，创办人为蔡云松。

按理说，晚报避开了与日报"时间段"的冲突，应该大有可为，可是《字林沪报·晚报》发行时间不长就停刊了。其中最主要的原因是，当时上海的商店、洋行都是在下午5点打烊、下班，晚报无法在这个时段送到，加上那时沪上还未兴起夜市，晚报因此受到冷落。

《字林沪报》馆的做法并没有错，自己的日报是一条腿，自己的晚报则是另一条腿，相互弥补，相得益彰。这等好事却因没"夜市面"而不得不"撤退"。好在它不像《上海通信晚报》是独立的，而是依附于自己《字林沪报》上，编辑人员、印刷设备全都是现成的，完全是"一套班子，两块牌子"。这就引出了另一个话题。即晚报可分成独立的与非独立的两种，上述两张晚报就是最好的说明。

请注意，这时为晚清时期。因沪宁铁路的开通，每日下午出版、专供旅客在旅途中阅读的《通信晚报》于1910年应运而生。这是火车站附近的一家旅社办的报纸，主笔是后来成为《新闻报》的名记郭步陶。这张晚报的宗旨："补各日报所不及，集各日报之精萃，可省时节力，作茶前酒后之谈笑资料"。这就是说，《通信晚报》不仅是让旅客看的，而且茶肆酒楼也能见到它的身影。

转眼到了民国元年。1912年夏，第一张由中国人自己办的外文报纸《民国西报》创刊。除星期日外天天出报。该报是在孙中山直接领导下办起来的。宋氏三姐妹中的宋霭龄代表孙中山，经常到报馆传达意见与联系工作。别看报名中没个"晚"字，该报却是每天下午出报，我认为，这就是一张晚报。

1914年，上海滩出现了一张"骗子"报，竟毁了"晚报"的名声。当年以集股和随报赠送"鸿福券"，声称凡是得到此券并能显出"福"字者，就能获得大奖，以此来推销报纸，所被推销的报纸就称作"鸿福报"。这类报纸内容七拼八凑，并且热衷于向外埠发行，外埠读者不明就里，都愿意订全年的这类报纸，结果可想而知，怎么会让你中奖？

那年5月创刊的《商务晚报》便是最早的"鸿福报"。该报由上海商务印书馆馆主王薇伯创办的。这位老兄两年里骗到巨款后竟溜到日本去了。

十年后的1924年12月1日，《时报》主笔毕倚虹创办了《上海夜报》，这是一张真正意义上的晚报。首先，出报时间为晚上7点。其次，这是有正张和副刊的晚报，形成了"海派小报"的风格。毕倚虹是办《时报》大报出身，办《上海夜报》完全是他利用业余时间。1925年5月，上海发生"五卅"惨案爆发后，毕倚虹去办《上海画报》季刊，实在是腾不出手来，而将《上海夜报》停刊。

在《上海夜报》前后还出现过《爱国晚报》、《中国晚报》、《东南晚报》、《江南晚报》、《中南晚报》、《民生晚报》、《民国晚报》、《中央晚报》。纵观这些晚报，不是一些政治团体，就是国民党内派系所办。

如1921年5月9日创刊的《中国晚报》，是由沈卓吾以"国内新闻同志与旅外华侨有志祖国新闻事业者"的名义发起的组织。其时，孙中山在广州出任非常大总统，该报便成为广州军政府在上海的机关报。此报记者做了一件至今无人能够复制的大事：1924年，该报记者在广州广东大学（今中山大学）采访孙中山时录了音，孙中山逝世后，该报将孙中山的讲话录音灌成唱片，我们现在还能够听到孙中山当年的讲话，完全要归功于《中国晚报》。1932年春，创办人沈卓吾在乘长江轮返乡途中溺水身亡，该报也随着他的消失而消失。

再来看其他一些晚报。《东南晚报》是由浙江督军卢永祥投资、于1924年9月创办的。1925年1月，卢军战败，该报停刊。《民国晚报》由国民党上海特别市党部常委兼宣传部长、《民国日报》社长陈德征直接掌控的报纸，又名《民国日报·晚刊》，刊登的内容千篇一律都是"国民党党内之事"，也只有那些"党内人士"要看，到后来，连这些人自己也看不下去了，于1928年3月日关门大吉。

2. 美国人在沪办的影响力最大的《大美晚报》

《大美晚报》是美国商人在上海出版的英文报纸，1929年4月16日创刊，每日下午出版。以旅沪美侨为主要读者对象，着重报道美国和其他国家侨民在中国的商业、教育、文化等活动。发行人史带，总编辑克劳。报名英文原为Shanghai Evening Post，1930年8月13日并入英文《文汇西报》后，报名仍统称《大美晚报》。《文汇西报》也可译为《文汇报》，前面曾提到的克明，就曾是该报的记者。当严宝礼要借他之名，并给他"薪水"时，克明便提到了这张报纸，我认为，因是西人所办的报纸而加了个"西"字。字林洋行所办的《字林西报》也是如此。

1931年，美国记者高尔德任《大美晚报》总编辑。

该报对中国问题的态度就是美国政府的立场，维护美国在华利益，对日本侵略中国坚决反对。"九一八"和"八一三"战事爆发，日本政府对华提出种种无理要求，《大美晚报》率先刊登文章予以驳斥。从1934年始，该报发表了不少抗日救亡文章，赞扬中国人民抗日救国精神，同时一再呼吁国民党政府应该与全中国人民一起抗日，当时的《大美晚报》上就出现过"爱国无罪"、"举国人民畏罪而不爱国，国家必亡……"等语句。

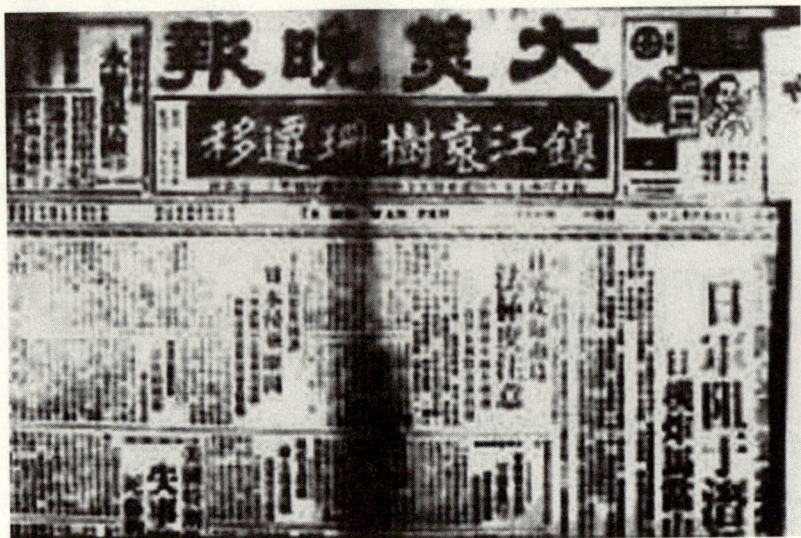

*《大美晚报》版面

1933年1月16日,《大美晚报》增出中文版,至此,我们所说的《大美晚报》应分为中英文两种。现来叙述中文版的《大美晚报》。该报最初的发行人兼总编辑为石克雷,1936年改由史带任发行人,中国人张似旭为总经理兼总编辑,1937年又由白罗司担任总经理,高尔德任总编辑。

中文版的《大美晚报》在创刊号上以《向读者致敬》一文来阐明自己的宗旨:"以迅捷敏快的方法,谋中外消息之沟通,采访务求准确,记述务求公正,不作任何个人之工具,不为一党一系而宣传"。《大美晚报》之后就是以自己的实际行动来履行此诺言。尤其是在抗战期间,该报同情和支持中国人民,积极报道抗日救亡活动。1937年8月3日,日军进攻上海闸北,《大美晚报》不仅连续报道战地消息,还常常将报纸改成一日出版两次。

1939年5月,汪精卫一伙到上海组织了伪中央政府,他们派人分别向上海各抗日报刊负责人和有关编辑记者发出了恐吓信,威胁他们:"如再发现有反汪拥共、反和平之记载,无论是否中央社之稿件,均认台端为共产党之爪牙,希图颠覆本党及危害国家,决不再作任何警告与通知,即派员执行死刑,以昭炯戒。"还把一批新闻界人士列为通缉对象。

威吓之外,他们还对各报馆人员又用重金收买,被收买的报人所领津贴之多少视其地位而定,少的每月二三十元,多的每月二三百元不等。那些原来就持抗日态度的中文报纸,对汪伪的谴责揭露更为激烈,指名道姓谴责投敌附汪分子。为占领舆论阵地,汪伪的主要机关报《中华日报》急吼吼复刊,报贩们一致拒绝发卖。《中华日报》一度只能"躺"在印报机旁。汪伪76号的特务们出手了,他们首先选择袭击《中美日报》,随即又血染了《大美晚报》。

《大美晚报》中文副刊《夜光》的编辑朱惺公曾在报纸上写道:"这年头,到死能挺直脊梁,是难能可贵的。贵部即能杀余一人,其如中国尚有四万万五千万人何?余不屈服,亦不乞怜,余之所为,必为内心之所安、社会之同情、天理之可容!如天道不灭,正气犹存,余生为庸人,死为鬼雄,死于此时此地,诚甘之如饴矣。"

朱惺公生于1900年,名松庐,江苏丹阳人,早年家贫辍学,后自学成才,1928年任《浙江商报》副刊编辑,还一度兼任《时代日报》的特约编辑,后失业,摆过旧书摊,1938年经友人介绍入《大美晚报》,任副刊《夜光》编辑。在当时极其险恶的情况下,他先后在自己主持的副刊上开设了《菊花专辑》、《民族正气——中华民族英雄专辑》和《汉奸史话》文章连载等栏目,公开讨伐汪精卫的"和平建国运动"及日寇的"大东亚共荣"。他曾作七绝诗一首以明志:"懦夫畏死须终死,志士求仁几得仁?"1939年6月,汪伪以"中国国民党铲共救国特工总指挥部"的名义,向他投寄恐吓信,信中还附了一颗子弹。朱惺公没被吓趴下,反而在副刊上刊登《将被国法宣判"死刑"者的自供》,表明了自己不畏强暴的态度。(注:在汪伪寄的恐吓信中有"如不改变抗日态度,即缺席判处死刑"的话)。8月30日下午,当朱惺公从寓所外出,走过每日必经之地天后宫桥堍时(今河南路桥北苏州路一侧),被埋伏在那里的汪伪特务开枪打死,罹难时为39岁。次日,《大美晚报》中、英文版同时刊登致汪精卫的公开信,要求汪对朱惺公被害公开表明态度。

除朱惺公外,1940年7月19日下午,《大美晚报》总编辑张似旭又被特务击毙在静安寺路(今南京西路)起士林咖啡馆二楼餐厅。若干天后,该报总经理李俊英也被打死在四马路附近的四川路(今四川中路)上。8月1日,该报馆的白俄巡捕突然失踪。同一天,报馆机器房中发现一个一尺长的炸弹。十天后,《大美晚报》记者、国际新闻编辑程振章在法租界西爱斯咸路(今永嘉路)、金神父路(今瑞金二路)口遭杀害。但是《大美晚报》并未被吓倒,仍顽强地坚持自己的立场出报。

上海沦陷后,租界便成了被日军包围的"孤岛",日军通过公共租界工部局通知各家中国人办的报纸必须向日伪检查所送检,否则不准继续出版。《大美晚报》的发行人史带立即在中文版的《大美晚报》上发表声明,称报纸为美国人办的而拒绝检查。日本人那时还未同美国政府翻脸,也只得同意。这就给了1938年1月创刊的《文汇报》创始人严宝礼一个启示,他就是找了一个"外国瘪三"来挡门面,才在租界内办起了《文汇报》的。

由于《大美晚报》始终站在中国人民一边,倾力支持中国人民抗日救国,刊登了大量报道与评论,日本侵略军对其恨之入骨,却又无可奈何。直到1941年12月太平洋战争爆发后,高尔德等人返回美国,该报中英文版停刊。日军侵占上海公共租界,首先查封的就是《大美晚报》,主笔鲍威士被捕。在接管该报后又将它作为日军在上海的英文报纸。抗日战争后期，日方将其更名为《上海报》，改为每日上午出版。

1943年高尔德重返中国，主编《大美晚报》重庆版，1945年6月停刊。抗日战争胜利后，《大美晚报》由美国随军记者玛诺主持恢复工作，前主笔高尔德返沪主持《大美晚报》事务，自任总经理兼总编辑，聘中国的吴嘉棠、袁伦仁为编辑。美商友邦银行董事长C.V.斯塔尔任发行人后，由R.古尔德任主编。此时的《大美晚报》日出两大张，对有关美国商情消息的报道迅即而翔实，广告也以美商为主，而对当时的中国反内战、反独裁的群众运动仅作简单报道，但不发表评论。

1949年5月上海解放后，因报道不实，高尔德受中国人民解放军上海市军事管制委员会的警告，加上报馆又发生劳资纠纷，该报于1949年6月下旬终刊。不管怎么讲，《大美晚报》是美国人在沪创办的一张最有影响力的报纸，它在海派报业中有着无人能替代的位置。

3. 《大晚报》与《新闻夜报》的轶事

我在《申报》史量才一节中曾谈到他的重要助手张竹平跳槽，自拉门面搞了一个托拉斯的新闻联合体。无论怎么说，张竹平都算得上是从《申报》出来的人吧，他收购了《时事新报》，又办了《大陆报》，加上《大晚报》和申时电讯社，组成了"三报一社"。

《大晚报》创刊于1932年2月12日，从严格意义上说，只能算是试刊。这也是张竹平的聪明之处，作为试刊，你可以随时停下，也可视情况继续办。《大晚报》的创刊（*或者说试刊*）的开场锣鼓敲得也十分得法。张竹平把《大晚报国难特刊》的报头横排，4开4版1张，名曰"临时版"。到了

4月15日,看看还可以,就改为《大晚报》正式创刊,对开一大张,很快又增至二大张。

我们已经知道,张竹平成为史量才左右手时,主要负责经营。如今办《大晚报》,他的精力自然还是放在经营管理上,为此,他聘请了曾虚白为总经理兼总主笔,编辑有汪倜然、金摩云、邵宗汉、崔万秋等人。《大晚报》逐渐形成了自己的特色,报纸语言改成了白话文。编排采取了"导读式",或者把较长的通讯第一段放在头版,以吸引读者的眼球,而把下文转至后面的几版里。如今这种编排方式在各种报纸上被普遍使用着。

"一二八"淞沪抗战时,《大晚报》能将前线战况在当天见报,大受读者欢迎,发行数也由原先的数千份猛增至三四万份,为上海各晚报之首。由崔万秋任主编的《火炬》副刊和影剧副刊《剪影》也十分抢眼。(注:崔万秋,1903年生于山东莘县古云崔庄村,20世纪20年代留日10年,1933年在广岛文理科大学毕业,学成归国后便进入《大晚报》;从1948年起转入外交界,担任国民党政府驻日代表团政务参事,后返回台湾,出任国民党政府外交部亚东太平洋司副司长;1967年起出任国民党政府驻巴西大使馆公使,1971年退休,隐居美国,1982年辞世)。

正因为崔万秋编影剧副刊,他与同乡江青有过一段交往。在他的晚年写了一部《江青前传》(1988年由香港天地图书有限公司出版)。在书中,崔万秋讲述了他最初认识蓝苹(江青)的经过。那是1935年初夏,在上海一品香餐馆的一次午宴上。洪深与他同席,一再向他夸奖一位从青岛来的新演员蓝苹,说她演技精湛,极有前途,当时正在排《娜拉》,希望崔能一道去看,并借《大晚报》一角予以捧场。吃罢午饭,他们便一道去《娜拉》排练厅看蓝苹。刚好排完第一幕,大伙儿正在休息。蓝苹身穿蓝色旗袍,梳着不长的卷发,正踱着方步背台词。洪深上前拉着她的手说:"来,蓝苹,我为你介绍,这位就是我常对你说的崔先生,他也是你的同乡、前辈。"

蓝苹极其大方自然地向崔万秋伸出手来说:"我拜读过崔先生很多著作,久仰,久仰!"

洪深对崔万秋说:"她就是蓝苹,我的学生,你的同乡,捧捧她!你们聊聊。"

后来,崔万秋应邀看了《娜拉》的演出,为蓝苹打分甚高,评价极佳,于是又登剧评,又写介绍,又谈观感,委实大捧了一番。蓝苹非常感激崔万秋对她的捧场。《娜拉》演出结束后,有一天,崔万秋正在报馆看清样,接到一个娇声滴滴的电话:"崔万秋先生吗?我是蓝苹。谢谢您在《大晚报》上为我捧场!"

这是那年初夏的一段往事。到了秋天,张竹平遇上了麻烦事,在国民党政府的政治压力下,他不得不将《时事新报》、《大陆报》、《大晚报》和申时电讯社出售给孔祥熙。《大晚报》虽然还是由曾虚白主持,但报纸内容只能跟着孔家"走"了。1937年,曾虚白离开该报,由汪倜然继任总主笔。这年的11月,国民党十九路军撤出上海,《大晚报》仍继续出版,但要接受日军的检查,一度与汉奸报纸为伍。在次年的11月,改为由英商弗利特主持的独立出版公司出面发行,在香港注册,《大晚报》又回到了抗日报刊的队伍中,因而屡受日伪的迫害,报馆的排字房也遭捣毁。总主笔汪倜然、总经理王锦城、编辑徐怀沙、朱曼华被汪伪政府通缉。上海沦为"孤岛"时,报纸停刊。

抗战胜利后,经原《大晚报》的总会计王乐三与汪倜然、王锦城一起筹备,报纸于当年9月1日复刊。汪倜然还是总主笔,总经理换成了王乐三,总编辑为朱曼华。1949年5月26日上海解放时停刊。

现在来说《新闻夜报》。1933年,《新闻报》馆为了同其他报馆争夺广告客户,汪伯奇让副总编辑严独鹤操办一张晚报。于是由严独鹤任总编辑的《新闻夜报》在这一年的2月26的创刊。严独鹤编的《快活林》副刊上曾刊登过由他约张恨水写的连载《啼笑因缘》，一时成了洛阳纸贵。他担当《新闻夜报》总编辑后，在该报上除了有当日的重要电讯、商情消息外，又发挥自己的特长，主编了一个《夜声》副刊。上海市民欢喜听苏州评弹和滑稽戏，《新闻夜报》上就每天预告当日或者第二天评弹和滑稽戏演员在电台播出的节目和唱词，颇受读者欢迎。

《新闻夜报》又增设了不少专刊，每周还曾送郎静山主编的副刊《摄影艺术》。提及郎静山先生，我还与他有过一面之雅。

郎静山（1892—1995），浙江兰溪游埠镇郎家村人，生于江苏淮阴。他的父亲喜欢收藏书画、唱戏和照相，使他从小就受到了艺术的熏陶。他12岁时进上海南洋中学读书，在图画老师李靖兰处学会摄影原理、冲洗和晒印技艺，从此便和摄影结下了不解之缘；1911年后进入上海《申报》，成为中国第一位摄影记者。1928年，郎静山任《时报》摄影记者，在四马路（今福州路）的《时报》大厦举行了中国第一次的大规模影展；1949年去了台湾。1966年发起组成亚洲影艺协会，他被公推为永久会长，1987年曾率团到香港参加中国摄影学会成立50周年活动。之后他曾4次来上海，我就是在1994年12月见到他的。

那是摄影大师郎静山先生来沪参加上海举办的第四届国际摄影展开幕剪彩仪式，其时，老先生已103岁。我在这个摄影展上同他不期而遇，出于记者的职业习惯，怎肯放过百年一遇的良机？于是迎上去自报家门："我是《新闻报》记者"。老先生似乎愣了一下，说："早年我也曾在《申报》馆干过摄影记者，我们还是同行呐"。我说："您老贵体好健哟"。他指指自己的腿，说："靠它多行路"。我还想说什么，却被警卫人员拦住了。孰料，来年的4月13日，老先生竟在台北逝世，享年104岁。

《新闻夜报》没有专职记者，却不愁没新闻稿，因为《新闻报》的记者就是它的记者。1933年10月,第六届全国运动会在沪举行,为了能更快地将现场报道稿件发回报馆,《新闻夜报》事先养了一批信鸽,在运动会举行时,让记者带着信鸽到赛场,就地写好稿件,而后绑在信鸽腿上,信鸽很快就飞回到报馆阳台的鸽棚里,有专人等着取稿,立即送排字房发排,因此,《新闻夜报》便能将当日的比赛消息见诸报端。

1937年,《新闻夜报》与《新闻报》一起接受日军的新闻检查。第二年元月,改为挂美商的招牌出报,虽不再受日军的新闻检查,但处境并未改观。到日军进入了租界,《新闻夜报》和《新闻报》同时被查封。等到1945年抗战胜利后,《新闻夜报》准备复刊,却因当时上海报业公会的其他会员报馆的反对,而没能东山再起。它的停刊日期只能算至1941年。

4. 各方势力争夺晚报市场

1934年3月,只有一名记者的《社会晚报》创刊,由于创办者蔡钧徒在警界有不少朋友,所以,《社会晚报》刊登的新闻主要是刑事案件。1935年,蔡钧徒看到《明星》日报发起选举中国电影皇后大获成功,他也让《社会晚报》发起选举歌星姨太太,格调并不高。但就是这个蔡钧徒,在上海成为"孤岛"后被日军委任为日伪方面的新闻检查官,他趁《社会晚报》不受检查的机会,刊登抗日游击队的消息,结果报馆被日伪特务投炸弹,他也于1938年1月25日被暗杀。(注:1952年,江苏省人民政府追认蔡钧徒为抗日烈士)。

由英国人于1938年创办的《大英夜报》,实际负责的却是暨南大学教授翁率平和作家邵洵美等人。副刊《星火》、《七月》由王统照主编。常为副刊撰稿的有郁达夫、茅盾、周扬、郭沫若、老舍、臧克家等。《七月》副刊上刊出的巴金、叶以群、草明、欧阳山、李健吾和沙汀的作品深受读者喜爱，却因所述内容为当局所忌，1941年10月被迫停刊。

1945年11月21日《大英晚报》复刊，但早已不是最初的办报人了，发行人也改由中国人，成为4开4版的民办报。仿佛新开张的鞭炮放得啪啪炸响，完了又悄无声息，该报亦如此。直到1946年的8月1日，《大英夜报》改名为《大众夜报》，版面也改为对开的大报。由之江大学教授方志超主持，总编辑为胡汉君和徐旭。当市政府参事、中共地下党员李剑华接任总编后，《文汇报》、《联合晚报》等报纸都已停刊，《大众夜报》连续刊登揭露国民党丑闻新闻，国民党当局一怒之下派上海警察局长毛森去接管此报。（注：毛森为军统巨枭"一戴三毛"中的一毛，"一戴"即戴笠，"三毛"即毛人凤、毛森、毛万里）。

最不可思议的是上海滩在同一天出了4张晚报，被人称之为"日伪四夜报"。

那是1941年12月9日，侵华日军浩浩荡荡地开进了上海公共租界。当时，申城除了日伪方面出的《新申报》、《中华日报》、《平报》和《新中国报》外，其他报纸一律停刊。就在这天，日军让这4家报馆同时增出对开2版的晚刊。于是，汪精卫嫡系的《中华日报》出了《中华晚报》，出了一个多月即停刊。《平报》出的是《平报·晚刊》，30多天后也打烊了。《新申报·夜报》为日军军部直接控制的日文《大陆新报》馆创办的，竟硬性规定上海市区各家商店订阅，即使如此，销路始终不佳。

《新中国晚报》是由日本在上海的情报机构所控制，由中国人出面办的。中共地下党组织趁机让袁殊与恽逸群去该报，可谓"战斗在敌人的心脏"。该报虽然无法逾越日本特务机关划的"红线"，却能巧妙地利用日方对重庆政府"对话"，将国民党当局内部的分歧捅出来，读者也能从字里行间获知抗战的"内幕消息"。

1944年1月,随着侵华日军的节节败退,新闻纸张匮乏,日本人自己的日文报纸都在缩版,也就顾不上这些夜报了,《新申报·夜报》和《新中国晚报》只能停刊。

原本是出日报的,由于国民党政府的百般阻挠,不得不改变轨迹,变成出晚报了。这是中国共产党运用的迂回战术,也能让我们今天还能来说这份《联合晚报》。该报于1946年创刊时叫《联合报·晚刊》,出了3天后就更名为《联合晚报》。它的社长为刘尊棋、发行人兼总编辑为王纪华、总编辑是陈翰伯、冯宾符任主笔、陆诒任采访部主任,他们再加上金仲华、郑森禹组成了社务委员会。副刊则由姚溱、冯亦代、王元化等分管。记者、编辑大多数是共产党员。因1947年5月24日报道了"5·20"学生运动而被国民党政府勒令与《新民报·晚刊》一起停刊。前面说到的《文汇报》,也因此事在同一天被勒令停刊。

读者也许要问了,你介绍了这么多的晚报,怎么不见《新民晚报》?问得好,现在就来讲述该报。

* 《新民报·晚刊》

要说《新民晚报》的历史沿革，几句话就能概括：该报前身为《新民报》，1929年9月创刊于南京。先后出南京、重庆、成都、上海、北平（今北京）等8个日、晚刊。号称"五社八版"。抗战胜利后，总管理处设于南京，罗承烈任总主笔，赵超构任副总主笔。因主张和平民主，反对内战，被迫停刊。新中国成立后，上海《新民报·晚刊》继续出版，1958年起改名《新民晚报》。

假如稍微再讲得复杂些，那就是创办人为3名中央通讯社编辑陈铭德、吴竹似、刘正华。陈铭德辞去中央社职务，自任社长。吴竹似、刘正华兼任编辑，不在报馆支薪。而报纸定名《新民报》有两层意思：一是继承孙中山在东京创立同盟会时的机关报《民报》革命传统；二是取《诗经》"大雅"篇作育新民之意。

1938年1月15日，《新民报》由南京迁至重庆，重庆版发刊。报馆由陈铭德夫人邓季惺任经理，赵纯继担任总缉辑，并请张友鸾主编社会新闻版。张友鸾为办《南京人报》曾一度离开《新民报》。张恨水主编副刊，张慧剑、赵超构相继参加工作，人称"三张一赵"。之外，还有谢冰莹、姚苏凤、秦廋鸥、凤子、黄苗子、郁风、吴祖光、陈白尘、聂绀弩、陈迩冬等数十

＊赵超构先生

人加入该报。

1944年夏,主笔赵超构参加中外记者团去陕甘宁边区采访。他写的《延安一日》同时在重庆和成都的《新民报》上连载,后又出版单行本,受到读者欢迎和好评。

1945年8月28日,毛泽东飞抵重庆,陈铭德在国民参政会茶话会上见到了他。毛泽东分别会见赵超构与张恨水。抗日战争胜利后,《新民报》除重庆、成都两地继续各出版日、晚刊外,又恢复了南京社,创办上海、北平两社。重庆、成都由罗承烈负责,上海、北平分别由陈铭德、邓季惺夫妇、赵超构和张恨水等负责。总管理处又迁回南京。9月,毛泽东在重庆八路军办事处单独接见赵超构。11月14日,《新民报》重庆版晚刊的副刊上,首次发表毛泽东的《沁园春·雪》,并加了赞语。

上述文字为《新民报》的前身。本书叙述的是海派报业,要讲《新民晚报》,也只能从1946年5月1日在沪创刊的《新民报·晚刊》说起(馆址在圆明园路50号)。两个月后的7月1日,报名改成了《新民晚报》,对开一张,到了1948年12月1日,又恢复了原来的《新民报·晚刊》的报名。《新民报·晚刊》的总编辑为赵超构,他的另一个职务为《新民报》副总主笔,若按顺序排列,应为:《新民报》副总主笔兼《新民报·晚刊》总编辑。

尽管《新民报·晚刊》是1946年5月立足上海的,但它的文脉可以追溯到1929年。2009年,《新民晚报》举行了隆重的创刊80周年纪念活动,即为最好的佐证。

还是先回到它在上海诞生的那段日子吧。

该报一问世就创立了自己的特色,它的要闻版和本市新闻大都由自己的记者采写,而绝少采用中央社的统发稿。除了报馆自己收发外国通讯社的电讯稿外,还根据延安新华社的广播改编成"本报专电"刊出,从而打破了国民党对新闻的封锁。其次是每天都刊登小言论，之所以称其为"小"，并非言论的"分量"轻，而是每篇字数均在500字左右，短小精悍，却不乏尖锐泼辣。写作者中有赵超构以"沙"为笔名的《今日论语》（解放后笔名为林放）；夏衍用"朱儒"为笔名的《椽灯录》，他们所写的小言论常被《新民报》各地版转载。在文化新闻上巨细兼顾，天天都有影剧作品与文化娱乐活动的介绍和评论。值得称颂的是该报的《夜光杯》副刊，全国无数知名作家都以能在《夜光杯》上发表作品为荣。

我注意到，该报在做标题上狠下功夫，而且富有文学色彩，言简意赅点明主题，形象生动过目难忘。这个特色一直保留至今。

然而，报纸毕竟还是以新闻为主。《新民报·晚刊》站在严正立场，对1946年6月23日南京发生下关事件，9月20日驻上海美国兵打死三轮车工人臧大咬子事件，11月30日上海摊贩事件，12月24日驻北平美国兵强奸北大女学生沈崇事件，1947年2月9日上海南京路劝工大楼事件……读者均能从该报上看到。正因此，屡次遭国民党当局查封。

1947年2月22日，该报副刊《夜光杯》刊载讽刺国民党的《冥国国歌》一诗，陈铭德被国民党市党部逼令"自行停刊谢罪"。

《上海新闻志》中对此事有记载：《夜光杯》发表了署名"愚者"的政治讽刺诗《冥国国歌》。这首诗是根据国民党党歌，亦即当时的代国歌改编而成的，全文如下："战神土地，污党所宗，以建冥国，以进（打）同。兹尔多事，唯民先锋，昔也非现，主义是崇（原注：别读为崇，以谐其音），世人是蛹，毕螯结终，异心易得，动辄死终！"

作者有意将歌词改得似通非通，但每句都与原歌谐音，仍可歌唱，旨在揭露国民党反动派准备发动内战的阴谋与流氓特务横行、残害人民的暴行。国民党市党部主任委员方治指使血案主凶陈保泰打砸新民报社，又命社会局唆使派报公会流氓地痞到报社借端滋事，阻止发行工作。《冥国国歌》发表的当天晚上，方治就在百老汇大厦（今上海大厦）召见报社社长陈铭德、总主编赵超构等谈话，见面即将手枪摔在桌上，破口大骂："新民报大逆不道，污蔑国歌就是污蔑党国！"逼迫新民报"自动停刊，以谢国人"。方治还要报社编辑部交出《冥国国歌》作者，在跑马厅（今人民广场）开公审大会，副刊《夜光杯》编辑撤职。

陈铭德立即赶赴南京活动，一面求助于他的妻舅邓友德（国民党行政院新闻局副局长）；一面奔走权门，央张群、吴铁城等代为缓颊。经过疏通，大事化小，国民党上海市党部态度暂时趋于缓和，总算以报社"自动停刊一日"，登报道歉了事。

《冥国国歌》作者"愚者"隐姓埋名30余年，报社也未追问其下落，一直到1982年《新民晚报》复刊时，他才写信给《新民晚报》表示祝贺，还说当年偶尔文字游戏，给报社添麻烦不小，深为抱歉。但他已是耄耋之年，不问世事。信上仍无真实姓名，亦无通讯地址。

然而，1947年5月25日，《新民报·晚刊》被国民党当局以"意图颠覆政府"的罪名，与《文汇报》、《联合晚报》一起被勒令停刊。国民党市党部又到该报搜捕，记者张忱被捕。经陈铭德、邓季惺夫妇多方奔走，当局答应报纸可以复刊，记者张忱也可以获释，但报馆的总编辑由国民党中宣部派人担任。最终，报纸在7月底复刊了，张忱也获释。不过，总编辑却是由方治和潘公展派来的一个失意的政客王健民接任，同时还派了两个带枪的特务到报馆蹲点，监视记者编辑的行动。赵超构经陈铭德力保而留任，编《夜光杯》副刊的程大千调至《夜花园》副刊。编辑部在中共地下党和进步记者组织下，与特务巧妙周旋，1949年5月，《新民报·晚刊》坚持出报，直至上海迎来新的曙光，出版了上海解放首日的晚报。

解放后，报纸实行公私合营，老板陈铭德改任副社长，之后任顾问。

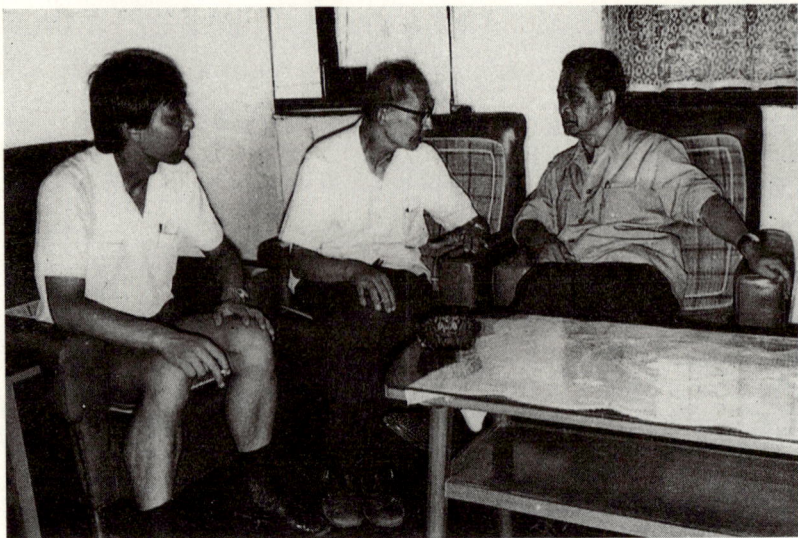

赵超构任社长，总编辑由蒋文杰担任。1958年4月1日，报名正式定格在《新民晚报》上，并沿用至今。

在1966年8月22日，《新民晚报》随着"文化大革命"的开始，被报社的造反派夺权而停刊，之后又自说自话编印了《上海晚报》。由于报社的造反派分成了两派，天天上演闹剧，张春桥、王洪文闻讯即刻批示："上海晚报停刊，报社房屋、设备归上海工人革命造反总司部接管。"

1982年元旦，《新民晚报》正式复刊。原先圆明园路的报社房子几经易主而难以收回，经上海市委、市政府协调，市文化局腾出了九江路41号两层文物仓库楼面作为《新民晚报》的临时社址。1985年，我在《市场艺术》做记者，杂志社与《新民晚报》在同一条路上。一天，我去拜访时任《新民晚报》副总编的冯英子先生，他点拨我的一席话令我没齿不忘，终生享用。他说：三流记者耳听手记，人家讲啥，你就记啥；二流记者耳眼并用，不仅听，还要学会用眼睛观察；一流记者再加上用脑子想，加以分析，惟有三管齐下，方能成为一名好记者。94岁的冯老先生已于去年驾鹤西去，我借此机会表达自己对他的无限怀念与感激。

5. 游乐场报与消闲小报：报海里的一朵浪花

在上海报业发展的过程中，还有一种"借事寓言"的消闲性报纸。1897年创刊的《游戏报》为此类报纸的鼻祖。报纸的宗旨是"假游戏之说，以隐寓劝惩"。与其他报纸不同之处在于，它是以传奇、寓言、序跋之类的文章见长，1905年改为按类分栏，设有论说、杂记、打油诗、短篇小说、打油诗等栏目。它最先模仿西方的报纸，把中国文学与专论同社会新闻融为一体，在中国近代报业史上，开创了这种新型的日报形式，也成为中国第一份消闲性报纸。

与《游戏报》同年创办的《笑报》，内容大多为笑话、轶闻、风土人情、花事。租界里的奇事，街头巷尾的琐事，戏馆新闻、马夫、妓女，市井琐事都是它的"货色"。即使头版上刊登的社会新闻，也要带有趣味性。

像这类小报，有的是附在大报中赠送，目的则为大报吸引订户。例如1897年11月创刊的《消闲报》就是《字林沪报》的附刊，它也成为中国最早的报纸文艺副刊。受其影响，《申报》、《新闻报》的副刊也跟着问世。

再来看看一些报纸的名称：《趣报》、《奇闻报》，所载内容不是新奇，就是突出个"趣"。虽也刊登新闻，但这些"新闻"并非新近发生的事，而是上自天文地理、上古传说，下至坊间传闻，类似现今的"八卦"消息。

当《新闻报》问世后，报馆的同人利用业余时间办了一张《采风报》，主笔为《新闻报》的编务孙振家。《采风报》在头版也会利用真新闻来吸引读者，而这些新闻均以转载外国消息为主。"门面"撑好后，里面就是放散文、诙谐的杂文。孙振家自己也写小说，他的60回长篇小说《海上繁华梦》在《采风报》上连载。后来他又去办《笑林报》，《采风报》变成了独立发行。1910年，由汤邻石主编后，报纸堕落为色情小报，1911年，因转载孙振家办的《笑林报》上的"淫词"，报纸被查禁。《笑林报》被巡捕房告到会审公廨，被判罚款银洋30元，报纸被勒令停刊。

由日本东亚同文会的《同文沪报》在1901年创办了《同文消闲报》，随《同文沪报》附送。这张"消闲报"并不消闲，它所登载的新闻主要是讥讽清政府和官场弊端，可见，我们也不能顾名思义。《方言报》倒是名副其实的，这张日报设有朝报、舆论、市声、巷议、情话、游说等栏目，作为读者消遣的报纸，它的最大特点就是文章都采用不同方言撰写，如传递朝廷信息的朝报用的是京白，舆论栏目用的是官话，市声栏目用宁波话，巷议栏目用粤语，情话栏目则用吴语。

以上所述的"消闲"也就是一些大报难以刊登，或者说是不登大雅之堂的"小道消息"，那也就罢了，毕竟"存在就是合理"嘛。最荒唐的是《春江花月报》，唐代诗人张若虚写的千古绝唱《春江花月夜》被用在了报名上，这倒也没什么，可恶的是，该报是一张典型的妓女报。瞧瞧它的栏目："花信风"、"红楼酒语"、"月府霓裳"……所有栏目刊登的新闻，全都是妓院里发生的打情骂俏的消息，格调低下。报纸出版一个多月后，刊登将《论语》中的一些句子篡改成嫖妓淫词，被上海道台袁树勋告到租界会审公廨，《春江花月报》的创办人包友樵闻讯脚底抹油，逃得比兔子还快，最终报纸被查封。

《二十世纪大舞台》是近代最早以戏剧为主的文艺报。它也归类为消闲报之列。

到了民国元年,《新游戏》出现了,内容主要报道戏剧界动态和轶事为主,是一张4开4版的娱乐报。其中两个版为上海各家舞台戏院的演出广告,配以戏评,在戏剧界颇有影响。在《大世界报》和《新世界报》未亮相时,惟有《新游戏》撑市面。

1916年创刊的《新世界报》是中国新闻史上最早出现、由游乐场创办的文化报。今日"十里南京路,一个新世界"早为人们耳熟能详,这个"新世界"便是当年的"新世界游乐场"。一家游乐场以自己的名字命名报纸,除了给自己做宣传外,《新世界报》发行范围却不局限于游乐场所,而是面向社会公众发行。因为它所刊登的新闻也并不局限于游乐场。该报曾连续举办过"新世界群芳选举大会",这是报纸与读者互动的"节目",带动了报纸的发行。这也为之后出现的《大世界报》和《先施乐园日报》等仿效。

《大世界报》比《新世界报》迟了一年出版,创办人为黄楚九。

黄楚九(1872—1931),浙江余姚人,早年随母学习家传中医眼科医术,后在上海开设诊所,取名颐寿室;1890年放弃中医,改营西药,开办

+ 黄楚九

中法药房，1907年与夏粹芳合办五洲大药房，1912年在上海开设新舞台，1915年创办大昌烟公司，次年中法药房改组成股份有限公司，任董事长，1917年建成大世界游艺场，1918年独资办中华电影公司。1919年开办日夜银行，次年冬与叶山涛等开办"上海夜市物券交易所"，任理事长，1923年盘进中西药房，任总经理，1927年任上海新同药业公会主席。

《大世界报》从1917年7月1日创刊，天天出报。总编辑室刘青，孙玉声为编务。该报4开4版一张。头版专门登各家剧场及游艺场的节目广告，最后一版登外地来沪演出的剧团排片表和奖券号码。报上短小精悍的时评、各种体裁的文学作品、世界各地的风土人情等独树一帜。该报不求速度，只要求好看耐读，内容丰富多彩。对一批出身于大世界的孟小冬、盖叫天、碧云霞、施银花等艺人大造舆论，观众就是从《大世界报》对他们熟悉起来的。这份游乐场报纸在上海报业史上占有一定的地位。出版了14年的《大世界报》于1931年随着黄楚九的离世而终刊。与游乐场报有着异曲同工的是剧场的舞台报，其中较有名的是《新舞台日报》、《笑舞台报》和《笔舞台报》等。

1919年3月3日，作为《神州日报》的附刊《晶报》创刊。因为是每三天出一期，又称三日刊，把三个"日"加起来就是"晶"。负责报纸的余大雄本身就是《神州日报》的副刊编辑，再编一张小报也算小菜一碟。1923年出现了一张《金刚钻》，该报就是针对《晶报》出的，取此报名，意为金刚钻可破晶体。实际上，两张报纸各有千秋，《金刚钻》在郑逸梅担任编辑主任时，这位被人称作"补白大王"先生约到了张恨水所著的《铁血情缘》而予以长篇连载。还有汪仲贤的《恼人春色》等小说也在该报刊载。

当时英国柯南道尔的侦探小说风靡上海后，福尔摩斯为人们熟悉起来，以他名字命名的《福尔摩斯》应运而生。由胡雄飞、吴微雨、姚吉光等

＊ 大世界

合办。有个署名"华生"所写的消息，大都是警察局里打听到的黑社会新闻。而《罗宾汉》报原先叫《天雷报》，出了几期销路不佳，此时正好美国影片《侠盗罗宾汉》在上海电影院放映，《天雷报》的创办人周世勋便把报名改成了《罗宾汉》，随即将内容也改为以报道中外影片为主了。周世勋又邀请了擅长写戏剧新闻的朱瘦竹来编戏剧版，他自己编电影版，再开辟了一个游艺版，如此一来，就成了一张专门刊载电影戏剧游艺内容的报纸，倒也形成了自己的特色。该报于上海解放时停刊。

郑逸梅的"发力"是在1929年创刊的《上海报》上，这张报纸的副刊《趣园》就是郑逸梅的"阵地"，他先后发表了《百年来之女书画家》、《昔日海上名妓之芳帜》、《狼虎会旧话》等。此外，郑逸梅还在该副刊上登载《闲话金瓶梅》、《评儒林外史》等论述文学作品的短文。

郑逸梅（1895—1992），原名鞠愿宗，学名际云，号逸梅，笔名冷香，1940年后历任上参音乐专修馆教授，上海徐汇中学教师，上海志心学院教授，上海国华中学校长，上海诚明文学院教授，上海新中国法商学院教授，上海晋元中学副校长，上海市文史馆馆员。他1913年开始发表作品，1985年加入中国作家协会，著有专著《人物品藻录》、《淞云闻话》、《逸梅小品》、《孤芳集》、《近代野乘》、《逸梅谈丛》、《南社丛谈》、《郑逸梅文摘》、《艺坛百影》、《影坛旧闻》、《三十年来之上海》、《清娱漫笔》等。

最后来说一张《铁报》。此报由毛子佩于1931年创刊，马儿、谢豹、陈蝶衣、邵飘萍各编一版。邵飘萍后来离开，由吴崇文接任。张恨水为该报写过小说。1933年，电影演员胡蝶被《铁报》捧为电影皇后，陈蝶衣编了一本《电影皇后胡蝶》特辑，报纸销路立即大增。然而好景不长，不久因刊登了一则《蒋介石归奉化扫母墓》消息，写法上带有讽刺的味道，官方看后大骂山门，立即责令邮局不得邮寄《铁报》至外埠。大概是怕老蒋看到？我想，老蒋是不会看这种报纸的。

不管怎么说，上述这类报纸毕竟是在上海出现的，在海派的报海里也算得上是一朵浪花吧。

第十三章

名人与上海报纸

在《上海新闻志》人物传中有吴沃尧与李宝嘉之大名，起初，我并没当回事，之后看到吴沃尧后改名吴趼人，这才猛然醒悟，他就是《二十年目睹之怪现状的》作者，也是在上海办过报纸的报人。再查另一位，原名李伯元，《官场现形记》的作者，也是位"办报出身"的名人。

吴趼人(1866-1910)字小允，后改名趼人，广东南海人；笔名有：我佛山人、老上海、息影庐主、中国老少年等。其曾祖父吴荣光官至湖广总督，祖父、父亲均为小官吏。吴趼人17岁丧父，第二年来上海，曾在茶馆当伙计，后又至江南制造局做抄写工作，月薪微薄；1897年开始在上海创办小报，最初协助高太痴创办《消闲报》，先后主持《字林沪报》、《采风报》、《奇新报》、《寓言报》等。1906年，他担任《月月小说》杂志总撰述，发表了大量嬉笑怒骂之文。因他性格耿介，不愿与权贵交往，只能靠卖文所得度日。

吴趼人一生著有《二十年目睹之怪现状》、《痛史》、《九命奇冤》、《曾芳四传奇》、《俏皮话》、《两晋演义》等数十种小说及寓言、传记作品，其中尤以晚清谴责小说《二十年目睹之怪现状》而闻名。此外，他还撰写了《近十年之怪现状》，由时务报馆印行，也对当时社会的丑恶现象进行揭露和谴责，但印数不多，仅二十回。鲁迅在《中国小说史略》中首次将此类小说归属为谴责小说。

吴趼人一生清贫，常常囊中羞涩，由于生活贫困，加之劳累，于1910年10月在上海逝世，年仅45岁。

生于1867年的李伯元，别号南亭亭长、游戏主人，江苏武进人，早年考中秀才，其祖父、父亲、伯父都是科第出身。李伯元3岁时，父亲去世，由堂伯李念之抚养之。当时李念之任山东道员、东昌府知府，李伯元从小随伯父在山东长大。

李伯元1896年来到上海，受聘于外商所办的《指南报》，任主编。翌年，他创办了中国最早、也是最著名的小报——《游戏报》，（该报后售于他人，一直到1910年才停刊）。1900年，李伯元创办了《海上文社日报》，不久便停刊。次年，他再次上阵，尝试用报纸连载自己所写的小说，或者说根据自己的小说而创办了一种新形式的文艺小报《世界繁华报》，他的《庚子国变弹词》和《官场现形记》等小说就是刊载在该报上的。1903年，他受商务印书馆之聘，编辑出版《绣像小说》半月刊，对晚清官场及社会上的种种腐朽现象，以嬉笑怒骂之笔，绘影绘声，揭露无遗，受到各界人士的欢迎，发行颇广。

李伯元在上海十年间，先后写成《庚子国变弹词》四十回、《官场现形记》六十回、《文明小史》六十回、《中国现在记》十二回、《活地狱》

* 《官场现形记》封面

四十三回（注：李伯元只写了三十九回就去世了，吴趼人续四十至四十二回，欧阳巨源续四十三回）、《海天鸿雪记》二十回，以及《李莲英》、《海上繁华梦》、《南亭笔记》、《南亭四话》、《奇书快睹》、《醒世缘弹词》等书十多种，后终因积劳成疾，1906年殁于上海，终年40岁。

2009年11月12日，第七届世博国际论坛在北京举行，中国总理温家宝在开幕式上说："1851年，第一届世博会在英国伦敦举行，当时中国封建王朝的统治者对世界科技的飞速发展和政治性变化还茫然不知，视西方科技为奇技淫巧，将世博会称为'赛奇会'。1910年，一位叫陆士谔的青年创作了幻想小说《新中国》，虚构了100年后在上海浦东举办万国博览会的情景。"

陆士谔（1878—1944），江苏青浦（今属上海市）人，名守先，字云翔，号士谔，亦号云间龙、沁梅子等。他17岁时师从清代大名医唐纯斋学医，1905年27岁来沪行医谋生，翌年便以"沁梅子"出版了《精禽填海记》，1908年又以同一署名出版《鬼国史》。此后他一边行医，一边在《新闻夜报》和《金刚钻》报上刊发"谈医说药"的文章。当时，《新闻夜报》上辟有《国医周刊》，《金刚钻》报上设有《医林》专栏。

陆士谔同时还以惊人的速度写小说，一生创作的百余部小说中，以《新上海》与《新中国》最著名。《新上海》将清末上海十里洋场种种光怪陆离的丑恶现象作了深刻揭露，写得淋漓尽致。

《新中国》就是温家宝提到的"一位叫陆士谔的青年"所创作，是陆士谔32岁写下的代表作。这部令今人万分惊叹的小说又名《立宪四十年后之中国》，小说用第一人称的角度，以梦为载体进行幻想。书中写道："万国博览会"在上海浦东举行，为此在上海滩建成了浦东大铁桥和越江隧道，还造了地铁。有趣的是为造地铁（电车隧道），还发生不同意见的

* 陆士谔

* 位于青浦的陆士谔纪念馆

争执，有说造在地下，有说要造高架；争论到最后，说是造高架行驶噪声太大，且高架铁竖柱影响市容又不方便，最终定下造地下电车隧道。

陆士谔将自己藏在小说的主人公"陆云翔"身上，梦中的陆云翔与妻子李友琴游历上海，他惊讶地发现，租界已收回，昔日趾高气扬的洋人见了中国人毕恭毕敬……以往经常碰撞行人的电车改为地下行驶："把地中掘空，筑成了隧道，安放了铁轨，日夜点着电灯，电车就在里头飞行不绝。"更让他惊讶的是"一座很大的铁桥，跨着黄浦，直筑到对岸浦东……一时渡过了桥，只见洋房鳞次栉比，马路八达四通，往来车马，像穿梭一般，哪里是浦东？"妻子告诉他，"这是二十年前在浦东开博览会的时候，为了方便往来建造的，因为开了博览会，现在浦东地方已兴旺得与上海差不多了"。

梦醒了。在《新中国》的结尾，陆士谔记下了他和妻子的一段对话，妻子说："这是你痴心梦想久了，所以，才做这奇梦"。丈夫说："休说是梦，到那时，真有这景象，也未可知。我把这梦记载出来，以为异日之凭证……"

陆士谔的小说《新中国》问世，与2010年上海世博会的举办的时间正好相隔100年，百年之前的"预言"如今应验了。

鉴湖女侠秋瑾（1875—1907）原名闺瑾，赴日本留学时改名秋瑾，出生于小官僚地主家庭，1904年自费去日本留学，发起组织了反清的妇女团体共爱会，后又在东京创办了《白话》月刊。1907年初，在上海创办《中国女报》，只出了两期便停刊。与此同时，她还积极支持《女子世界》的出版，之后回绍兴故里，组织光复军，与徐锡麟约定分别于浙江与安徽起义。徐锡麟因仓促起义，刺杀安徽巡抚时遇害，秋瑾也因起义失败而遭逮捕，1909年7月15日被杀害。

"三毛之父"张乐平（1910—1992）是中国当代最杰出的漫画家之一，1910年11月10日出生于浙江省海盐县海塘乡黄庵头村。他的父亲是位乡村教师，母亲擅长刺绣、剪纸，是张乐平最早的美术启蒙者。1923年，在小学老师的指导下，少年张乐平创作了平生第一张漫画《一豕负五千元》，讽刺军阀曹锟贿选，在当地名噪一时。

从1929年开始，他向上海各报投稿。30年代初期，经常在《时代漫画》等刊物上发表漫画作品，逐渐成为上海漫画界较有影响的一员。1935年春夏，张乐平笔下的三毛漫画形象在上海诞生，其奇特的造型立即引起广大读者的注意。抗战爆发，他与上海一些漫画同仁组成了"抗战漫画宣传队"，任副领队，沿途以绘画形式向民众宣传抗日。在上饶战区担任漫画宣传队队长，并出任《前线日报》副刊"星期漫画"主编；第二年又在金华参加进步画刊《刀与笔》的筹备与编辑工作。

1945年，张乐平从广东重返上海，开始新的漫画创作。1946年5月至10月4日，《三毛从军记》漫画在上海《申报》连载，立即引起轰动。《三毛从军记》讲述的是"三毛"在抗日战争中的经历，展示了一个聪明勇敢的三毛形象，同时也深刻地揭露了战争的残酷。1947年出版了单行本，又补充了当时没收录进去的6张原稿。次年，另一部传世之作《三毛流浪记》在《大公报》上连载，再次激起社会强烈反响。

1949年4月，在宋庆龄的支持下，张乐平举办了三毛原作画展，并义卖三毛原作及各种水彩、素描、写生画，筹款创办"三毛乐园"，收容流浪儿童。

聂耳虽然没办过报，却因他创作了《卖报歌》而与上海的报纸永远地连在了一起。

生于1912年的聂耳原名聂守信，字子义，（紫艺），云南玉溪人，自幼

秋瑾 *

* 聂耳

喜爱花灯、滇剧等民间音乐，会演奏多种民间乐器。他18岁到上海，第二年考入"明月歌舞团"，向黎锦晖学习作曲。因不满剧团的方针，于1932年退出，去北平与李元庆等开展革命音乐活动，后回上海参加剧联音乐小组，发起组织了中国新兴音乐研究会，并在联华影业公司、百代唱片公司工作，为左翼进步电影、话剧、舞台剧作曲。1933年在创作上初试锋芒，创作了《开矿歌》、《卖报歌》，令人耳目一新。在1934年的一年里，他写了《大路歌》、《开路先锋》、《毕业歌》、《新女性》、《码头工人歌》、《前进歌》、《打长江》等歌曲以及《金蛇狂舞》、《翠湖春晓》等民族器乐曲；1935年，又写了《梅娘曲》、《慰劳歌》、《塞外村女》、《自卫歌》、《铁蹄下的歌女》以及新中国成立后被定为国歌的《义勇军进行曲》。他从事音乐创作时间虽然只有两年左右，却为8部电影、3部话剧、一部舞台剧写了20首主题歌或插曲，加上其他15首歌曲和根据民间音乐整理改编的民族器乐合奏等，共创作了41首音乐作品。其作品具有鲜明的民族特征和时代精神，是中国当之无愧的革命音乐开路先锋。他1935年到日本，准备经欧洲去苏联求学，不幸于游泳时溺死于藤泽市鹄沼海中。

　　1933年的一天，21岁的聂耳路过吕班路霞飞路口（**今淮海中路上海妇女用品商店东边**），正准备过马路，忽然看到一辆电车到站，一批乘客争先恐后地下车，将一个正在卖报的小女孩撞倒了，小女孩手中的报纸散落一地，坐在地上号啕大哭。聂耳赶紧跑过去，将小女孩搀扶起来，并帮她将地上的报纸捡起。小女孩看到被弄脏了的报纸，哭得更凶了。聂耳一边安慰她，一边掏出钱来，说："这些报纸我全要了。"小女孩立刻破涕为笑。

　　小女孩姓杨，1931年随母亲、姐姐、姐夫从苏州逃难到上海，由于没有名字，家人都管她叫"小毛头"。他们先住在闸北，"一二八"淞沪抗战，日军轰炸闸北，全家又逃到租界内，住在法租界八仙桥附近，后来又搬到吕班路顾家弄顾家宅（今重庆南路）。在旧时上海滩的马路和街上到处可听到"卖报！卖报！"的叫卖声。"小毛头"的姐夫把一件皮大衣卖掉，又凑了点钱做本钱去批报纸，由母亲和姐姐到吕班路霞飞路口摆了个报摊。那时才10岁的"小毛头"也跟着卖报。

就是在一天，"小毛头"本来在报摊上卖报，她看到不远处有个车站，于是就拿了一叠报纸到电车站去叫卖，结果被下车的人群撞倒在地。孰料，竟撞出了一个奇缘。以后，聂耳常来买她的报纸，有时还帮她叫"卖报！"。"小毛头"叫他"聂叔叔"，聂耳则叫她"小毛头"。后来聂耳请田汉的夫人安娥写了一首歌词，他自己作曲，这就是之后被人们广为传唱的《卖报歌》。聂耳还亲自教"小毛头"唱《卖报歌》。打那以后，"小毛头"总是边卖报边唱《卖报歌》，引来了路人，卖报的生意也好了。

1934年，聂耳创作的歌剧《扬子江暴风雨》公演，他找"小毛头"担任剧中的小报童，在舞台上"小毛头"亮开嗓子唱着《卖报歌》，从此这首歌便广为传扬。1934年，"联华"在拍电影《人生》时，聂耳向导演讲"小毛头"的身世蛮像剧中主角阮玲玉小时候的样子，导演费穆看后认为可以，就让"小毛头"扮演童年时的阮玲玉。由此"小毛头"进入了电影界。以后又参加了《青春》、《暴雨梨花》、《寒江落雁》、《迷途的羔羊》、《慈母曲》、《秋海棠》等影片的拍摄。最后一部是《和平鸽》（解放后50年代，因周璇病逝而未拍完）。

"小毛头"在抗战初期还参加过话剧演出，进入演艺圈后，有位影迷愿为她提供学费去读书，还给她取了个学名叫"杨碧君"。从此"小毛头"有了自己的名字。直到1982年，杨碧君才知道这位给她起名字的恩人叫张光锐，是地下党员。聂耳更是杨碧君的恩人。1935年，当她获悉聂耳在日本游泳溺水身亡的噩耗时泪洒如雨。70多年后，作为《卖报歌》的原型，杨碧君老太太被媒体发现，她又一次成了新闻人物。

一生办过7种报刊的邹韬奋（1895—1944）原名恩润，笔名韬奋，祖籍江西，生于福建永安。他从1909年起，先后在福州工业学校和上海南洋公学学习，之后以优异的成绩毕业于圣约翰大学。1922年，受黄炎培之聘，他任中华职业教育社编辑股主任，主编《教育与职业》月刊和编辑《职业教育丛书》，1926年接编《生活》周刊。他开辟"信箱"专栏，专为读者解答疑难问题。由于，刊物编得生动活泼，3年内使销数从2 000多份增至15万份。

邹韬奋创办《生活》周刊以及合作式的生活书店，加上由生活书店出版的许多进步刊物。1933年初，他参加了由宋庆龄、鲁迅等发起的"中国民权保障大同盟"，当选为执行委员。他还创办了《生活日报》，并以《生活》周刊名义向社会发起募捐活动、曾因受国民党政府的迫害流亡国外。他1935年8月回国，11月在沪创办《大众生活》，支持"一二九"学生运动，刊物销数高达20万份。1936年，他当选为全国各界救国联合会执行委员，6月，他在香港筹办《生活日报》，国民党以该报未向他们登记为由施加压力，使得该报胎死腹中。一个月后，改名为《生活星期刊》迁到上海出版。之后，《生活》周刊也遭查禁。

同年11月23日，邹韬奋与沈钧儒等人被国民党政府以"危害民国罪"逮捕入狱，成为"七君子事件"。1937年7月底才获释。8月9日在沪创办《抗战》三日刊，之后，《抗战》与《全民》合并为《全民抗战》三日刊，他任主编。"皖南事变"后出走香港，在港复刊《大众生活》，并为《华商报》和英文半月刊《保卫中国同盟》写稿。1942年2月香港沦陷，他历经千辛万苦于1943年到达苏北解放区，因脑癌病发又返沪治疗。1944年7月24日年仅49岁的邹韬奋病逝。根据他生前的遗愿，中共中央追认他为中国共产党正式党员。

* 正在接受记者采访的《卖报歌》原型杨碧君

* 斯诺与宋庆龄

还有一位中国人民的亲密朋友美国新闻记者斯诺先生（1905—1972），他曾在上海工作了两年。1928年秋，斯诺来到上海，担任上海英文报《密勒氏评论报》助理编辑、代理主编，就任《芝加哥论坛报》驻华记者。1930年至1932年，他担任美国统一新闻协会驻远东游历记者，驻北平代表，写出《远东前线》一书，记述日本侵略中国的背景歌经过；1933年至1937年，担任了燕京大学新闻系新闻讲师，同时兼任美国《星期六晚邮报》驻远东撰稿人、《纽约太阳报》、英国《每日先驱报》特派记者。在此期间，斯诺报道了"一二九"学生运动，编译出版了《活的中国》一书，选择介绍了鲁迅、郭沫若等15位中国左翼作家的作品，与史沫特莱、鲁迅、宋庆龄等结为朋友。

　　1936年6月至10月，进入陕北红军根据地采访，受到毛泽东、周恩来等中共高层领导人接见，11月中旬开始，《密勒氏评论报》、《每日先驱报》、《星期六晚邮报》等都相继刊发他采写的30余篇报道，美国《生活》画报则集中刊登他拍摄的陕北红军根据地70多幅照片。第二年，他又撰写出版了《红星照耀下的中国》，中译本为《西行漫记》。书中首次真实生动地响全世界展示了中共领导下的革命斗争。

　　1941年，因报道皖南事变真相，被迫回美国。此后，他作为《星期六晚邮报》副主编和战地记者，一直活跃在报道第二次世界大战的战场上。战后，他仍任职《星期六晚邮报》，1951年辞职，1959年移居瑞士，从事写作。

　　1960年至1970年，他以美国《展望》杂志记者、法国《新直言》周刊记者和作家身份3次访问中国，采写出版了《大洋彼岸：今日红色中国》等书，1972年2月15日在日内瓦病逝。根据他的遗嘱，将部分骨灰分别安葬在纽约州境内哈得逊河畔和中国北京大学未名湖畔。斯诺被公认为20

世纪最卓越的新闻记者之一。海派报业中有他的足迹,无上荣光。

　　　　长亭外,古道边,芳草碧连天。

　　　　晚风拂柳笛声残,夕阳山外山。

　　　　天之涯,地之角,知交半零落;

　　　　一杯浊酒尽余欢,今宵别梦寒。

　　这首脍炙人口的《送别》,随着当年吴贻弓所拍摄的影片《城南旧事》而传遍大江南北。优美的歌词出自李叔同之手。提及这个名字可能有不少人会觉得陌生,然而,说到弘一法师(1880—1942),不知道的人就不多了。正是这位弘一法师,在1905年留学日本时创作了《送别》。集诗词、书画、篆刻、音乐、戏剧、文学于一身的李叔同,既是一代高僧,又是才华横溢的音乐、美术教育家,书法家和戏剧活动家。鲁迅、郭沫若等现代文化名人都以得到大师一幅字为无上荣耀。

　　那么,他与上海,与上海的报业有什么关系呢?听我一一道来。

　　李叔同是浙江平湖人,生于天津有名的富商之家。1898年戊戌变法失败后,他到上海,入南洋公学时改名成蹊;1900年3月,与乌目山僧黄宗仰(前文提到过他设计了哈同花园,为《苏报》案出力)、上海名画家任伯年等人组织了上海书画公会,每周出版一张《书画公会报》。

　　他1905年自费赴日本留学,在东京学美术和音乐,主编出版《音乐小杂志》,寄回上海发行;1910年回国,加入南社,与柳亚子、苏曼殊等用诗文宣传革命。1912年,陈其美、叶楚伧等在上海创办了《太平洋报》,李叔同担任报纸的美术编辑和副刊的编辑,同时主编《文美杂志》。《太平洋报》没办了几个月,因入不敷出而停刊,《文美杂志》也随之停刊。李叔同去了杭州,担任师范学校教员。1917年初,他拜虎跑大慈寺了悟和尚为

师，第二年8月正式出家，法名演音，号弘一。"七七"卢沟桥事变后，弘一法师到处书写"念佛不忘救国，救国不忘念佛"送人。厦门沦陷后，弘一大法师照样在泉州、漳州等地讲经说法，1942年在泉州圆寂。

俞天白先生知道我在撰写这本书，2010年3月5日上午，他打来电话特意关照我："翻译《共产党宣言》的陈望道不能漏啊。"于是，我赶紧查找资料，这一查，还真要感谢俞天白先生了。因为陈望道先生与上海的报刊关系非同一般，特记述如下。

陈望道生于1891年，浙江义乌人（与俞天白是同乡），1915年初自费去日本留学，1919年回国，在杭州浙江第一师范学校任语文教员，提倡白话文，宣传新文化，被当局撤职查办回乡。真可谓塞翁失马，焉知非福，这一下他倒有时间静下心来研究马克思主义著作，成为中国最早翻译《共产党宣言》的人。

1919年12月，陈独秀邀请陈望道来上海担任《新青年》的编辑，他与陈独秀等一同发起组织了上海共产主义小组，协助出版了《劳动界》，并正式出版了中国最早中文全译本的《共产党宣言》。中国共产党成立后，他任中共上海地方委员会第一书记，并主编《民国日报》副刊《妇女评论》，1923年退党，之后在上海大学任中维系主任、教务长。轰轰烈烈的大革命失败后，上海大学被查封，他转任复旦大学中国国文科主任和复旦实验中学主任；1928年与友人创办大江书铺，出版《大江月刊》和《文艺研究》，次年出任中华艺术大学校长；之后在沪又创办与主编《太白》杂志，用以反击复古运动和"帮闲文学"。

上海成为"孤岛"时，陈望道主编《译报》的副刊《语文周刊》。1942年起，陈望道担任了复旦大学中文系教授，主张撰写新闻评论要有胆识。1942年9月开始，他担任复旦大学新闻系主任，1945年建成"新闻街"，举办了第二届世界报纸展览会和"新闻晚会"，密切学校与报馆的关系，1946年夏随学校迁回上海。上海解放后，陈望道历任华东军政委员会文教委员会副主任兼文化部长、华东行政委员会高教局局长、《辞海》编委会主编、民盟中央副主席、复旦大学校长，以及全国人大和全国政协常委。1957年6月他重新加入中国共产党，1977年10月29日在沪逝世。

跋

近来十分流行"创意"二字,如美术创意、建筑创意、文学创意等等,因其名目繁多而目不暇接,又因大多陌生而超然处之。但上海大学海派文化研究中心主任李伦新同志提出编辑《海派文化丛书》的创意使人精神一振,耳目一新,对我们从事文化工作的人来讲,正是思之无绪的良策,事之无措的善举。

此创意特色有三:

一是纵横驰骋,自成体系。该系列丛书将由海派书画、海派戏剧、海派建筑、海派文学、海派电影等方面近三十本书组成,基本囊括了能反映海派文化的各个领域,其中6本书将在2007年8月的上海书展上面世。此后每年出版7至8本,争取在2010年出齐,向世博会献礼。

二是叙述简洁,形式新颖。上海,不管你是否喜欢,它在近两百年内迅速发展成为一个国际大都市,并在中国占有重要地位的事实是无可置疑的。因此,上海是一个世人瞩目的、值得研究的又众说纷纭的一个课题。论述上海、反映上海的书籍纷繁浩瀚,它们各有见解,各具特色,拥有各自的读者。有的是学术性的,史料详实,论证严密,但曲高和寡;有的是文学性的,情节曲折,故事生动,但内中难免搀杂作者个人的情感,而有失公允;有的是纪实性的,历史掌故和人间悲欢离合尽收其中,但珠玑散落,难于荟萃。丛书力图博采众长,"合三为一",以纪实为主,兼顾史料的真实和文字的优美,并采用图文并茂的编辑方法,使之成为一套新颖的研究上海,介绍上海的书籍。

三是内容丰富,面向大众。丛书对海派文化的各个领域,诸如:戏剧、书画、建筑、文学、风俗等,既有宏观的研究与阐述,又有具体的描绘与剖析,向读者展示了一幅绚丽多彩的海派文化起源、发展、形成、深化的历史长卷,令人信服地得出这样的结论:海派文化造就了被誉为"东方巴黎"和"东方明珠"的上海,形成了"海纳百川"、"精明求实"、"宽容趋新"等上海人的社会人格。丛书既是研究上海的学术著作,又是介绍上海的通俗读物,具有书柜藏书和案头工具书的双重功能。

上海市对外文化交流协会是进行中外文化交流的专门机构,以弘扬优秀传统文化和汲取世界先进文化为己任。协会成立20年正是上海改革开放取得辉煌成就的20年。协会乘势而为,解放思想,开拓进取,积极拓展外联渠道,构筑中外交流的平台,广泛开展国际间的社会科学、金融经济、科学技术、文化艺术交流,增进同世界各国人民的友谊和理解,成为上海的一个有影响的中外文化交流的窗口。我们在获悉丛书的编辑思想和出版计划时,就感到双方是心心相印的,所以决定对丛书出版给予经济上的支持。我们认为此举是对建设上海文化事业的支持,是对弘扬民族文化的支持,也是对自身工作的支持。

因为工作的缘故,经常有外国朋友赠送一些介绍他们的国家或城市的书籍。这些书籍装帧精美,内容言简意赅,形式图文并茂。由此联想,在丛书中选择若干本或若干章节翻译,汇编成书,那也是一种十分可取的介绍上海和宣传上海的内容和形式,特别对于将在2010年举办世博会的上海来说尤为如此。

本丛书的出版已引起有关单位的重视和关注。文汇出版社已将本丛书列为2007年出版计划中的重点书,并配备了业务能力强的文字和美术编辑;外宣部门认为这套丛书是很好的外宣资料,是世博会的一个很好的配套工程;有的图书馆反映查阅上海资料的读者日渐趋盛,这套丛书的出版适逢其时,将为读者提供更多的方便。

还必须强调的是丛书的编辑和出版也得到了作者的大力支持。去年年底,编委会召开部分作者参加的笔会,其中不乏畅销书的作家,编委会对他们提出了创作要求和交稿时限。尽管要求高、时间紧,但是作者均积极配合,投入创作,为第一批丛书在2007年8月的书展上与读者见面创造了条件。为此,有的延误了申报高级职称的机会,有的推迟了其他的创作计划,有的不厌其烦数易其稿。

天时、地利、人和似乎都护佑着丛书的面世。丛书是时代的产物,是集体智慧的结晶。

2007年7月

（本文作者为上海市对外文化交流协会副会长兼秘书长）

后记

　　2009年8月中旬,我在上海展览中心的书展上遇到了李伦新先生,当时他正在接受记者采访,看到我,来了个小招手,示意他此时无法脱身。当晚我们通电话,我祝贺由他主编的《海派文化丛书》已出了3辑18本。他告诉我,在2010年上海世博会举办前再出一辑,并邀请我也贡献一本。承蒙他的厚爱,我即报了本书的选题《海派报业》。李伦新先生听后,当即要我参加文汇出版社定于一周后举行的《海派文化丛书》作者座谈会。

　　当我怀着敬畏之心,步入这个座谈会会场时,方知来参加会议的作者早在4月就定了选题,于是生怕自己不能按时交稿。是文汇出版社社长桂国强先生一再鼓励我,之后,他还对我的写作思路提出中肯的建议,并当场拍板,《海派报业》列入第4辑《海派文化丛书》,使我顿时信心倍增。就在我忙于准备资料的过程中,9月7日,91岁的父亲突然辞世,我不得不放下手中的"活"。等料理完家父后事,我才再次恢复到了先前的状态。

　　此时,我接到参加母校复旦大学新闻学院80周年纪念活动的邀请,在那里遇见了堂哥吉建纲,他在复旦大学新闻系工作过,又曾是解放日报社的秘书长和上海市报业协会的秘书长,闻听我要写此书,立即向我引荐了对上海近代报刊有专门研究的老教授。学长倪祖敏邀请我上他家,从大橱顶上的箱子内找出解放前的老报纸供我选用。我的朋友孙康闻讯,马上将自己珍藏的《洋场百年》、《上海地方史资料》等送到我家。原《上海作家》的主编姚克明先生对老上海颇有研究,在接到我向他询问有关老上海方面问题的电话时,总是不厌其烦地一一给我解答。另一位作家朋友、《档案春秋》副主编陆其国听说我正在写此书,也送来了他所著的《畸形的繁荣——租界时期的上海》供我参考,还向我介绍了上海档案馆的张明莉女士,才使得本书有了较为翔实的历史图片。老作家俞天白先生更是常常来电,询问我写作的进展情况。本书主编李伦新先生于今年元旦给我发来短信:"吉建富同志辛苦了!为丛书最后冲刺再辛苦一下;完成预定任务后,我请你干一杯再干一杯!"

这么多朋友给予我无私的帮助,都化作了我写作的动力,使我少走了弯路。借此书出版之际,我再次向他们表示由衷的感谢!

吉建富

于2010年3月11日

图书在版编目（CIP）数据

海派报业／吉建富著. —上海：文汇出版社，
2010.5
ISBN 978－7－80741－849－8

Ⅰ.① 海… Ⅱ.① 吉… Ⅲ.① 报纸—新闻事业史—上
海市 Ⅳ.① G219.245.1

中国版本图书馆CIP数据核字（2010）第054537号

海派报业

出 版 人／桂国强

作 者／吉建富
丛书主编／李伦新
责任编辑／乐渭琦
装帧设计／周夏萍

出版发行／文汇出版社
上海市威海路755号
（邮政编码200041）
经 销／全国新华书店
照 排／南京展望文化发展有限公司
印刷装订／上海新文印刷厂
版 次／2010年5月第1版
印 次／2010年5月第1次印刷
开 本／640×960 1/16
字 数／220千
印 张／22.5

ISBN 978－7－80741－849－8
定 价／38.00元